"十二五"职业教育国家规划教材
经全国职业教育教材审定委员会审定

物流组织与业务创新

（第2版）

主　编　马　骏　王　荣

副主编　马　军

中国财富出版社

图书在版编目（CIP）数据

物流组织与业务创新/马骏，王荣主编 . —2 版 . —北京：中国财富出版社，2015.1
（"十二五"职业教育国家规划教材）
ISBN 978 - 7 - 5047 - 5504 - 9

Ⅰ.①物…　Ⅱ.①马…　②王…　Ⅲ.①物流—物资管理—高等职业教育—教材
Ⅳ.①F252

中国版本图书馆 CIP 数据核字（2014）第 286777 号

策划编辑　葛晓雯		**责任印制**　何崇杭	
责任编辑　葛晓雯		**责任校对**　杨小静	

出版发行	中国财富出版社（原中国物资出版社）		
社　　址	北京市丰台区南四环西路 188 号 5 区 20 楼	**邮政编码**	100070
电　　话	010 - 52227568（发行部）	010 - 52227588 转 307（总编室）	
	010 - 68589540（读者服务部）	010 - 52227588 转 305（质检部）	
网　　址	http://www.cfpress.com.cn		
经　　销	新华书店		
印　　刷	中国农业出版社印刷厂		
书　　号	ISBN 978 - 7 - 5047 - 5504 - 9/F・2286		
开　　本	787mm×1092mm　1/16	**版　　次**	2015 年 1 月第 2 版
印　　张	13.75	**印　　次**	2015 年 1 月第 1 次印刷
字　　数	326 千字	**定　　价**	28.00 元

版权所有・侵权必究・印装差错・负责调换

前 言

（第 2 版）

　　本书写作初衷是将物流领域最新、最典型的行业动态向职业院校学生进行全面的梳理和展现，以帮助他们在学习物流专业门类知识、锻炼相关职业技能之前，能够体会到"森林"。这样才能够对见到与经历的每一棵"树"有明确的认识定位，知道学习专业知识与锻炼专项技能的目的是什么。

　　但是，并不是物流领域所有的行业动态都需要向学生去进行平均化的呈现。如果那样，学生将捕捉不到重点，建立不起系统的职业逻辑。为了应对日益激烈的竞争，吻合客户日益多样的需求变化，物流企业业务、服务或者产品必然需要推陈出新。而为了完成产品的升级换代，企业必须更新、调整、完善自身的业务流程，继而会调整组织结构及岗位设置。最终，岗位对从业人员的能力要求会发生变化。基于此分析逻辑，在本书我们把"竞争—需求—产品—流程—组织—岗位—能力"这些诸多要素构成了一个学习链条。

　　每一章我们将回答四方面问题：

　　（1）该类物流企业提供的产品或服务是什么？同时，由产品或服务抽象出来的运作模式经历了怎样的变化阶段？将来会朝哪些可能的方向发展？

　　（2）提供上述的产品或服务，企业需要将一个一个工作环节串联（或并联）起来构成业务过程。那么，企业需要经历什么样的业务过程？

　　（3）上述工作环节是由不同的工作岗位来完成的，这些工作岗位又会按一定的原则归并成部门，部门又组成企业整体。也就是说，一个企业的组织结构是什么样的？

　　（4）在组织结构中，会有若干个岗位是该企业典型的物流业务岗位，也是我们学生毕业将会进入的可能性岗位。这个岗位是做什么的？岗位要求什么样的能力、知识及经验？

　　和我们写作上一版时相比较，某些企业的业务发生了最新变化，我们及时更新了反映企业最新业务变化的案例及数据，比如在企业物流自营与外包部分我们在进一步区分了制造业和流通业之后，补充更新了部分案例内容；电子商务与物流的关系近些年变化很大，我们在章节内部进行了关系的进一步梳理；快递业、合同物流近些年出现的较大变化，我们也进行了内容适度更新与调整。

　　同时为了便于学生学习的有效性和连贯性，我们将不同章节、不同案例之间尽力进行横向之间的比较和说明，以建立章节内部知识点之间、不同章节之间的交互性，帮助学生能站在一个从业者的角度进行"跨界"思维。

　　总之，我们编写这本教材，是尝试改良我们现有职业教育的课程结构。学生不再一开始就停留在各个职业专业模块上学习，而是先了解物流整个行业。当然，重点是物流行业中典型的企业。我们希望学生了解行业中企业基本情况和它们的演变历程以及未来的演化趋势，从而定位自身，明确学习方向，找到适合自己发展的道路。

编 者
2014 年 12 月

前　言

（第 1 版）

为什么要写这本书，很大程度上是因为现在我们中国物流职业教育存在的问题，即我们的职业教育并没有真正把握职业教育的最终目标——职业培养。

职业培养是一个很宽泛的内容，但它至少要包含以下几项内容，即职业技能、职业心态和职业发展观。为什么说我们的职业教育是不理想的，就是因为我们职业教育仅仅停留在职业技能上，而对于物流这一新兴行业来说，其职业教育甚至连职业技能的培养都没有很好地实现，当然，这里客观上也存在行业过新、发展过快所带来的问题。

职业技能、职业心态和职业发展观，事实上我们在构建这个学习体系的时候，应该从后者开始，即引导学生了解和接受行业的职业发展观，从而建立良好的职业心态和针对性的培养职业技能，否则，职业学习就如无本之木，没有目标和方向，只会是浪费时间和精力，牺牲的将是我们行业一代人甚至几代人的发展机遇。

因此，我们编辑了这本教材，尝试着改良我们现有的职业教育的结构。我们不再一开始就停留在不知所谓的各个职业专业模块上的学习，而是先了解我们整个的行业，当然，重点是我们行业中的企业。我们先了解行业中企业的基本情况和它们的演变历程以及现在的需求，从而定位自身，明确自己的学习方向，找到自己的发展道路。

当然，也许作为学生的你阅读完本书，可能将选择另外的一个行业发展，但即使这样，我们也非常庆幸，因为我们可能成功地使某位不适合这个行业的人及早地跳出了这个行业，保留了更多更好的发展机会。

物流业在中国是一个新兴的、充满机遇和挑战的行业，我们不希望太多盲目的人进入这个行业，我们希望真正理解和接受它的人成为我们事业的同人和袍泽，因为只有这样，才能真正振兴我们已落后西方近百年的物流业。

本书所倡导的教学思维方式刚刚提出不久，还在进一步完善，希望志同道合者能和我们一起来探讨和研究。如果可能，我们也可以向其他行业的职业教育推广。

本书主要由马骏与王荣合作撰写，其中马骏撰写了第二章、第三章、第六章、第七章、第十章，王荣撰写了第一章、第四章、第五章、第八章、第九章，继而互相进行修订审核，最后由马骏进行总体定稿工作。同时，东方友谊食品物流公司的袁浩宗和康力撰写了第二章的案例部分，北京安可国际货运代理有限公司的徐谨撰写了第六章的案例部分，普洛斯中国的严霄强撰写了第九章的物流地产案例部分。

在本书编写初期，大田集团招聘经理刘海涛、宅急送人力资源部经理黄亚波从物流企业人力资源管理角度提出了宝贵意见。北海粮油（天津）公司、东方友谊食品配送有限公司、朝批商贸有限公司、顶通物流、湖北汽车运输总公司、北京祥龙物流、北京青鸟物流有限公司、安可国际物流、易通交通信息发展有限公司、北京燃烽医药等公司为本书提供了翔实的案例背景。同时，为了丰富教材内容，我们也参考了大量的相关资料和文献。此外，本书编写过程中有幸得到了清华大学经济管理学院刘丽文老师的直接指导。

本书还得到了中国财富出版社的大力支持，责任编辑王佳蕾为本书提供了专业的编辑工作。

另外，北京电子科技职业学院的张志学老师，物流专业 2008 级郭向楠、王苗苗、刘国平、张金为、王娟、于佳等同学为此次教材开发工作承担了部分辅助支持工作。

在此对上述人员及企业一并表示衷心感谢。

恳请使用本教材的广大师生对本教材中的疏漏之处予以关注，并将意见和建议及时反馈给我们，以便于我们对本教材进行修订和完善。

编　者
2010 年 7 月

目 录

第一章　物流行业与物流组织

物流，是 21 世纪中国最引人注目的行业之一，我们热切地称其为 21 世纪最具发展潜力的朝阳行业。于是 20 世纪末到 21 世纪初的短短二十余年间，挂名物流的企业在中华大地从无到有，到遍布国内每个街区。从传统的运输仓储业态开始，到零担专线的出现，到第三方物流与生产销售企业的全面战略合作，到快递企业遍地开花触角延伸至每家每户以至于邮政传统业务江山濒危，到电商物流主导下"宅"文化的日趋鼎盛，物流发展的二十年，也见证中国经济转型变化的二十年。

当前，中国政府首次提出的十大振兴产业，物流行业即列名于其上，国家最新的"十二五"计划中，城市物流等名称跃然于上。物流行业已经不仅仅是一个简单的商品空间转移的运营和管理问题，它的发展已经在改变中国的产业结构，在中国产业由外向粗放生产的运营特征和重心向管理服务型转移之余，如何构建并实现物流、商流、信息流合一的主体企业模型，可能成为 21 世纪商业模式和国家经济最大的挑战。

可是，我们的物流行业到底是怎样的一种情况呢？时代是变化的，仅仅二十余年，政府的政策、世界的经济，甚至人文环境都有着巨大的变化，我们的物流企业又是如何演变自己的生存和发展之路？短短二十余年的行业摸索，到今日的井喷之状，我们是否真正做好了大步向前的准备？我们的物流企业，在这个时代的机遇中，是如何去把握和塑造自己的呢？

市场需求拉动是事物发展的最有效动力，不停拉低的成本底线是企业启动生死之战的最直接原因，优胜劣汰的生存法则在物流行业的发展历程中也同样发生作用，这是永恒不变的市场规律。因此，我们需要做的是揭开其外部形形色色的行业特性面纱，去直接认识这些企业最本质的东西，而这些，通过观察企业的组织形态演变，可能是一条更为准确而方便的道路。

【案例导入】

宝供之路

一、曾经之辉煌

宝供物流企业集团有限公司（P. G. Logistics Group Co.，LTD.）（以下简称"宝供"）创建于 1994 年，总部设在广州，是国内第一家经国家工商总局批准以物流名称注册的集团企业，是中国最早运用现代物流理念为客户提供物流一体化服务的专业公司。在 2007

年以前，是中国物流企业不可逾越的泰山北斗。

宝供自创办以来，一直致力于中国现代物流的发展和进步，其宝供模式曾经成为中国现代物流发展的主流模式，也成为许多教科书的经典案例和物流专业的必修课。宝供集团会聚和培养了一大批熟悉中西文化、深谙现代物流和供应链管理内涵、具有丰富运作经验的员工队伍。目前，企业有员工 1700 多人，管理人员占总人数的 12.3%；工程技术人员占总人数的 23.6%。大学以上学历的员工达到 70%，拥有包括教授、博士、硕士在内的大量高层次、高素质的专业人才，还聘请国内外大批物流领域的资深人士组成专家顾问团，提高了企业的咨询、决策水平。宝供集团业务范围包括物流规划、货物运输、分销配送、储存、信息处理、流通加工、国际货代、增值服务等一系列专业物流服务。

当前，宝供已在全国 65 个城市设有 7 个分公司、8 个子公司和 50 多个办事处，形成了一个覆盖全国并开始向美国、澳大利亚、泰国、中国香港等地延伸的国际化物流运作网络和信息网络，与国内外近百家著名企业结成战略联盟（其中包括宝洁、飞利浦、联合利华、安利、通用电器、松下、三星、东芝、LG、壳牌、丰田汽车、雀巢、卡夫等 52 家世界 500 强企业），为他们提供商品以及原辅材料、零部件的采购、储存、分销、加工、包装、配送、信息处理、信息服务、系统规划设计等供应链一体化的综合物流服务。

2002 年 12 月宝供集团被中国物流与采购联合会命名为"中国物流示范基地"，成为入选的唯一一家第三方物流企业。同时也是中国物流百强企业、中国 5A 级物流企业。

2004 年，宝供集团以其雄厚的实力及现代物流经营理念，取得当时国内唯一广州←→上海（现改为深圳←→上海）行邮特快专列的独家经营权，该专列全程按特快客车运行图运行，可为社会各企事业单位提供行李、包裹、邮件及其他大宗货物的铁路快速运输服务、区域接取送达服务以及包括储存、包装、装卸、配送、物流加工、信息咨询等一体化的综合物流服务。

2006 年，宝供集团主营物流服务收入超过 15 亿元，是当时中国最具规模和专业化程度比较高的现代第三方物流企业。

宝供集团是国内第一家将工业化管理标准应用于物流服务系统的企业，并全面推行 GMP 质量保证体系和 SOP 标准操作程序，宝供集团的整个物流运作自始至终处于严密的质量跟踪及控制之下，确保了物流服务的可靠性、稳定性和准确性。2004 年，宝供集团的货物运作可靠性达到 99%，运输残损率为万分之一，远远优于国家有关货物运输标准。宝供集团具有强烈的社会责任感，长期热衷于社会公益事业。从 1997 年起，宝供集团在国家经贸委等部门支持下，每年独资组织召开一次"中国物流技术与管理发展高级研讨会"，邀请中外物流界的专家、学者、政府主管部门的领导及物流企业的管理者交流、研讨、传播现代物流知识及理念，迄今已成功举办了十届研讨会，引起了社会各界的普遍关注。1999 年，捐资兴建了汕头市塘西学校运光礼堂，之后几年，在教育方面的捐资合计近 400 万元。2000 年，发起设立了中国第一个公益性的"宝供物流奖励基金"，每年斥资 100 万元人民币表彰奖励在物流领域有突出贡献的人士。鉴于目前国内物流人才短缺的现象，宝供物流企业集团还和清华大学珠海科技园合作，共同创办了物流管理培训中心，为社会培养并输送优秀的物流人才。

原全国人大常委会委员长吴邦国曾充分肯定宝供为推动中国第三方物流发展所作出的贡献；原国务院总理温家宝也曾赞誉宝供是中国最好的物流公司；宝供还获得了国际间的好评和认可，国际著名的企业管理咨询机构麦肯锡及国际著名投资机构摩根斯坦利评价宝供物流集团是中国目前"最领先"的和"最具价值"的第三方物流企业；2002 年，在美智公司中国物流行业认知度调查中，宝供以 40% 的认知度雄踞国内外同行之首。

二、回顾成功

经过多年的苦心经营，宝供在行业中率先实现了"储运—物流—供应链"模式的三级跳。而在流程作业的信息化、与客户及第三方的信息接口等方面，也对中国第三方物流实践有重要的参考价值，这是其成功的核心。

（一）起跳：宝洁推动

宝供物流前身是广州的一家铁路货物转运站。创立初期规模很小，仓库和车队都是租赁的，但由于经营灵活，1994 年进入中国市场的宝洁公司将业务交给这家小小的铁路货物转运站去做。自此，宝供的业务有了很大的起步，但也随之产生了很多问题：一是随着业务量的剧增，手工操作无法支持庞大的业务数据，效率越来越低；二是随着分公司的成立，以低成本保持总公司与分公司之间的信息沟通存在困难；三是与传统客户相比，现代客户要求更高，不仅要求提供安全、准确、及时、可靠的物流服务，而且还要求提供及时准确的货运信息，等等。

由于信息化程度太低，信息化建设与业务发展严重脱节，严重困扰了宝供，宝供急需一名能够为企业的业务发展提供全面信息技术支持的人才。因此管理信息系统与 Internet 应用专家唐友三的加盟，成为宝供走上信息化道路的重要转折。

（二）腾空：电子＋物流

作为第三方物流公司，宝供的信息化系统的建设紧紧围绕着自身的业务展开，并通过系统的建设，推进公司业务的发展。

宝供真正腾飞在 1997 年。这一年，宝供已经发展成为一个在全国主要经济区域设有 10 个分公司和办事处的网络化物流公司。公司面临的一个主要问题就是如何全面、及时地跟踪全国各地的最新物流业务状况。为此宝供实施了一套基于 Internet 的物流信息管理系统。很快，在内部完成运输信息系统推广的基础上，宝供通过将运输查询功能授权开放给客户，实现了运作信息与客户共享。

1999 年，宝供应用基于互联网的仓储信息管理系统，该系统同样能够向客户授权开放，使客户坐在办公室里上网就能查到全国各地仓库的最新进出存情况。

2000 年，宝洁把华南分销仓库交由宝供管理，一方面，宝洁授权在宝供仓库安装了宝洁 AS/400 客户端程序，仓管员经过培训后直接操作宝洁的系统；另一方面，宝供 IT 部开发了数据导出程序，将宝洁系统进出仓数据自动导入，使宝供仓管员也能够进入功能更加全面、操作更加简便的宝供仓储系统。

宝供与飞利浦也实现了 EDI 电子数据对接。使飞利浦物流部从原来要面对宝供十几个仓库，到现在飞利浦物流部可以直接在自己的系统里查看最新的订单运作结果，运作效率得到大幅提升。

2004年，宝供认识到建立全国性的物流基地网络和实现物流管理系统的高度信息化的重要性，并以此为目标实施了相关建设。

（三）落地：供应链一体化

目前宝供的客户有两大类型：一类是外资企业和对宝供系统依赖程度较高的客户，如宝洁、飞利浦、红牛等；另一类是国内客户和中小型客户，如美晨、杭州松下、厦华电子等。

宝供根据客户不同需求，提供了各种成熟的服务模式：

宝洁模式——客户自有信息管理系统，宝供管理的仓库使用客户系统的客户端输单，同时数据传输到宝供的系统。这样宝供和客户同时拥有运作数据，方便双方对账。飞利浦模式——客户把自有的系统数据导出后，传送到宝供，宝供依数据打印运作单，把结果返回客户，数据再导入客户系统。这是宝供目前运作上对客户支持最大、最先进的运作方式，即EDI方式。红牛模式——客户没有系统，宝供需要编写客户下单部分的程序。这些服务模式为客户带来了降低成本、缩短订单完成周期、准时交货率提升、提高企业应变和反应能力等诸多好处。

宝供已开始试验应用RFID技术及物流移动定位技术，并力求通过移动信息化，进一步提高其核心竞争力。

至此，宝供已经成功地定型为一家有着强大信息化平台支持的现代化第三方物流企业，并能提供客户更宽泛和深层次的供应链一体化解决方案，一时间，这颗中国的现代物流之星冉冉升起，光彩夺目。

（四）日益黯淡的光环

宝供曾经是如此的成功，以至于面临新的战略决策挫折之后，又显现得如此失落。最近几年，除了研究的学者，公众对于宝供的关注已经下降了很多，短短的一两年，宝供光彩不再，大量的优质客户流失，企业发展陷于困惑和危机。

如此欣欣向荣的企业又如此快速的走向没落，为什么？或许"得益"于其过于快速的扩张和非主营业务的多元化战略。

在耗费5年时间和投入巨大资本之后，宝供的圈地运动从最开始的满足合同物流业务需求，转变为独立的物流地产产业，因此，宝供的麻烦也不期而遇。

进入2006年，宝供资金链紧张的风声开始传出，管理人员外流不断，在广州和上海等一些城市，宝供甚至开始拖欠供应商货款。这家中国最成功的民营物流企业，曾经引领合同物流服务风气之先的第三方物流公司，是否已经在地产利润的诱惑下，走入了一条不归的迷途？为此宝供物流在2002年悄然启动基地战略。

最初的计划是在苏州和广州建立两个仓库。这是以铁路货运站生意起家的宝供发家线路上的两个端点，也是连接宝供最大客户联合利华、安利、宝洁等生产线和重大市场之间的动脉。宝供物流业务中的很大比重，是将它们的产品从广州制造基地，运到上海并配送出去。在国外，合同物流项目通常是双方共同投入，由物流公司出钱建物流基地。然而，2000 年前后的国内物流公司，在仓储方面一般都采用租"农民仓"的方式，车队很多也是租来的，基本没有什么资产。宝供从货运站起家，做的是配货生意，在这一点上也不例外。宝供起初并不想买地。但在接下来的谈判中，宝供显然遇到了"瓶颈"。

谈判时，跨国公司总是对仓库提出一些苛刻的条件。由于自己没有仓库，满足这些条件非常困难。于是，2002 年 11 月 25 日，占地面积 400 亩，仓储面积 10 万平方米，号称一期投资超 1 亿元的宝供苏州基地竣工并开始试运作。宝供在苏州和广州实现了最初的预想。但是，在第一个基地的成功激励下，宝供的投资手笔开始变大。

2003 年，位于广州黄埔的物流基地建成。第二个基地占地 184 亩，虽然地皮小，但耗资并不小，达到 1.8 亿元。该基地在同行中最早引进了仓库管理系统（WMS-EXE）、全面订单管理系统（TOM）、运输调度管理系统（TM）和自动扫描系统（RF）。根据规划，该基地不仅可提供集商品的储存、分拣、包装、订单处理、库存管理等服务，甚至还将具有国际集装箱集散、金融和通关等功能。

不过，在圈地满足业务的同时，宝供也开始发现地皮自身的价值。游走在投入产出动辄上亿的地产项目之间，这是一个偶然却又必然，同时充满诱惑的发现。"土地的利润比物流大多了。"一位曾在宝供担任高管的人士说，"等于在物流里干七八年"。

2001 年前后，正是中国土地升值最快的阶段。宝供经营的地块属于工业地产，虽然不如商业地产火爆，但升值幅度一样不小。一位曾负责为东北某药厂在北京建立物流项目的专业人士回忆说，2001 年之前，北京的工业用地还能拿到每亩 10 万元以下的价格，但也就一两年的时间，这个价格翻了一番。

在建立基地满足自身业务需求的同时，宝供的"胃口"开始变得更大了，几年下来，宝供总计拿地 12 块。一时间业内喧嚣四起，宝供炒地的传闻不胫而走。这些基地的仓库容量，已经远远超过了宝供的自身业务需求。一位专业人士表示，在物流地产领域，有一个简单的估算方式：10 万平方米的现代化仓库，对应的快消品年货量大约为 2 亿元。宝供的年营业额不过 10 亿元，依此估算，宝供需要的仓库面积不超过 50 万平方米。而宝供目前手里的地有 2000 亩地，合 130 万平方米以上，这显然超出了一般的"胃口"。

（五）明日黄花

如何评价一个企业当前的发展状态，直接好和坏的评语是明显不客观的，但是，有些外显的东西还是比较容易引发我们思考的：比如说最近我们听说过多少次某个企业的名字；比如说我们最近看到过多少次某个企业的品牌和身影；又比如说我们从它自己的网站上可以看到的最近更新、经营业绩和获得的社会荣耀的多少。

显然，与顺丰此前的刻意低调和后期的一跃而上不同，宝供作为一个曾经非常喜欢并且善于占住市场行业舆论热点的企业，这几年已经完全泯入众生之中，不能算坏，但是已经称不上行业典范的评语。

从它自己的网站上，最近历程的列举到 2012 年终止，相比 2010 年前的频繁，此后唯一的 2012 年的词条显得特别刺目。在它公司的宣传中，最近的一次同时列出时间和荣誉名称的是 2000 年，最近一次公告营业额的时间是 2006 年（15 亿元），最近一次的社会影响事件是 2013 年 7 月广东省省长朱小丹接见刘武，事由是宝供与奥飞动漫联合开发建设的"宝奥城"项目——一个动漫玩具商城，这和宝供 2012 年启动的电子商务解决方案的战略转移密不可分，但是，来得及吗？

作为一个曾经在中国物流史上写下浓浓一笔的宝供物流毕竟还存在着，也还在艰难的顺应经济发展时势而调头。宝供物流，作为每一个踏入物流行业的人员，或者每一个研究物流行业发展史的人员，都应该面对它，了解它，即使不为它的未来，也为它曾经创造的历史。

希望它能再次成功，重塑辉煌。但在此之前，它必须重新审视中国物流行业的发展，如同我们审视它一样。

（部分数据和信息来源于宝供物流官方网站及互联网）

第一节　中国物流企业形态的演变

阅读完本章开篇的案例，我们可以了解，从 20 世纪 90 年代起，宝供先后走过了铁路货站、综合货代、第三方物流企业、基于信息技术支持的现代化第三方物流企业，多元经营的物流集团等业务组织形态，目前，它又再次追逐当前最热门的电商项目，将电商物流解决方案作为它新的发展战略的核心。抛开其自身成败不予评价，宝供的成长历程，很大程度地展现了中国物流企业随时代的一种演变之路，无论是主动的，还是被动的。

事实上，物流行业还有很多成功者或者曾经成功者的案例可以借鉴和引发我们思考：比如最新热炒的电商物流，如淘宝网、京东网、天猫网等，马云 5000 亿元的"菜鸟网"再次把电商物流抛上一个新的高潮——虽然他还没有考虑好，"菜鸟网"的主营业务方向倒底是商业还是物流业，或者仅仅只是一个平台。但是这也说明了，物流业或许已经开始不再作为一个独立的行业存在，而开始湮没于其他行业之内。

以物流行业为基础跨行业或者酿新酒的远不止电商一隅，由传统或专业物流切入金融物流也是一个很好的例证，如怡亚通、飞马、中远、中储等，尤其是 20 世纪末出现的怡亚通，借助其在制造业成品对商贸物流中的长期积累，一举通过垫付采购资金和货款的方式，成功切入并掌握了商品流通渠道，通过商品流通领域利差的分享，从而开辟了看似与物流服务收入完全不沾边的新的业务赢利模式，并以此为基础，进一步深入分享了结算汇率等金融工具带来的衍生收益，创造了金融物流业的神话，开启了中国物流金融的新篇章，使得目前中国物流金融业已经成为了物流业、银行业、进出口关联企业等行业企业独立而重要的业务模块。

而一些传统物流企业，或基于传统物流运营思维下，也在推进着物流业的持续发展，如从事物流 IT 领域的京联信息网、浙江交通电子枢纽等企业，尤其是京联信息网，作为一个民营的地方性企业，又在电子商务行业比较低沉的时机，能够以中小货代、货运企业为服务和合作对象，准确把握和实施区域货运信息撮合，从而成功赢利并得到发展壮大，十分难得。

又如从事医药物流领域的国药、上药和九州通，借助国家对医药行业的特殊管理政策，名为医药物流，实际是医药渠道企业，通过多年经营，对上游的药厂和下游的医院和药店均有很强的控制力，甚至于可以一定程度的主导新药的入市和定价，近年来又通过政府医改的良机，再次掀起了医疗基药配送体系建设的浪潮，启动了新一轮的行业整合。

又如从事零担货运物流的德邦、远成、华宇，采用人弃我取的经营方针，专门集中资源为市场零担中小企业服务，回避了整车市场和大客户规模市场的激烈竞争和入市门槛，从而在 20 世纪 90 年代中期获得了大额的利润，有效地支持了企业的快速发展。虽然等到 2000 年后，零担货运市场开始被人关注，竞争也激烈起来，但先行一步的企业已经确定了自己业界的核心地位，而如德邦，也开始成为新的零担快运行业巨头，目前该企业已被作为风险投资商的重要包装对象。

又如从事快递物流领域的顺丰、宅急送，准确把握了邮政专营政策的执行漏洞，成为了第一批国内民营快递企业，分享了这个市场的丰厚收益。尤其是顺丰，默默无闻，但发展迅猛，二十年来，其核心业务没有任何变化，而通过包机等方式，持续地提升其核心业务的竞争力，成为国内首屈一指的快递公司，2013 年营业额超过 200 亿元，而"三通一达"紧随其后，相形之下所差不多，它们通过民营企业的灵活和快捷，结合邮件电子化大趋势，迅速将原来一统江山的邮政挤到生死存亡之线，迫使邮政祭起"邮政普遍服务基金"这一行政杀器，引发了市场热议。

上面的这些企业，都在物流行业这个资源结构（仓储资源、运力资源、信息资源）、业务类型（仓储、运输、配送、报关等其他辅助业务）看似单一的行业里，根据自己的资源和业务优势，把握住了所在时代的时机，找到一个生存和快速发展的切入点，从而设计了自己与众不同的发展战略，使得其在相对的领域中成为了垄断和控制者，获得了相当的成功；同样，或许由于它们后期没有跟上时代的发展，及时应变而持续地进行战略创新的调整，又或者脱离自身实际，盲目选择了不切实际的、偃苗助长式发展方向，又或者新一代的企业脱颖而出，用更先进的经营理念和手段引发行业竞争，都会使它们快速走向衰退和消亡。

这些企业的选择和演变只不过是物流行业一隅，如果要列举，还有很多，而且每隔一段时间，都会出现新的类型的企业，这是由前述的"市场进化论"来决定的。

但是，这种演变没有规律吗？物流企业是延续一个怎样的模式和标准演变的呢？大体上来说，它的演变和发展随着周边经济和人们需求观念的转变，大体经历了以下四个阶段的衍生和变化，当然，物流行业托生于储运行业，所以我们在了解和讨论其发展的过程中，往往把它向前延伸到储运行业发展的时代，而并不简单地以物流冠名的企业发展来论述。

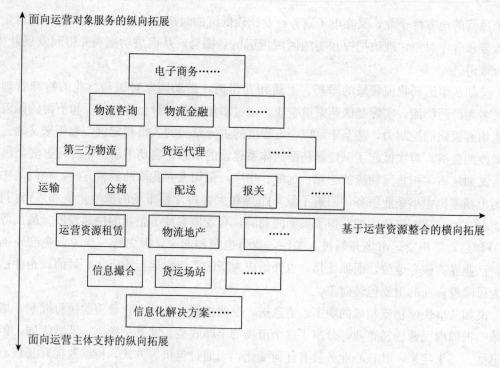

图 1-1 物流相关业态的演化

第一阶段，基于基础业务的完善和拓展阶段。此时物流行业企业主要面对的是各基础业务模块的建设、整合和转化，其重点在资源和网络上，以资源的优化和网络的拓展为发展的核心，简单而直接的面向服务对象的储运需求来获取收益，这些基础业务模块包括各种运输、仓储、配送、报关报检等横向业务链条的各个环节。这个阶段具有以下特点。

（1）企业属于典型的劳力输出和资源输出型企业模型，整体员工素质水平不高；

（2）企业的核心主营业务为运输、仓储、配送等基础业务，形式较为单一，主要为顾客提供直接的储运服务或少量的不可分的关联服务，如报关报检等，很少提供其他的增值性服务；

（3）企业的发展核心在于强化资源建设，如运输网络的构建等，内部管理的基调是规模化和成本优化；

（4）企业的服务往往是被动提供的，即企业搭建了一个业务基础平台后，听由客户根据自身的需要前往获取，如邮政，即使存在少量的主动营销，也是基于自身既定的资源结构和网络展开的，很少以客户需求来设计；

（5）企业是一种相对封闭的形态，除了必要的运营和消耗资源存在与企业外围的交流外，内部向大而全发展，社会分工协作程度不高。

在这个时候，"物流"作为一个企业的行业前缀还没有出现，物流企业以储运企业的形态出现而作为社会运力及仓储资源的提供者和执行者，很大程度上，其运作模式更接近生产型行业，而并非服务型行业。

第二阶段，针对物流基础业务企业的辅助性企业发展阶段。当世界经济向一体化发展，作为经济动脉的物流企业也在快速发展，其规模的增长速度很多时候会超过整体的经济增长速度，或者说很多时候是物流企业的发展拉动经济的发展，所谓"火车一响，黄金万两"，美国西部大开发，铁路建设带来的繁荣世纪就是一个很好的例子。在这个时候，物流企业发展过快，规模增大，行业运营资源需求大幅度提升，原有的模型不足以支持企业的进一步发展，也会进一步地阻碍行业和经济的增长。因此，整个行业进入了第一个行业分工细分的阶段，大量的辅助性企业出现，提供如运营工具租赁、短期融贷、货运代理等服务，使从事储运业务的物流企业能够专注于其核心业务的运营和优化，从而提升业务运营的效能。这个时候，物流行业开始向纵向发展，它具有以下特点。

（1）企业多为定向的技能或资源服务型企业，开始出现智能输出和管理服务输出；

（2）企业的服务项目多以支持传统储运型物流企业业务为目标，其自身并不能独立存在，是物流行业以物流实体运营企业服务为目标的纵向衍生；

（3）企业分工细化程度提升，物流行业开始形成一个纵深有机的系统；

（4）企业的服务是主动提供的，多以储运性物流企业需求为目标定性设计，以提高物流企业运营效率和专业化，为运营目的和赢利点服务。

应该说，这个阶段，传统物流企业不再以简单的规模化为目标，而针对自身展开了第一波的社会职能分工和拓展，从而形成了一批新的物流组织形态，但这些企业从本质上来说是物流行业的基础保障性企业形式，它们或许随着社会的发展，外表形态发生这样或那样的变化，但核心业务领域不会发生太大的变化。

第三阶段，面向客户需求提供多层次的、多行业边缘化服务的发展阶段。20 世纪末，人们的消费观念、管理理念、经济结构发生了巨大的变化，普遍社会资源的丰富化，使得大多数传统求大于供的市场转向供大于求，因此，人们已经不仅仅追求简单的基本需求实现，而更多地追求需求实现的便利性、舒适性和拓展性。基于此背景下，物流行业中开始出现大批不以储运资源为约束，而仅仅以物流运营为背景的跨地产、金融、商贸等行业的边缘性物流企业，如第三方物流企业、物流咨询企业等。这些企业的出现，使得物流企业生成了一个面向客户的纵向发展坐标，大大丰富了物流行业的发展空间，整体来说，这个阶段新增的企业具有以下特点。

（1）企业基本为管理输出型和智能输出型企业，轻资产型企业较多，以社会资源整合或者纯智力输出模式企业占主流；

（2）企业服务以物流客户需求为目标，为其主动提供和设计解决方案，与其结成战略同盟关系，并作为客户的代言人和委托者，以面向传统储运物流企业或整合、调动社会运营资源执行；

（3）企业的业务和专业背景是极其丰富化的，具有多个业务领域，物流只是其基础业务背景，或者说，该类企业是通过多行业技能方式实现物流目标，它们并不一定名为物流企业；

（4）专业的行业解决方案能力、现代管理理念、信息化工具、资本工具、某物流行业关联行业的资源优势等是这类型企业的核心竞争力，而并非实体的运营资源和运作能力；

（5）企业随着经济、政策、人文环境的变化将保持着随时的演变。

该类企业的出现，标志着物流行业面向客户纵向领域建立了新的发展空间，市场需求主导和多元行业结合的特点，使得物流企业进入了真正意义上的服务领域，也使行业焕发出新的生命力。

第四阶段，是否进入这个阶段或者是否有这个阶段还很难说，但确实目前已经有了一些不同以往的征兆。在当前社会，已经开始提出第三方支付的概念，这里的第三方支付的概念，不是指的支付宝作为第三方监督角色进行货币支付的模式，而是某些行业将彻底退出独立成本核算的历史舞台，而仅仅作为基础性服务，被某些业务捆绑存在，比如说，免运费的电商。不仅仅是物流行业，实际上很多行业的泯灭重生早已开始，因为它们已经开始走向低利润、零利润甚至负利润的发展模式，利润哪里来，不是由终端客户给予的，而是某些需要使用它们的高利润业务分享的或者以渠道费模式给予的，举个简单例子，为什么很多路由器会低于成本出售，在某一段时间甚至 400 元的成本售价仅 100 元，不是促销的原因，而是因为它为电脑终端服务，而广告商需要电脑终端用户，因此，它的利润不在于售价，而在于内嵌的广告发布模块——朝着这个方向发展的行业大多显示一个特性，就是某些拥有价值主体的载体，很明显，物流行业就是这样的一个行业，或者说一个载体。

未来的社会很少会在一个单一的条件下拥有极端的优势，或者仅仅拥有某一优势却需要最大程度上的让它的所有关联方收益，那么，克服这个困境寻求发展的一种途径就是尽可能地捆绑更多复合因素而提供使用对象或消费者，以帮助其获得复合性收益——每一种都不是优势，优势是一次性可以获得若干种。这种思路被很多人吸收、运用和发扬，最终使得物流作为一种基础服务被有效地融合在这种模式之内。当然，如果这种推论成立的话，可以预期的是，未来或者不远一段时间后，我们更难以找到一个纯粹的物流企业加以分析和理解。

那么，我们尝试分析一下这一阶段的物流企业或者物流业务的特点。

（1）物流业务不再作为主要营业收入的主体，而更多作为成本存在；

（2）物流不再作为独立的某种业务或产品存在，而成为某种产品的增值性服务甚至于基础服务；

（3）物流或与物流相关的管理思想被分解到某项产品生产、销售和使用的各个环节中，不再有一个独立的组织或整体的环节去调度以及操作它，它的实际运作被重新拆解到工具层级，然后由某些简单的，如信息化工具加以控制；

（4）……

或许这些只是推测，但这不代表物流行业的消亡，相反，这代表物流行业的扩散，直至无处不在，也许，物流在很多未来企业会由业务部门变成职能部门，那时候，我们研究和学习物流企业，也许会变成研究和学习物流职能或岗位。

第二节　学习物流组织形态的意义

在以上例子中，我们的物流企业努力的把握了市场机遇和自身特点，创造性地制定了自身先人一步的发展战略，因此带来了遍地开花似的物流行业大发展，也带来了千姿百态的物流企业类型——但我们如何认知这种现状和发展呢？这些状态和发展需要怎样的资源支持？需要怎样的流程保证？我们又应该做好怎样的准备来面对和推动它呢？这一切，完全都可以通过我们对其组织形态的分析而得到，为什么呢？

企业组织，是为了实现企业目标的资源和管理行为集合，是企业正常经营的基础和平台，它应该和企业经营目标高度匹配，并以此为基础执行我们的经营行为，否则，企业目标将无法达成。这就好像，开饭店必须要有饭堂和厨房，要雇用跑堂和厨师；开医馆要有诊室，要雇用医生一样。同时，从事不同行业中的某个专业方向，也会直接从其组织形态上反映出来，这和外卖的饭店是可以没有饭堂而只有厨房，医馆只有诊室而没有药房，有医生未必有护士是一个道理，那么，外卖的饭店的主要岗位是什么，医馆的主要岗位又是什么呢？毫无疑问，不明白这一点，就好像饭堂的小二应聘外卖的饭店，护士应聘医馆一样，不是说没有机会，但难度很大。因此，我们学习企业的组织类型，是可以支持我们反过来定位企业的发展模式和做好自身岗位定位的。

我们要从事一个行业，就必须要了解该行业中的企业，才能准确定位，进而制定自己的从业方向和重心；而尽可能准确地了解行业中的企业，从不同的企业中找到其相同点，进行有效的归纳总结，才能更好地把握其中的一般性规律，有的放矢地集中我们的资源，使我们的职业之路更加清晰——对于某些有能力和远大抱负的职业人员来说，后一点更加关键，因为这个决定了他是否可以成为这个企业的控制者、驾驭者甚至引领者。所以，我们认为，从对行业企业组织形态的了解着手，对于我们从事某个行业更容易、准确、清晰一些，也有可能发展空间更大一些。

事实上，我们通过对企业组织形态的学习和内在演变的分析推演，我们将积累另外一种十分有用的技能，即企业的战略创新思维，因为，了解已经过去的行业企业的组织形态和演变规律，对于我们展开对行业企业未来发展的探讨也有着积极的意义。试想，当我们发现某些企业在某种组织类型下出现了另一种组织类型或者新的组织类型的征兆，那么是否意味着企业下一步的转型呢？如果是这样，我们及时地做好相关的心理和物质、技能的准备，是否就可以在这种转型中获取先机，甚至主导这种转型呢？其实，反过来也是成立的。

从某一行业企业业态和组织模式上开始我们对某一行业的了解，可能更好地开启我们进入某一行业的大门，因为企业业态和其组织模式本身就是社会经济发展和淘汰下的一种最原生态的行业集群，也是我们未来职业的主要载体和服务对象。

好，我们先通过阅读资料的案例，正式启动我们本课程的学习。

阅读资料

某物流集团网点公司经理写给集团董事长的信（节录）

......

为什么要谈这个问题，主要是从经营管理角度来看，物流集团依托大集团的管控策略和经验，已经建立了一套以财务控制为主线、全国运营网络为基础的综合管理路线，并从而形成了与之配套的管理文化和管理制度，在企业管理上属于正规军，而相比集团，我们过去顶多算个游击队了。因此，对于集团的经营管理，我其实也提不出什么高见，只好向您提交一份偏学术色彩的作业，冒昧和您来交流一下战略创新的问题。

既然谈到战略必要性的问题，就不得不谈战略和管理关系的问题，最近看到一篇文章，讲的是战略高于管理，一个企业要发展，不仅需要在既定的战略方针上做好经营管理的持续改进，更需要在战略本身做好创新，这一点，对于大企业尤其如此。因为小型企业灵活但是资源不足，只能赚个辛苦钱；中型企业有一些资源，具有相对稳定的规模和市场，赚得更多是管理优化的钱；而大企业，盘子大，管理内耗较多，资金周转使用效率不可能和中小企业相比，只能凭借资源实力和企业影响力，在战略决策上多做文章，从而保持自己的领先和规模优势，关于这一点，博弈学中的大小猪吃食的原理也很能体现大企业的无奈。看了这篇文章，我联想这些年自己和周边业内朋友、企业的经历，很有感触，所以就其中的一些观点和您交流一下，请您多多指点。

我认为，管理侧重于企业内部和现在的维系，是基于日常行为的一种守成的观念，因此，虽然管理对企业的贡献是永恒的，但随着企业的发展壮大，管理对企业价值增长的贡献是趋于下降的；而战略则不然，因为它更侧重于企业外部和未来的发展，其本身是基于非日常行为的一种创新的观念，因此，战略创新对企业价值增长的贡献是趋于上升的，这一点，对于像物流集团这样的大企业来说尤其如此，其资源的调度、技术及管理上的创新提升完全应该围绕战略创新这个核心来做，然后基于这个核心来调整优化企业实际的业务方向和结构，我想，您今年年会报告中对大家提出来的第二阶段奋斗目标中以运输和仓储这一核心业态来对业务结构进一步优化的要求，也应该是基于此提出来的吧。

确实如您论述的一样，战略创新必须要基于企业现有的运营特点和优势来考虑和设计，应该要集中注意力在资源使用调度的业务模式和技术上，而不能过于天马行空，放弃自身优势而追大求全，只不过，对于相对基础和资源配置简单的物流行业来说，要真正推陈出新，确有一定难度，不过也并非不可行。

......

我们战略创新应该要考虑哪些问题？我认为，战略创新应基于以下几点考虑：

（1）如前所述，战略创新应该是一种基于企业行业环境大背景、企业优势和核心资源下的运营模式的设计、调整和突破，它旨在更好地在自身主业范围内发挥企业资源的优势，从而获得所在行业内的更大、更快地发展，因此，跳出企业行业背景和企业资源外的创新，更多只是一种业务的尝试甚至冒险，而不会、也不能最大效能地积累企业行业影响力和展现企业资源优势的作用，绝非企业发展的主体战略布局的出路。

（2）战略创新其创新一举，必然对现有运营模式结构和管理结构带来一定的冲击，因为它多少需要相应运营模式和管理结构的匹配，同样，一个创新的孕育也不是立刻完成的，需要通过一定积累甚至某个时机得以出现，出现之初也往往是不完美、弱小并对企业当前的业绩贡献甚微的，因此，我们需要更具包容性的企业文化来发现它、容纳它乃至支持它，抱残守缺、排斥异己的僵化思想是战略创新的致命敌人。

（3）战略创新之路，是随行业、时代、技术甚至人文的演变而持续进行的，一个时代一个主角，没有何种战略能终其一身不可取代，因此，战略创新必然是一个"持续"而"有机"的过程，"持续"，是我们要将其作为一项长期工作来考虑，不能得至即止；而"有机"，是告诉我们要把它作为一项系统的工作来考虑，它不仅仅是一个点的突破，它的背后往往隐藏一个体系的、规律性的价值结构，也就是说，我们要关注和把握不同创新之间的逻辑关系，更多地引导它们向一个大的方向持续改进和优势积累。

（4）战略创新虽是基于企业自身资源结构的运营模式的设计和调整，但其核心在于市场需求，而且是市场基于一般需求之上的特殊需求。这里有几层意思，第一层，是说企业的所有行为必须要满足市场需求才能成功，战略创新也必须基于此；第二层意思，是说满足市场一般性需求不足以成为市场的宠儿和具有影响力的企业，只有在满足了市场的一般性需求之上，同时还可以满足市场部分且有一定规模的、并未或少被其他企业实现的需求才有可能，而战略创新的作用，恰恰就是基于此发现来设计和调整企业的运营模式。因此，创新本来就带有突破和差异的意思于其中，只有有别于大多数，才有可能成功。

（5）战略创新的最终成功，老板是第一重要的，但战略创新绝对不是老板一个人的工作，事实上，能把战略创新深入到日常经营管理序列中去，才有可能把握住更大的机会。或者可以这样来说，某个战略创新的起因往往来源于运营层面的任意一个从业人员，而它的发现、孕育和验证则需要该企业运营管理层面某一个保障性的体系来完成，而老板，则应该履行的是在众多创新点之中选择和批准企业资源支持的权利。因此，支持战略创新，能通过战略创新转化为企业竞争优势的企业，究其原因，老板第一位，保障体系机制第二位。

……

对我们来说，虽然我们于企业管理上很不高明，甚至因为管理问题，我们很多创新之举没有实现或达到预期的成果，但不可否认的是，我们这些书生商人，一直尊重战略创新并坚持在走企业创新之路，因为我们知道，我们自身资金、技术等硬资源有限，只有靠先人一步或博采众长的思维，而后依靠华建、华北等国企背景来"唬人"和"借势"，才能走到今天的地步，我们只要一天停滞不前，就有可能遭受灭顶之灾。事实上，许多我们当年的创新思维或支持的行业创新思维，早已作为行业的一般性运营标准，如 2000 年倡导的门到门服务、2003 年的多点卸货服务等。

就当前来说，我们已经确定两个创新性战略方向，一个是中国化的 Landstar 模式，一个是基于互联网和 SAAS 工具的公众货运信息平台模式，这两者，都是主要考虑到当前物流、货运行业所存在的，占业内从业企业数 80% 以上，拥有 90% 以上货源和车源信息的中小货代、货运企业却缺乏实际承运资质和跨区域大项目协调运作能力这一事实基础来设计和实现的。

关于前者，是通过自身的信息平台整合大批货代，而后通过区域代理发展客户，有效整合闲散社会车辆资源，同时采用紧密型挂靠车辆的管理办法控制和管理该车辆资源，以其自身的 IT 实力和资金垫付实力保证业务的正常运转，从而进一步有效地整合其拥有的货源信息，快速扩大市场占有的一种模式。这种模式是一种典型的轻资产运营模式，在美国已经成功地诞生了以 Landstar 为首的一批企业，这种模式的抗风险能力很强，资源依赖性又比较低，所以在 2008 年席卷世界的金融危机中，对该模式下的运营收益影响远小于耶鲁等传统运营模式企业。不过，这种模式讲究的是唯一核心原则，一个大区域业内往往仅允许、也只可能一个 NO.1 存在，现在国内还属空白，所以现在还可以看成是我们的机遇。

关于后者，是指运用先进的信息技术和现代通信技术所构建的具有虚拟开放性的全国或区域性物流网络平台，以解决货运市场这些地面编织起来的传统交通运输网络无法解决交通运输中信息流对物流的巨大制约所带来的信息阻塞瓶颈障碍，是一个全国或区域性的公共货运信息交互和交易中心。同时，SAAS 工具的使用，使厂商将应用软件统一部署在自己的服务器上，客户可以根据自己实际需求，通过互联网向厂商订购所需的应用软件服务，按订购的服务多少和时间长短向厂商支付费用，并通过互联网获得厂商提供的服务。对于许多小型企业来说，它消除了企业购买、构建和维护基础设施和应用程序的需要，从而有效地解决了中国业内信息化推广和使用的硬件和技术瓶颈。这种模式在国外已经得到了有效的验证，如美国的 Transcore，国内有京联信息网等小区域、小功能内的尝试性企业，但大范围内的领导型企业还没有；而 SAAS，也是信息化行业从去年兴起的最热门的一个话题，不过讨论者居多，转换为有效生产力和经济效益的还很少，物流领域尤其如此，因此也是我们的机会。

这两条路，都是符合我们现有资源和业务运营特点以及优势的，它们都是走的市场化知识经济路线，可以充分发挥我们市场敏锐度高、行业背景资源（尤其是行业行政背景资源）优良、信息化与行业运营结合度高的优势，而回避了企业资源硬件、产业规模化不足、管理水平不足等缺陷，从我们分析的战略创新这一工具的特性来看，我们的真正价值，可能就来源于此了。

……

简单来说，现在物流集团的业务模式，走的是基于仓储运输为核心资源的网络运营之路，为实现这一目标，物流集团充分凭借大集团对物流业务模块的资金和政策支持，于全国各地购买土地和建设高标准库房，同时进行区域化网络协作的运营团队建设和管理建设，其中，尤其与您做事风格和与集团精细化管理一脉相承的基于财务数据管理为基础的企业管理建设收效颇大，让我耳目一新，获益颇多。

但以战略创新的观点来看，物流集团现行的业务模式只能算一个基于行业一般形态的中规中矩的模式，随着该模式的进一步发展，我可以冒昧预言，物流集团将演变成行业内的资源供给型企业，而对于资源开放性的物流企业，尤其是公路型物流企业来说，一旦无法以资源形成局部垄断，则资源供给型企业将生活在行业食物链的底端，因为庞大的资源投入和维护消耗、较低的技术进入门槛，使资源型企业面对既定的资源投入和频繁进入竞争对手而快速摊薄的行业收益，从长远来看，其行业地位将由供过于求这一市场铁律决定。

......

那么，我们现在的投入就是错误的吗？我不同意这个观点，应该来说，拥有庞大优质的库房以及运力资源，在物流行业绝对是能更具有未来的发展和业界控制优势的，就好比现实生活中，在其他条件相等下，有钱的富翁永远比穷人更容易成功一样，只要我们能找对发展的途径，但同样，事实上很多曾经的穷人之所以战胜了曾经的富翁对手，则往往是双方发展途径选择的差异，而且富翁更容易沉陷于自身优越实力而缺乏压力和安全意识，当时的优势反而成了发展中的包袱。因此，战略创新对于物流集团这样的企业，尤为重要。

什么样的战略创新思路对现在物流集团的发展更有价值呢？我个人的知识和见识还很浅薄，很难说到点子上，我对战略创新工具的运用，也还在学习当中，同时以我现在的层面，也不足以支持我获得更多的实践空间和验证机会，所以我以下的一些浅见，不过想通过原来的一些想法，仅供您做一个对战略创新工具在集团运用上深入思考的引子，其本身可能没有什么价值，还请您不嫌我的言语无状和粗陋。

物流集团的优势是什么？整体来说主要有以下两点：

（1）庞大的集团的资源背景和支持，尤其是在资金上几乎无限的支持和极大的行政影响力，以及金融、地产、港口等多种现代经济支持要件的覆盖。

（2）已经初步形成的全国网络布局和日渐成形的优质库房资源（运力资源由于进入门槛低，形成时间需求短，故不能算作优势）。

那么，按战略创新观点，我们的业务布局应该集中发挥上述优势。事实上，我们现在也在运用，如购地多用前者，而现有客户的获取，多使用后者，但我认为，这种使用并没有真正地体现到我们的业务核心能力的获取中去，而仅仅是简单地调用。

为什么我们现在的运营模式不能完全体现这些优势呢？这是公路物流行业特点决定的。

首先，就第一个优势来说，关于集团资金支持的优势缺陷我们已经分析了，这里不再累赘，关于国情下集团的行政影响力，对于过早开放的公路物流领域来说，似乎并不明显，远不如金融、港口和地产行业更容易借势。

其次，就第二个优势来说，即使实现物流集团百万平方米自有库和百万平方米整合库的资源发展战略和网点布局，物流集团也远不能实现对公路网络甚至公路网络主枢纽的控制，即使在高端库区这一领域也无法做到，因为无论是普洛斯这一类专营高端库房和物流地产的外资企业，还是各地疯狂上马的物流枢纽建设工程，都注定未来资源并不稀缺，因此物流集团无法形成简单的资源垄断，从而获取垄断收益。即使进一步说，物流集团网络运营管理极度优化提升，具备了一个全国覆盖的可集中调度的高端物流仓储资源网络，以区别各地区域性的高端仓储资源，也只能是在未来竞争中保持一个相对领先或不被淘汰的地位，因为现在大量涌现的第三方物流企业和前文 Landstar 模式下的企业，整合资源，提供管理服务正是他们的优势，他们反而抛开了庞大资源对运营管理灵活性的阻碍。这也是我前文分析的，为什么公路物流行业内资源型企业很容易沦为业内食物链底端的一个重要原因——如农业一样，无比重要，却缺乏对比下现实的经济价值。

另外，从以上两点优势的缺陷来看，就是它们可持续时间的周期性，它们不可能长久保持绝对的优势。

因此，我们战略创新的核心就是选择的业务模式要能有效地发挥两者的优势，回避其优势中的缺陷，那么可以简化指向，我们选择的业务模式和针对的市场客户群体应具备以下特点：

（1）我们选择的市场对行政政策十分敏感，甚至在很长一段时间内属于政策主导，我们可以最大程度地发挥我们行政背景的优势；

（2）我们选择的市场现在可以是一个初创投入期，需要大量的投入，短期内难以回报，并且缺乏规则和业内的领导者；

（3）我们选择的市场本身专业程度化很高，进入门槛高；

（4）我们选择的市场属于局部垄断型，只有一个领导者，第二和第一差别极大；

（5）我们选择的市场不简单地对公路物流有需求，它同时可能对多式联运、地产、商贸、金融、科技等存在复合型的需求。

基于以上特点，我们的市场方向，或者说创新点就很明确了，我们总的目标，就是如何利用优势形成局部垄断或强势资源控制者，从而成为对应市场的主导者和不是被动的供应者。物流集团完全有实力和影响力做到这一点。

明白这些，我们只要从现在和未来的市场可能中进行进一步的挖掘和区别就可以了，就我目前对国内物流发展的了解和把握来说，我觉得物流集团可以将现在的资源，向以下几个领域拓展：

一、以医药物流领域为代表的新商贸渠道模式

……

二、特种物流领域

……

三、多式联运领域

……

四、物流园区建设和引领

⋯⋯

思考：

1. 企业的组织形态和企业的战略决策有什么必然联系吗？

2. 结合前面所学的知识，随着后续章节的学习，我们思考，如果该集团接受写信人的建议，则要做好哪方面调整的准备？

3. 如果你是该企业的人员，了解到该信息后，你会做出怎么样的调整？

第二章　企业物流的自营与外包

即使你不了解物流活动，你也应该会了解一般的生产活动或者商业活动，物流活动的本质，也是一种生产和商业活动。因此，在物流活动中，作为制造企业和商业企业常被称为物流契约关系中的甲方，而作为物流企业常被称为乙方。本章的学习将从甲方的角度介绍，使你了解甲方企业的物流业务是如何运作的，会选择什么样的合作模式，以及甲方企业的物流组织与其中的典型物流相关岗位。

【案例导入】

制造企业物流管理——北海粮油的物流管理

中粮北海粮油工业（天津）有限公司系中外合资企业，于 1992 年 4 月 8 日在天津经济技术开发区注册登记。其股东由中国粮油进出口公司天津粮油分公司、香港嘉银国际有限公司、中粮英属维尔京群岛贰伍有限公司组成，注册资本 5155 万美元，投资总额 12034 万美元，占地 88890 平方米，目前拥有一个日处理毛油 900 吨的精炼厂、一个日灌装精炼油 1000 吨的小包装厂、一个日处理能力 300 吨的分提车间、一个年产 18000 吨的起酥油车间、一座 3000 吨级对外开放的码头，一座存储量达 7 万吨的油罐区，两座 3000 平方米的小包装成品仓库。它就是中国北方最大的油脂生产、加工基地之一，"福临门"及"四海"系列食用油的生产、灌装基地（如图 2-1 所示）。

20 世纪 80 年代，嘉里粮油在深圳蛇口设厂，中国第一个小包装食用油品牌"金龙鱼"诞生，首次为中国引进了小包装食用油的概念。小包装成为整个食用油市场附加值最高、最赚钱的行业。据中国粮食行业协会 2006 年度的统计资料显示，食用油市场的整体销售收入为 1739.7 亿元，小包装市场销售收入预计在 350 亿~400 亿元。

食用油市场是一个完全竞争的市场环境，市场上拥有高、中、低不同层面众多的品牌，竞争非常激烈。益海嘉里占有国内整个食用油市场的 40%，中粮集团占 12%，九三油脂集团占 10%。而在国内小包装食用油，益海嘉里的市场占有率超过 50%，中粮集团占有 30% 的份额。作为食用油第二大品牌，中粮集团亦须在保障品质的前提下，建立价格竞争优势。作为普通大众快速消费品，供应链中物流成本成为产品总成本的重要组成部分，所以如何有效地优化供应链成为中粮福临门建立竞争优势的重要手段。

公司拥有一定的物流资源。其中仓储设施方面公司拥有 3 个散装灌油台，拥有 47 个散油储油罐，储存能力达 6.8 万吨，公司内部有 6000 平方米的小包装成品库；运输资源方面公司内部拥有13部日本尼桑大型运输车辆；铁路资源方面公司内部拥有54个火车自备罐；码头资源方面公司具有良好的水运资源，拥有1座3000吨级码头，2艘油轮。

拥有两个泊位的对外开放码头　　　　　大容量成品库

研发大楼　　　　　　　　精炼厂、分提车间

小包装生产线　　　　　　　储油罐

图2-1　北海粮油的厂区

以下对仓储及运输资源做简要说明。

北海粮油的仓储设备主要由物资部进行管理，主要负责散油、小包装油品、所有辅料和物料等物品的存放。现介绍如下。

（1）小包装成品库：小包装成品库主要分为厂区自有库房（如图2-2所示）、外租库房和分公司库房。厂区自有库房2个，占地面积6000平方米，自己管理；外租库房2个，占地面积6000平方米，委托管理；分公司库房16个，占地14000平方米，以物流公司管理居多。库房总面积为26000平方米。

（2）自有库房为钢结构，彩钢外围墙体，水泥地面。

（3）每个库房被下拉式防火门隔成三段且划分成小的区域并编号。用于确定出入库货品的位置。

（4）无货架，无温控设备。

（5）用于小包装出入库的叉车13辆。

（6）仓库保管员6名，叉车司机9人（包括3名临时工），装卸工4组。

（7）日均出入库辆为3万箱左右。

图 2-2 北海粮油小包装成品库

运输资源：从运输方式上看主要分为汽运、铁运和船运三种，现简要介绍如下。

1. 汽运

（1）汽运车辆分为自营车辆、外租车辆和第三方物流公司，主要负责天津周边地区的散油和小包装等油品运输，运输时限一般为 24 小时；

（2）自营车队现有 13 部尼桑牌汽车，5 辆用于小包装发货，8 辆为油罐专用牵引车。如图 2-3 所示；

（3）汽运组管理人员 5 人，正式司机 10 人，临时司机 9 人；

（4）自有车辆费用构成为：养路费、车船使用税、燃料费、过路过桥费、司机工资等。控制的主要费用是燃料费和路桥费。

图 2-3 北海粮油的尼桑油罐车

2. 铁运

铁路主要负责散油、桶油、大小包装油品的发货运输和大小包装油品原料和辅料的采购。如图2-4所示。铁路运输占到总运量的30%，其中自运30%，自提占30%，其余为外包给铁路货代。铁路发货运费较低。铁路以250千米运距为1天，600千米左右运距为3天来计算。

（1）现有54个自备火车罐；

（2）一部叉车；

（3）箱皮容积135立方米，载重60吨长宽高分别为15.4米、2.8米和2.8米；

（4）运输费用构成：铁路运费、公用线费、道线使用费、车皮发运代理费、桶油上站费、倒罐费；

（5）每年11月到次年的5月1号采用汽车上散油，5月到11月采用管线上油；

（6）主要发货路线：西安、兰州、运城、东北。

图2-4 北海粮油的铁运资源

3. 船运

北海拥有一座3000吨级码头，2艘油轮装载能力为嘉银号2000吨，金威号1000吨，每年承担30万吨油品的运输。

地磅房：记录车辆进入和出去时的运载状态。

（1）设备：两个地磅传感器，其精度分别为100（吨）±20（千克）；50（吨）±10（千克）；

（2）人员：司磅员5人，主管1人；

（3）地磅通过地磅传感器将地磅数据传入托利多称重数据管理系统；

（4）车辆进入时，参照发货单，记录车号、商品名称、单号、毛重（皮重）、发货方、发货数量、进入时间等；

（5）车辆出去时，输入车牌号，读取净重＝毛重－皮重，打印地磅单。

北海粮油在 2005 年之前的物流功能活动是散落在生产部、物资部和运输部这些部门之中，经过优化之后成立了集中物流管理职能的物流中心，进行统筹考虑公司内部物流资源整合和统一外包业务管理，通过提高物流服务水平，提高客户满意度，减少与物流相关业务的接口，明确责、权、利。

物流中心的使命是通过高效率的物流管理及客户服务职能，保持公司业务的正常运转。物流中心的职责定位是为销售分公司和直接客户提供优质物流服务，同时对北海粮油的物流总成本负责。由此而言，具有三项职责：①制订物流战略和物流规划；②仓储管理、运输管理、自营车队管理、物流外包业务管理；③严格控制物流成本，达到和超过公司预算要求。

其下属部门主要包括厂内物流部、自有物流部和外包物流部，其组织结构图及内部主要职能。如图 2-5 所示。

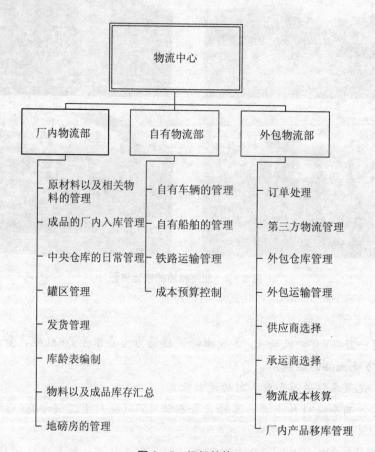

图 2-5　组织结构

通过物流整合与合理的物流外包，北海粮油以客户满意为中心，以业务流程改善、物流管理优化、物流信息系统规划为基本点实现了企业效益与效率的双重提高。

如果你没有切实接触过物流（其实这也不太可能的，搬家、信函、包裹、网上购物你均会接触到物流从业的人员，甚至于你自己都进行过一些物流活动而不自知），那么你肯定接触过购物之类的活动，比如去商场购物，你是在下订单补货。也许你不太熟悉中远、中外运、FEDEX、顺丰、宅急送，但估计你会比较熟悉物美、沃尔玛、一汽、海尔。

我们这一章是希望从你最熟悉的身边的行业和企业去介绍物流，比如引导案例中的北海粮油是食用油福临门的生产商，正文内案例的苏宁、国美是国内知名的电器分销企业。我们可以从你熟悉的食用油、电器开始，一起了解在生产企业、商业企业里物流是如何在运转的？组织机构和业务流程是什么样的？在这些企业里有哪些岗位和物流相关？这些岗位的KPI（关键绩效指标）是什么？也就是说你做了工作之后，上级如何对你进行考核？那么，在这企业里你如何发展自己也是我们会介绍的话题。

第一节　企业物流运营模式的形成与发展

企业物流可分为生产企业物流和流通企业物流。生产企业物流是以购进生产所需要的原材料、设备为始点，经过劳动加工，形成新的产品，然后供应给社会需要部门为止的全过程的物流形式。该过程要经过原材料及设备采购供应阶段、生产阶段、销售阶段，这三个阶段便产生了生产企业三段物流形式；流通企业的物流可分为采购物流，流通企业内部物流和销售物流三种形式。采购物流是流通企业组织货源，将物资从生产厂家集中到流通部门的物流。流通企业内部物流，包括流通企业内部的储存、保管、装卸、运送、加工等各项物流活动。销售物流是流通企业将物资转移到消费者手中的物流活动。

在引导案例里我们了解到，北海粮油的物流运营模式经历了一个主体自营到主体外包的过程。不仅是北海粮油，中国的很多制造业企业经历了物流从自营到外包，以至于资本化运作的过程。那么，为什么经历了这么一个过程，未来会有什么样的发展可能性，不同的模式具有什么样的特点？

唯有了解这些，我们才能了解不同行业及企业物流模式有如何的不同，因何而不同。大致而言，企业的内部因素与外部因素综合决定了企业物流模式选择的不同道路，前者比如企业的管理基础，资源特点，后者比如行业的竞争水平、客户的服务要求、行业产品本身的属性。举例而言，海尔①被认为是自营物流的典范，但其最初选择自营有一个外部因素制约即是当时国内物流发展水平低下，没有适合的物流合作伙伴能够为其提供吻合要求的第三方服务。海尔在初创时期也曾经寻找过合作伙伴为其做第三方物流服务，但未成

---

① 海尔物流的魅力所在 中国物流与采购 2003 年第 8 期。

功。原因虽然是多方面的，但它主要是不能满足海尔集团提出的要求和标准。海尔是一家名牌企业，它需要的连带服务也必须是一个信得过的品牌，而当时却找不到。所以，海尔只有自办物流。

了解企业物流运营模式的形成与发展，我们需要考虑三个方面。

（1）企业物流的基本模式：①以自营为主，②以外包为主；

（2）企业物流选择物流运作模式主要考虑的内外部因素有哪些；

（3）企业物流不同运作模式的特点及管理侧重点。

一、企业物流具有哪些模式

从整体而言，在 2000 年之前，中国的物流还未发展，作为制造企业和商业企业的物流具有两个特点。

（1）物流主要是由自己来做；

（2）物流职能分散在企业各个职能领域，未专门化。

从制造业企业来看，我们可以观察海尔。1998 年以前，海尔的原材料采购，原材料仓储配送，成品仓储配送等职能散落在 28 个产品事业部之中。而且主体是自己在做，虽然有一些外租仓库，但功能单一，其他的分装、拣选、配送、信息管理等均不具备，同时各外租仓库分散于各处，不便于集中管理。

从流通企业来看，我们观察国美电器。在创业初期，国美物流仅限于"大库"的概念。当时国美业务还仅限于北京地区。在北京郊区设立一个"大库房"，各家门店设立相应库房；厂商将大件商品直接送到"大库"，再由调货车配送到门店库房。顾客交款后，到门店库房提货、验机，并由顾客自己找车运回。

之后，随着内外部形势的变化，中国大量的企业面临着物流模式的选择，或者自营为主，或者外包为主，而自营是通过什么样的方式进行，外包通过什么样方式进行，由此衍生了不同的模式。

而自营还是外包是个两难选择：自营物流，对于任何一个企业来说都是一笔庞大的开支；把产品外包给第三方物流，势必要承担一定风险。

（一）自营为主

自营物流，又被称为自建物流。企业自己拥有车队、仓库，自己储存原材料、成品，并且把它们从一个地方运到另一个地方，这种模式就是物流自营。以你个人的生活购物为例，你把需要的生活用品从超市的货架取下（在仓库里这叫下架），继而通过手提、购物篮、购物车等方式运到收银台（装卸搬运），支付货款之后你将所购买的商品放置到自己的购物袋中，拎着离开超市。然后走路、坐车或开车回到家，将物品分门别类地放置储存。这时你就完成了购物这次商业活动的物流活动。这时你可以注意到商流（所有权的转移）和物流是一体进行的。同时，所有的物流活动（下架、库内搬运、配送、储存）均是你自己完成的。可以说，你的此次购物活动是以自营方式进行的。

那么，你为什么会自营而不是将所有的物流活动外包？其一，外包的可能性，有些不可能外包，比如日用品的储存，你不能将你随时可能需要的物品储存于一个第三方那里。类似的，制造企业的厂内原材料、备件库、线旁料架也不能包给第三方物流来管理。其二，外包的必要性，有些货品没有必要外包。如果你自己做比别人做还方便，成本还低，那怎么会外包呢。比如你将货物下架、搬运。类似的，企业厂区内仓库的运作活动，就比较难以实现外包。类似开篇案例里北海粮油，成立物流中心之后，仍有大量的业务必须自己来进行，比如中央仓库的管理、原材料库存的管理等。其三，外包之后的可控性。你的产品一旦进入外包的物流环节，你对产品的控制力就会变弱。路途情况怎样、按什么路线配送、是否能够按时送到，你都难以控制。货物出现破损、丢失、送货时间延迟等时有发生，致使公司与客户之间产生纠纷。更有甚者，"黑物流"携货卷款开溜，不得不防。

自营为主的制造业或商业企业会根据业务需求在市场覆盖范围内建立起物流网络，如原材料仓库、成品仓库、物流配送中心、加工中心等，其中从原材料到产成品过程的一切物流活动均有企业拥有的物流资源执行，例如我们可以参看阅读资料里苏宁电器的自营物流。

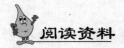
阅读资料

苏宁的自营物流①

2004年，在全国大型电器连锁流通企业苏宁电器向北京福田汽车公司采购200辆奥铃轻卡的交车仪式上，苏宁电器华北区相关负责人表示，随着200辆奥铃轻卡的投入使用，北京苏宁将彻底实现自营物流配送。如图2-6所示。

2009年是苏宁电器加快物流体系建设的一年。据苏宁电器董事长张近东介绍，计划年内投建十几家物流中心，耗资达20亿~30亿元。未来几年，苏宁电器总计将在全国建设60个物流中心，实现全国的现代物流配送。这一计划，将使苏宁电器在物流建设上整体投资超过120亿元。

苏宁为顾客送货时可提供许多附加服务，大到为顾客提供家电消费咨询、家电使用常识、保养常识，小到顾客的房间适合选择什么样的彩电、什么样的空调，苏宁的送货人员都能一一做答。选择自营，对于送货服务的质量也容易控制，能够按照苏宁统一的标准执行，避免出现服务质量良莠不齐的局面。比如为顾客送货的第二天，苏宁的客服人员会对顾客进行电话回访，询问送货人员是否按照公司标准提供服务，以及顾客是否满意。配送服务如果交给别人去做，这些是无法保障的。苏宁选择自营为自身发展提供了保证，也在消费者中树立了良好的品碑。

很明显，物流建设已被苏宁电器视为公司核心竞争力和保障发展的一项重要战略。

---

① 看不见的苏宁 中国物流与采购 2009年第14期。

图 2-6 苏宁电器通州立体库库内情景及奥铃轻卡

思考:

当第三方物流已被认为是大势所趋的时候,在目前家电业及零售业竞争压力巨大的情况下,苏宁没有选择第三方物流,而是选择耗巨资自建物流配送体系,是基于怎样的考虑?这种物流运行模式又将给苏宁的物流成本带来什么样的影响?

部分企业的自营物流部分的会向专业第三方物流提供商发展,也就是说生产制造企业或商业企业一方面利用自己的物流设施、机构为企业内部提供第一方物流服务,另一方面利用自己的物流资源为其他企业客户提供第三方物流服务,并为企业自身赢利。比如安得物流成立于 1999 年,其中美的集团占有其 70% 的股份,安得算是美的一个控股子公司。继而被推向了市场,美的方面的业务占了安得物流总公司销售额的一半都不到。

同时,自营可以采取多种形式。①企业内部的物流部门或子公司的形式来运作,比如青岛海尔,苏宁电器,美的公司;②资本运作的合资公司形式来体现,比如由青岛啤酒和招商局物流集团合资成立的青啤招商(参看资料)、由丰田、一汽、广汽合资成立的同方环球(天津)物流有限公司。

 **阅读资料**

青啤招商

青岛啤酒招商物流有限公司是由青岛啤酒股份有限公司和香港招商局物流集团两家百年"国"字号老店于 2002 年 1 月 1 日共同出资组建的现代物流公司。公司自成立以来就不断造就一支高素质的团队,公司目前拥有在册员工 180 名,其中管理人员 22 人,生产人员 158 人。公司依托青岛啤酒全国 16 个区域分发中心和香港招商局物流集团覆盖全国 645 个城市的配送网络,利用香港招商局物流集团现代化的物流管理手段,基于 SAP 的物流业务执行系统和物流信息数据库,已经在全国架起了自己的物流配送网络,尤其是山东省和周边省市的物流配送网络,已显示出强大的市场生命力,目前公司业务已涵盖运输、仓储、配送、信息系统并将逐步延伸至货代、报关、增值服务、供应链一体化管理等物流全过程。可以为广大用户提供"更好、更快、更经济、更安全"的物流配送服务。

"青啤物流模式"是招商局物流在业务发展中，探索出的一种业务发展模式。所谓"青啤物流模式"，即青岛啤酒以其仓库、车队及业务为基础，招商局物流以其物流网络和管理经验为基础，共同组建的合资物流公司，全面处理青啤的全国物流业务。

思考：

请收集和了解丰田、一汽、广汽合资成立的同方环球（天津）物流有限公司的背景信息，思考丰田、一汽、广汽属于行业竞争对手，那为什么他们要合资成立物流公司呢？

（二）外包为主

作为我们个人而言，也已经有大量的物流业务在外包。比如搬家，以前（大约2000年前）搬家都是找同事，朋友帮忙，然后大家一起吃一顿。后来，搬家公司出现了，成本略低或持平于个人找朋友搬家的成本。搬家业务就外包给了专业化的搬家公司。再比如包裹、信函及其他物品的快递。前两者，我们以前一直外包给邮局来做，现在出现了很多的快递公司，可以做私人物品在同城、跨省、国际范围的递送。

企业物流外包是指的将企业自身的物流业务以合同的方式委托于专业的物流公司（第三方物流）运作。比如案例中的北海粮油为了优化物流体系，决定设立中转仓。经过考察，招商局物流集团（天津）有限公司分发中心DC仓库位于天津市东丽区大毕庄，距离北海粮油工业公司为47千米，邻近京津塘、津蓟、京津第二高速，并与天津振东物流中心、巨邦物流中心等天津市最大的物流园区为邻，交通与物流条件极为便利。经过考察，北海粮油决定将中转仓设置在此地，委托招商局物流进行管理。

2008年，联想为了降低整体成本和提高运作效率，采取合理借助第三方物流供应商优势资源的外包策略，将操作级业务大量外包的同时，通过电子招标寻找提供区域运输服务的物流供应商。对于联想而言，物流外包事实上是将物流操作层面上的业务全部下放给第三方物流公司，从而将更优势的兵力集中在管理、协调和监控方面，也有更多的人力、物力放在整个供应链的优化和革新上。

另外，作为家电销售企业，国美电器选择了和苏宁不一样的道路，即主体进行物流的外包。

国美电器的外包物流[①]

2004 年，苏宁电器大张旗鼓采购了 200 辆轻卡，宣布自建物流体系；国美电器随即与大田签署了合作协议，将手机配送业务外包。大田给予国美的承诺是将使国美的城际物流成本降低 20％。国美售后服务中心物流部经理乔艳华告诉记者，这一目标已经实现。乔表示，大田采取资源整合的方式，成本上占有绝对优势。目前，与大田的合作业务还仅限于城市之间的干线运输。

"在市内为客户提供的配送服务，我们采取介于自己和外包第三方之间的方式，尽可能地运用第三方物流的资源。"乔表示，国美的配送车辆和司机都是用第三方的，但管理权掌握在自己手中，国美有一套完整的送货服务标准化手册，而且送货员和驾驶员要经过培训并考核，达到标准才能上岗作业，由此保证服务质量。

"为我们提供服务的承运商不止一个，这样他们之间才会有竞争，有竞争才能更好地保证我们的服务质量。所以我们并不会因为业务外包给第三方而担心服务质量下降。"乔表示，他们对承运商的选择也是有针对性的，"就全国范围内来看，我们都会挑选当地实力比较强的运输公司，并会严格考核它的资质，因为大公司会更注重服务质量"。

家电零售业的运力需求淡旺季差别很大，如果只配备适应平时销售需求的车辆，旺季时候就很难有足够的配送队伍应付；如果配够旺季的运力，在平时又是一种浪费。将配送业务外包后，国美如何能保证淡季时合适的运力能满足旺季的需要呢？乔告诉记者，原来他们只签约承运商三分之一或四分之一的车辆作为常备车，并对所有的运力循环培训，以保证旺季时都可以上。"这是我们为确保服务质量、控制经营风险而决定的。"乔表示。

国美也有自己的配送车辆，但仅限于门店之间大批量的配送，因为这些货值比较高，而且成批次的配送是有计划性的，用自己的车配送成本就比别人少得多。

"我们有一个理念，花同样的钱，谁的服务好用谁；如果别人都不能保证服务质量，自己能做下来，并且花同样的钱，肯定是自己做；如果别人能保证质量，而且成本比国美的低，国美肯定用别人的。我们花同样的钱，肯定要得到最好的服务。"乔表示，国美一直在寻找服务和成本两者之间的平衡点，"说白了就是性价比吧，就像人们都愿选择性价比较高的商品一样"。

没有最好只有最适应两种截然不同的物流配送模式，目的却是大同小异，都紧紧地围绕着服务与成本做文章。而且国美、苏宁两家企业不约而同地都对自己选择的物流模式表示了满意。在商务部公布的 2004 年上半年中国前 30 家商业连锁企业排名中我们可以看

---

① 国内家电流通市场物流：自营、外包殊途同归 http：//www.gome.com.cn/。

到，国美电器和苏宁电器分别以148.3亿元、105.5亿元的销售额排在第二、第三位。两家企业同时在目前的家电零售业取得了短期内难以逾越的成功。

由此看来，家电零售连锁企业对于物流模式的选择，没有最优的选择，只有相对比较合适的选择，原因在于不同企业追求重点的不同。苏宁更注重对服务质量的提升，短期内在增加成本的基础上，希望获得满意度的提升，进而获得长期的收益；国美基于对承运商强有力的控制，自然希望能够获得成本与服务的双赢。总之，不同的企业都在根据自己企业的具体情况，选择适合自己的物流模式，达到经济效益与社会效益的最大化。但现有的并不是固定不变的，随着企业发展阶段的不同，以及整体经济形势的变化，企业对自己的物流模式也可以进行调整，以适应变化。

对于总体规模在4000亿元左右的国内家电流通市场，即便是国美，也不过只占有5%的市场份额，国内家电渠道市场发展空间仍然很大。而获取市场的再发展，物流无疑是其中相当重要的一环，知名零售连锁企业的成功无不依赖高效的物流体系支撑。

思考：

为什么同样是家电经销商，却选择了不同的物流模式？同时，请查找TCL、海尔的物流运营模式，进行对比分析。

二、企业选择物流模式考虑的因素

从上文我们可以看到，不同的企业选择了各异的物流运作模式，而且也实现了不同的效果。我们可以继续从表2-1的家电制造商的例子获得更多的了解。

表2-1　公司选择的模式

公司选择的模式	取得的效果
海尔集团在1999年将原来分散在28个产品事业部的采购、仓储、配送的职能整合，成立了专业的物流公司	海尔的库存时间为30天，经过一年的努力，2001年减至13天
2001年美的集团通过控股成立了安得物流公司，把物流业务剥离出来	2004年，美的集团的运输成本下降了35%，仓储成本下降了30%
2001年7月，中远、小天鹅、科龙以6∶2∶2的股比合资成立了安泰达物流公司。有别于安得模式的是，小天鹅和科龙只作为参股方，将其业务委托给安泰达	以前，一台洗衣机从无锡运到北京，小天鹅每台要支付40元，现在只需付19.68元，小天鹅公司全年可节约运输费用700万元。2002年的物流成本就下降了25%

续　表

公司选择的模式	取得的效果
以伊莱克斯为代表的家电企业选择的第三方物流属于非自拥资产，他们将物流完全外包给第三方物流企业，第三方物流服务商为他们提供整个或部分供应链的物流服务，以获取一定的利润	伊莱克斯进入中国以来，业务拓展突飞猛进，伊莱克斯冰箱市场占有份额就迅速从零跃升至了 12%

资料来源：根据朱艳新、黄红梅的《家电物流自营与外包：孰优孰劣》整理。

　　企业之所以形成一定的物流运作模式，有一个基本的背景是供应链"共赢"。也就是大家常引用的一句话"现在是供应链之间的竞争，而非企业之间的竞争"。比如物美在供应链"共赢"的思路下提出具体的一个问题"到底能否通过供应链'共赢'实现大家的目的"，继而选择了信息共享，沟通机制。

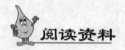 阅读资料

物美的特约观察员

　　2008 年 6 月，为更好地加强物美与供应商联系、消除沟通障碍，物美集团建立了"供应商特约观察员"组织，第一批特约观察员共有 4 家供应商，分别是世行商贸、百花蜂蜜、古船食品和惠元佳业，这 4 家供应商既是物美在中小供货商中精选的优秀代表，也是北京市供货商委员会的主力成员单位，在供应商群体中特别是在中小供应商群体中具有很高的威信和代表性，2009 年 2 月这一组织又扩大到 10 家，覆盖了从生鲜、食品到用品、电器等主要品类的供应商，这些观察员都有物美的胸卡证件，可以畅通无阻地进入物美卖场的前后台，可以随时和物美的员工、干部沟通并建立信息交流，也可以随时向物美集团高层反映零供矛盾及超市内部问题。"金天坛"和物美握手言和就是观察员起到的积极作用。"金天坛"是一家经营食品的供应商，2008 年 5～6 月因为多项主力商品缺交、不及时供货被物美按照合约规定处以 26 万元罚款，在多次找店铺和总部采购员不能解决后，曾经一度想终止合作并提起诉讼，在特约观察员及时了解该供应商缺货的主要原因是"5·12"汶川地震期间造成的影响，并及时向物美高层进行了反映后，物美全数退还了罚款，后来"金天坛"和物美不但合作良好，还扩大了品项合作，"金天坛"的领导主动表示把退款又全部投入到物美，用于新商品的市场推广工作。

　　"物美特约观察员"组织成立一年以来，物美和特约观察员持续良好配合，在化解日常工作中的零供矛盾、建立良好的零供和谐关系方面发挥了重要作用。

　　（资料来源：物美致力打造和谐零供关系，徐少川，http://bbs.bar.sina.com.cn/thread.php? tid=2156044501&bid=787538&v=0。）

那么，企业选择不同的物流模式还需要考虑哪些因素呢？我们主要从成本、服务、物流业务外包的可行性三个角度进行简要分析。

（一）降低成本的考虑

大部分企业为什么会将物流业务外包，最重要的一个原因就是成本的考量。物流业务外包是将本隶属于自身的一部分业务打包给物流公司来运营，而物流公司将分散的物流业务规模化之后的成本势必低于原公司单独的运作。有的人会奇怪于物流的低价，有如下的思考模式：我自己将1本书或1个文件递送给同城的朋友，会发生往返20元的交通费；而同城快递5元钱就会做此项业务。那物流公司如何挣钱？其实，大的物流业务一样如此。物流公司将业务规模化之后的单件成本是远低于客户自己运作的。也就是说，物流外包可以节省客户成本。

（二）客户服务水平要求提高

比如小天鹅在物流整合以前，一台洗衣机从无锡运到北京，小天鹅每台要支付40元，现在只需付19.68元，小天鹅公司全年可节约运输费用700万元。2002年的物流成本就下降了25％。

一方面客户的服务要求越来越高，表现在服务时限要求越来越高，增值服务的要求增加，服务的精准性要求增加。尤其作为商业企业，是靠服务来取得竞争优势。那么，企业就要决策不同物流模式的服务水平如何加以掌控。比如苏宁电器认为外包适合于不需要其他增值服务的过程，只是简单地把货送到顾客指定的地点。要求第三方货运公司提供增值服务也是难以实现的。流通企业所卖的产品都是别人的品牌，自己唯一的产品就是服务，将服务外包给别人去做，自己的核心竞争力就无从体现。因而苏宁选择自营。

（三）物流业务的可外包性

已经没有哪一个企业是纯粹的物流自营或外包，也就是说企业的物流业务基本都是混合体。在此时，一个重要的考虑就是物流业务外包的可行性。比如运输业务很适合外包，仓储则次之，而库存管理活动更是较难以外包。再比如厂外业务适合外包，厂内的物流业务则难以外包。比如案例里的北海粮油其中央成品库由自己经营，干线运输业务、区域仓库及配送业务则外包给第三方物流公司来运作。比如联想，大部分的物流运作业务外包，而保留物流部进行物流核心职能的管理。

随着我国加入WTO和经济的快速增长，中国物流业得到了快速的发展，企业的物流需求也发生了根本的改变，企业从原有的自建仓储自身运输的模式已经变化为仓储配送外包模式。根据相关数据统计，我国企业运输外包比例已经超过了85％，而仓储外包的比例只有15％。随着各行各业竞争的日趋激烈，企业必将有限的资源集中在发展自己的核心业务上，仓储和运输业务外包需求将越来越大，越来越迫切。运输外包的发展空间已经较小，基本是从A承运商调整到B承运商，或多家承运商共存，企业选择的空间较大，第三方物流之间的竞争加剧。而仓储外包比例在欧洲已经达到91％，北美达到73％，相比之下，我国的仓储外包的发展空间非常广阔，仓储外包必将是企业未来推行的重要方向，因此建立仓储配送中心是提供综合物流服务的基础，也是实现增值业务的关键环节，加强仓储配送中心的建设不仅能增加业务收入，更重要的是提升了宅急送的综合竞争能力，增强客户的稳定性。未来的第三方物流竞争也必然走向综合物流实力的竞争，加强仓储与配送的一体化发展，全力打造储运一体化营销模式，犹如弦上之箭，蓄势待发。

另外，任何一个公司进行物流模式抉择时需考虑大量的内外部因素，诸如自己的资源基础，管理特长等。有人给出了如下的分析框架，可以大致描述哪一类的企业适合哪一类的物流模式选择。

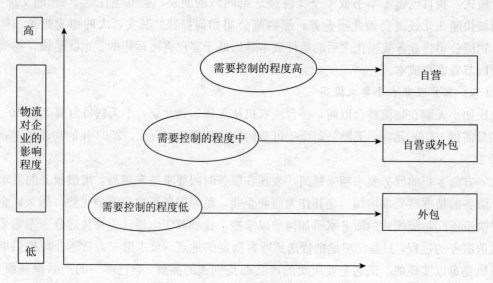

图 2－7　物流模式

资料来源：《管理现代化》由苏宁物流配送模式引发的思考。

思考：

你同意图 2-7 这种分析方法吗？是否还有其他的维度可以考虑？请用这类分析框架分析不同公司的物流模式选择。

每个企业之所以选择自营还是外包，均是本着自己企业的特点，进行综合系统化考虑。比如，中国红酒 B2C 电商领先品牌——品尚红酒网自成立以来，一直保持领先、快速的发展势头，凭借其充足的资金优势、产品结构的优化优势，一直坚持采用第三方配送物流，品尚专注于库存的周转及精细化运作。该企业的消费群体在全国范围内均有覆盖，其中还包括内蒙古、西藏、新疆维吾尔等自治区域，在这种情况下，品尚红酒建立了相对完善的配合第三方物流配送系统，有专人在进行货物跟踪，以保证红酒在最短时间内到达消费者的手中。该企业之所以选择物流外包，品尚红酒网 CEO 张辉军表示："红酒由于其品类特殊，对于环境影响较为敏感，在运输过程中防震、保温和密封都很重要，这就对红酒的配送提出了更高的要求。目前对于品尚来说，第三方物流配送更为适合，这无论是对于消费者还是对于我们本身，都会比较有利。采用第三方物流可以节约人力和物流成本，而这部分成本可直接让利给消费者。"

第二节　组织结构

一、典型制造企业的组织结构

开篇案例及前文均介绍到，甲方企业的物流经历了一个自营到外包的变化过程。在物流得以集中和优化之前，生产制造企业的物流管理活动散落在各个部门。案例中的北海粮油，它的主要物流功能就散落在生产部、物资部、运输部等。而海尔公司则分散在 28 个产品事业部，也就是说空调事业部、彩电事业部、冰箱事业部等均有自己的物流管理职能存在。

如图 2-8、图 2-9 所示，北海粮油在 2005 年进行了组织结构的优化与调整。

思考：

北海粮油的组织结构在优化前与优化后发生了什么变化？这种变化可能基于什么样的考虑？会带来什么样的影响。

从北海粮油的组织结构（优化后）我们可以看到两大变化，一是新成立了综合计划部；二是物流中心。接下来我们围绕这两个部门来分析生产企业里的部门设置情况。

成立综合计划部，主要是明确库存管理的责任，而成立物流中心则是为了统筹物流的运营管理活动。如表 2-2 所示。在成立这两个部门之前，北海粮油没有规范的计划体系，无人对库存负责，没有明确的客户服务管理手段和组织，多部门协调沟通困难，缺乏与企业发展战略相协调的财务预算和控制体系。通过组织的优化，北海粮油在物流战略制订、物流管理体制、物流业务流程、计划体系、库存管理和运输管理等方面的改进不仅有助于既有问题的改进，也为未来的高速发展奠定了管理基础。

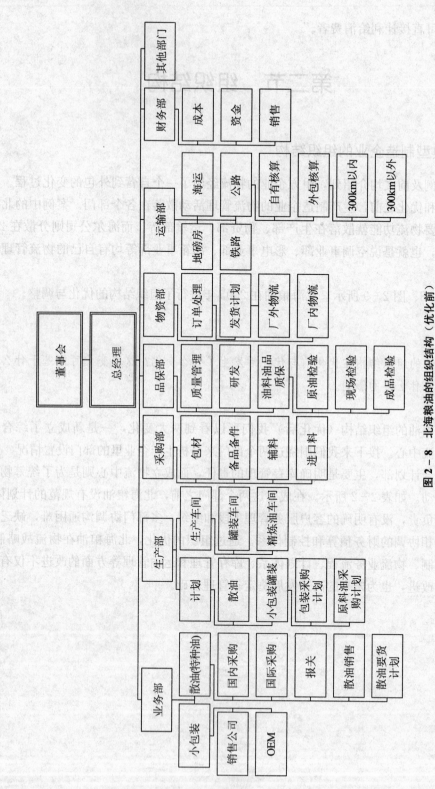

图2－8 北海粮油的组织结构（优化前）

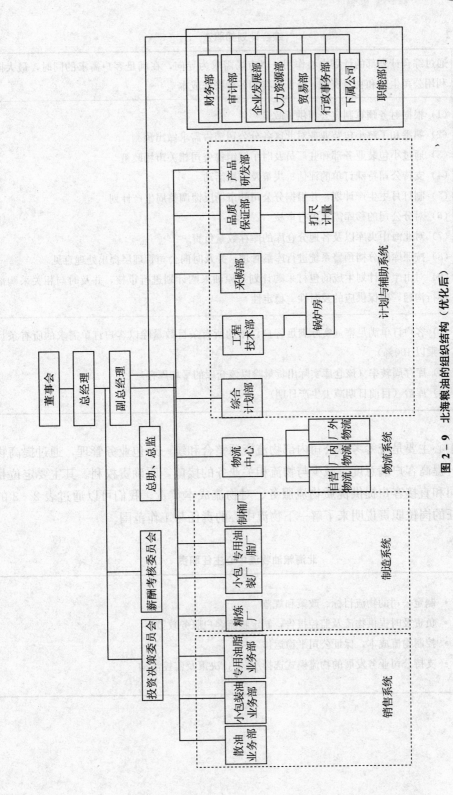

图 2 - 9　北海粮油的组织结构（优化后）

表2-2 综合计划部职责

管理目标	通过综合计划部的计划中心作用，以市场需求为导向，在满足客户需求的同时，最大限度利用公司生产和物流资源，降低库存和各种操作成本
部门职责	（1）根据财务预算制定公司供货政策 （2）熟悉和了解小包装业务对北区各分公司销售需求做出预测 （3）通过小包装业务部和驻厂员及时了解销售公司相关市场政策 （4）支持公司特殊订单的评估、决策及监控活动 （5）制订月主生产计划，并根据分公司的市场反馈调整周生产计划 （6）对分公司的移库需求进行审核 （7）对北海中央库以及各地分仓库的库存数量负责 （8）按照库龄分档预警系统进行库龄管理，并及时向公司管理层提出处理意见 （9）对由生产计划生成的包材采购计划与原油采购计划进行审核，并及时与相关采购部门进行沟通，确保供应的及时性、稳定性
考核指标	（1）客户订单满足率（实际满足客户订单的所有条目数量除以客户订单需求的所有条目数量乘以100%） （2）库存周转率（该仓库实际出货量除以该仓库的平均库存） （3）库龄（目前日期减去生产日期）

物流中心主要是统筹考虑公司内部物流资源整合和统一外包业务管理，通过提高物流服务水平，提高客户满意度，减少与物流相关业务的接口，明确责权利。其主要定位是为销售分公司和直接客户提供优质物流服务、对物流成本负责。我们可以通过表2-3的物流中心主任的岗位职责说明来了解一下物流中心的责任与工作范围。

表2-3 北海粮油物流中心主任职责

岗位职责	• 制定公司的物流目标、政策和规范 • 负责及时提供物流及监控报告，制定物流客户服务政策 • 控制物流成本，保证公司平稳运作 • 支持公司业务发展的物流模式选择/评估，决策及监控活动

管理目标	计划分析 • 制订公司年度物流预算计划及调整方案 • 审核物流相关部门年度预算计划 • 分析公司物流预算实施及监控报告 • 制订物流发展规划，支持公司业务的发展 • 新业务以及服务模式的物流分析 • 参与公司其他部门评估与决策，监控过程中的计划及分析工作	报告 • 提交物流年度预算计划报最高决策层批准 • 安排汇集各物流部门及新项目的财务及监控报告 • 向公司高层提交物流客户服务政策 • 向公司高层提交物流发展规划以及分析结果 • 安排向公司其他部门提交评估与决策，监控过程中的计划及分析报告	人事 • 主持制定和公司物流中心岗位职责 • 会同各部门经理决定对各部门物流主管的任免、调动、考核、奖惩 • 决定内部人员的调配 • 培养骨干专业人员，提高业务技能 • 不定期为各部门开设培训课程 • 对下属进行考核并决定相应奖惩
	制度/协调 • 制定公司范围内的物流业务流程以及考核制度 • 协调客户与各物流部门的关系	财务控制 • 制定执行年度的物流财务规章制度 • 制定执行本部门财务预算 • 制定执行物流成本年度分析报告 • 物流费用审核与控制	监控/支持 • 设计并审定与战略部门的战略意图相配合的物流运营系统 • 建立对各下属部门的财务监控系统，并对其经营活动提供管理建议

二、典型零售集团型企业的组织结构

再举一个电器连锁销售集团的例子。该电器连锁系统组织机构分为总部、分部、门店三个层次：总部负责总体发展规划等各项管理职能；分部依照总部制订的各项经营管理制度、政策和指令负责对本地区各职能部门、各门店实行二级业务管理及行政管理；门店是总部政策的执行单位，直接向顾客提供商品及服务。

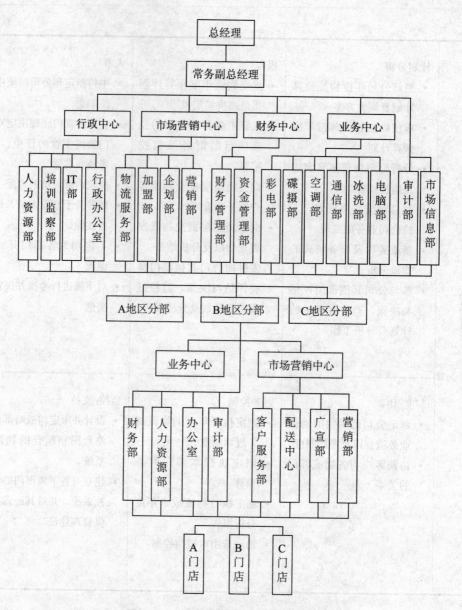

图 2 - 10 某电器销售公司的组织结构

第三节 一般性业务流程

一、制造企业的物流流程

制造企业的业务流程相较于商业企业而言更为全面，因此我们以制造企业来探讨其和物流相关的主要流程。我们通常会把制造企业的物流过程分为三个部分，即进向物流、厂内物流和出向物流。我们以开篇案例里的北海粮油作以介绍。

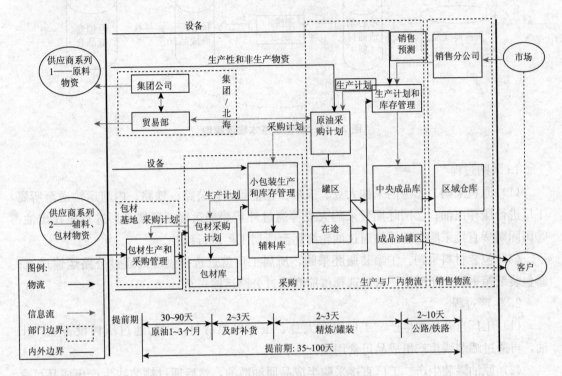

图 2-11　北海粮油的整体业务流程

从图 2-11 可以看出，北海粮油的整体业务流程是从供应商处进原料及辅料，比如在国内采购大豆、玉米、花生等通过公路、铁路、内河运输，在国际市场采购大豆等通过外贸船舶运输至所属工厂的原材料库，如果是原油的话进入储罐，继而在工厂内压榨出油。再往下的环节是成品进入成品库，成品油罐区，继而通过销售分公司进入区域性的销售仓库，最终分拨至市场的各级客户。

上述过程，从物流的角度被称为供应物流（又称进厂物流、采购物流）、生产物流（又称厂内物流）、销售物流（又称出厂物流）。继而，我们是否可以抽象出一个制造业物流的基本流程？

物流的货物流转如下。

（1）在采购环节，供应商成品采购后，变为核心企业材料；

（2）核心企业加工、制造、组装；

（3）组装完成后，进入成品仓，在交付环节，变为下级客户的材料或者商品。

同其他产品一样，中粮福临门食用油的供应链过程融入产品的传统三大领域，即采购过程、生产过程和销售过程。涉及了从原材料到产品交付最终用户的整个物流增值过程。如图 2-12 所示。

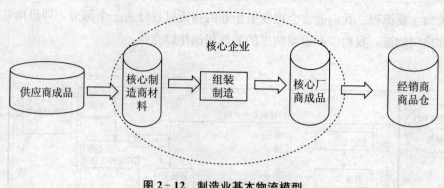

图 2-12　制造业基本物流模型

1. 采购过程

（1）原料采购。①国内采购大豆、玉米、花生等通过公路、铁路、内河运输送至所属工厂进行压榨出油；②国际期货采购大豆等通过外贸船舶运输至所属工厂进行压榨出油；③国际期货直接采购食用原油通过油轮海运至所属工厂进行罐装。

（2）包装材料采购。①罐装瓶胚采购，所属工厂就近选择供应商通过公路运输送至；②包装纸箱采购，所属工厂就近选择供应商通过公路运输送至。

2. 生产过程

（1）工厂自营压榨生产。工厂采购大豆、玉米等原材料，然后通过压榨设备生产出油，再通过罐装线生产出成品可食用油。

（2）原油罐装生产。工厂直接采购半成品原油散油，然后通过罐装线生产出成品可食用油。

3. 销售过程

中粮集团通过下属中粮品牌营销公司负责福临门小包装食用油的销售。营销公司在全国设立的八大销售区域管理部门具体负责区域销售行为。

目前福临门销售管理终端可分为如下几类：批发商、商场、KA 店、餐饮店、福利客户、集团客户等。

每一个大流程下面，还会有很多细部的操作流程，我们简单通过下图对北海粮油公司原料油通过公路方式运输入库的流程作以了解。

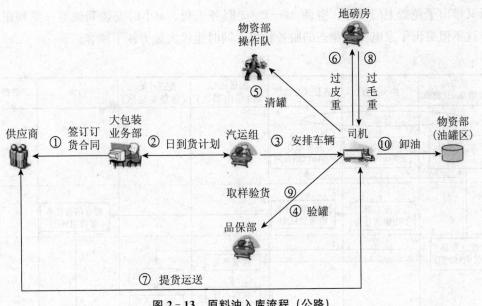

图 2-13 原料油入库流程（公路）

思考：

作为商业企业，其物流过程相对简单，请思考苏宁电器的物流过程。

二、零售企业的物流流程

某零售企业的物流系统可以简单地分为采购、配送与销售三部分。在这三部分中，核心部分也是构成企业核心竞争能力的部分是产品的销售。为了保障这个庞大销售体系的正常运转，零售企业必须建立强有力的仓储与配送体系。

如图 2-15 所示，大单统一采购是该零售企业的基本供销模式。在传统的供销模式下，下游的供货商从上游的供货商手中进货，同时承受上游供货商的加价，从而将较高的累计经销利润转嫁给最终消费者。统一采购可以凭借巨额的采购量来压低进货价格。每家连锁店每天都要将存货、销售、补货等情况上报各分部，各分部再汇总上报总部，总部负责确定总的补货计划。采购的高度集中增加了该连锁经营企业的价格优势同时增加了和厂家谈判的筹码。厂家不但提供给该企业较低的供货价格，而且也能够及时供货。

完成集中采购的同时，必须加大市场建设力度。该企业属于电器专卖店，其店面的社会定位就决定了其所销售商品的价格必须比大商场低。因为顾客的心目中，电器专卖店就是价廉物美的形象。国美充分利用了这一低价的有利定位，进行了快速扩张，同时，国美也充分认识到，随着国民收入水平的增加和消费心理的成熟，顾客对于所购商品的质量、品牌、服务的要求会越来越高。国美适时调整经营策略，对于经销的各类家电全国排名前十位的品牌，都直接从厂家进货，从根本上保证了进货质量和服务质量。国美不仅重视进货，而且更注重服务，比如开通 800 电话，免费送货入户，建立顾客档案，电话回访等。

新近又推出了免费上门设计、空调 24－7－7 服务工程、4 小时安装到位等一系列服务举措，这不但突出了家电专营业态的服务特色，同时也极大地方便了顾客。

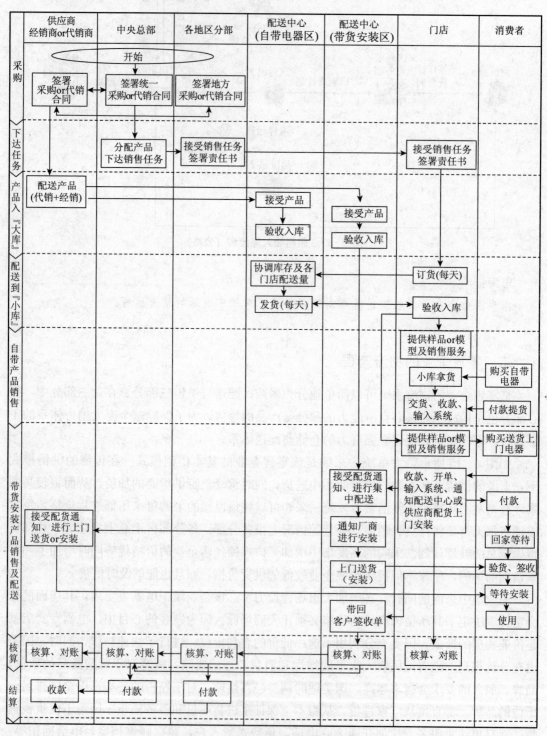

图 2－14　国美电器的一般运作流程

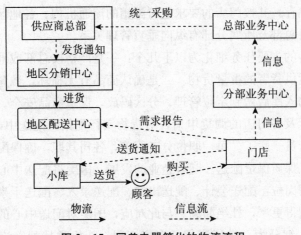

图2-15 国美电器简化的物流流程

采购与销售只是完成了整个家电产品的商流过程，而作为整个销售过程的重要部分仓储配送是销售不可或缺的部分，可以说是销售的命脉。国美专门成立了物流服务中心。配送中心由各分部下属的市场营销中心直接管理，完成货物储存、保管、配送等工作。国美电器门店业务负责人每天上班的第一件事是填写需货通知单，传真到"大库"（比如北京地区配送中心），在那里排上队，随后门店所属的大货车开到位于京郊的大库提货。中午时分，所需商品便能运到门店，进入门店所附的"小库"。一般门店每天都要从大库调货，多的时候一天要调七八趟。大库、小库构成了国美电器全国连锁体系的物流系统的枢纽。国美在15个城市设有分公司，每个地区都建有一个大的配送中心，各自拥有一家7000～10000m²的配送中心，家电产品由厂家各地分公司直接拉进这些配送中心，再由配送中心分送至与它对应的众多门店。据悉，每个地区分部要建立7～8家连锁店，配送中心才能充分发挥其作用。国美各地各家连锁店业务副经理一般按此前1～3天的实际销售情况、总公司市场宣传的卖点以及总部的业务指标，决定每天从本区域配送中心调货的数量及型号，运输则由每家门店拥有的2～3辆3t载货汽车完成。货物可以存放在小库里，而600～700m²的小库是国美每家门店都必备的设施，这也是门店选址的一个重要参考因素。门店再配备自己的送货队伍，将商品直接送达每位消费者的家中。与门店随时从配送中心调货相对应，各门店也可把残次品或销售不佳的商品退回配送中心，当然这需要严格按公司的流程规定操作。国美"大库"的管理是十分严格的，对配送中心的设置有严格要求：面积在1500m²以上的封闭式仓库，交通便利；附带足够的停车位，保证送货车辆取送货停车和夜间停车；防火、防盗设施齐备，以保证货物安全；24h全天候进发货保障，确保营业取送货需要；仓库通风、干燥、地面平整。配送中心的管理也有章可循：建立健全商品账目，按类别分账管理；库房商品按类别分区码放，标志货区，以便于查找货物，提高工作效率；所有商品入库时均要求检验机身、核对配件、登记机号，出库时对随机赠品需随机发放；库房商品分类别由专人负责，责任落实到人。在国美电器的《经营管理手册》中，是这样定义配送中心的：根据总部、业务部或分部业务部的订货信息接收供货商的批量供货,进行商品储存,并按门店的要求进行配销的流通机构。各地区分部的配送中心无相互隶属关系,仅对总部及所属分部有纵向垂直管理关系。

据此,配送中心的主要任务细化为以下几个:一是严格按总部或地区分部业务部的定货指令,接收或提运供货者的批量货物。二是确认商品有无损坏,数量、规格、品种是否正确无误。三是货物入库后做到定位管理、分区码放,保障商品安全。四是根据总部或分部业务部的调货指示及各门店的调货申请,对货物实行配销。配送中心实行二级管理制:配送中心经理—库管员—库工。每一职位分工明确,各司其职,确保配送中心的正常运行和货物的及时准确、保质保量配送。随着企业的发展,国美将配送中心的三级管理体制进一步细化,增加了新岗位:配送会计、配送出纳、配送录入、配送干事,以便加强财务管理,把所有环节控制得更严,杜绝漏洞。与此对应,国美对配送中心的工作流程也作了更加详尽具体的规定,细分为:进货流程、出售流程、随机赠品配发流程、促销品配发流程、残次品入库流程、残次品退货流程、残次品换货流程,凡工作中可能出现的各种情形都能从公司流程中找到具体操作方式,只要所有员工按流程办事,一切就会井井有条、账目明晰。国美目前除拥有自己的物流配送设施外,已开始尝试借助社会配送资源,比如租用邮政系统的车辆运输。邮政系统的车大、车况好,操作规范,信誉度高,远比自己养一支庞大的车队效率高。给顾客送货上门的车辆,国美眼下采用的也是招募制或合作制。在北京,几百辆送货小面包车都是招募的;在成都,则采取与搬家公司合作的方式。随着社会分工的进一步细化,社会专业物流公司的出现,必定为国美配送体系的发展与完善提供更加优越的社会环境。

第四节　常设岗位及职业发展

企业中存在大量的物流管理职业机会,如上面北海粮油公司组织结构图所示,我们可以看到伴随着企业的业务流程,供应商管理、物料管理、客户服务、仓储管理、运输管理均是物流管理的重要领域。那么,一个生产企业会有哪些关键的物流相关岗位?从北海粮油等加工制造业公司来看,我们主要分析采购、物料控制两类岗位:

一、采购类

采购行为是公司的第一道关口,采购管理是计划下达、采购单生成、采购单执行、到货接收、检验入库、采购发票的收集到采购结算的采购活动的全过程。对于生产企业而言,购进的零部件和辅助材料可能要占到最终产品销售价值的40%～60%。对于商业企业而言,则更高。因此,采购在企业中占据着非常重要的地位,因为这意味着,在获得物料方面所做的点滴成本节约对利润产生的影响,要大于企业其他成本—销售领域内相同数量的节约给利润带来的影响。

采购人员的主要职责大致如下:

（1）根据行业性质、供应商、生产及销售能力，负责分析和制订公司年度、月度物料需求计划、采购资金预算；负责根据行业性质、供应商、生产及销售能力，负责分析和制订公司年度、月度物料需求计划、采购资金预算；

（2）建立和健全精细、合理的采购、物流、仓库管理制度及作业标准；

（3）负责供应商的开发、评审、考核；

（4）与供应商进行商务谈判及价格的确认，降低采购成本，签订供货协议、质量协议等各类协议；

（5）签订采购合同，确保在"保质、保量、按时、适价、通用"的原则下完成采购；

（6）负责各类需求计划的审核及各类报表的审核。

继而会形成一些对应性的考核指标，如表 2-4 所示。

表 2-4　　　　　　　　　　　考核指标体系

指　　标	采用原因	指标解释
计划编制的及时、准确与科学性	提高计划的质量，增强计划的科学指导性	计划的延迟与偏差
制造成本（生产固定成本、生产单位可变成本）	控制各项生产费用的支出	生产固定成本；与生产量无关生产可变成本；按每件单位成本计算
产品准时交付率	保障产品能按要求交付	准时交付次数/总交付次数
生产资金占用率	控制生产中间产品存货与成品未入库的存货量	在所有生产线上占用的资金/同期投产总值
库存金额（或周转期）	控制库存数量，以提高营运效率	库存品数量×成本价
各项统计的及时准确性	提高统计工作的质量	延迟与偏差次数造成的影响
其他日常工作完成的时效性	确保其他工作的完成质量	每项工作任务是否按计划准时完成

二、生产计划与物料控制类

对于库存管理类岗位，主要有商业、制造业物控或者生产计划管理岗位、制造厂车间计划岗位，商业、制造业库存管理岗位，产品运作管理岗位，主生产计划员；库存管理岗位，物料计划员；库存管理岗位，车间作业计划员，订单处理岗位，物控岗位等。

我们将此类岗位的工作领域、典型工作任务、需要的技能与知识要求进行了如表 2-5 的归类整理。也许其中的很多部分你没有形成概念，但没有关系，你最起码可以大致了解到一点：完成某个岗位的工作任务是需要大量的知识积累和能力训练的。

表2-5　　　　　　　　　　　　　　　岗位说明书

领域	典型工作活动与任务	技能与知识要求	工作中的典型问题
生产计划/物控	①组织和评价需求预测；②编制主生产计划（基于预测的库存计划）；③编制物料需求计划；④编制车间作业计划；⑤处理销售订单；⑥制订交付计划；⑦库存的管理；⑧评估供应链绩效	①熟悉物流运作模型；②熟悉库存及库存管理的基本概念；③熟悉主要销售预测分类、方法及应用场合；④熟悉销售预测偏差的分析方法；⑤熟悉主生产计划原理及编制方法；⑥熟悉相关需求，独立需求概念；⑦了解 BOM 的作用与原理；⑧掌握 MRP（物料需求计划）原理与作用；⑨熟悉供应链绩效；⑩了解库存管理的基本方法	①面对需求的不确定性，建立需求预测方法和需求预测的偏差评估系统；②平衡库存成本与客户服务水平；③持续降低物流环节费用
需求预测管理	①根据公司组织结构，建立销售预测管理体系；②评估销售部门的销售预测偏差；③根据选定的预测方法，制定销售预测	①熟悉预测的分类与作用；②熟悉常见需求预测的方法；③熟悉预测的评估方法；④熟悉组织结构	①针对不同类型的业务模式和组织结构，建立适合业务要求的销售预测系统；②建立恰当的销售预测偏差评估制度
主生产计划岗位	根据需求预测，编制主生产计划	①熟悉主生产计划的原理与编制方法；②熟悉产能计划；③了解库存管理的基本原理及库存的作用；④熟悉经济批量的概念	①评价来自需求端的不确定性与供应端的不确定性；②确定安全库存水平
物料计划	根据主生产计划和物料清单，编制物料需求计划	①熟悉 BOM 原理；②熟悉产能计划；③了解库存管理的基本原理及库存的作用；④熟悉经济批量的概念；⑤了解独立需求、相关需求的概念；⑥了解 MRP 的方法	对于采购提前期波动的管理和评估，造成的物料到货不确定性的处理
车间作业计划	根据生产计划，制订车间作业计划	①熟悉产能约束的概念；②熟悉车间作业计划的方法	生产线产能约束与需求的临时变化之间的计划能力
订单履约	处理可以销售订单，检查库存与资金情况，发货过账	①熟悉销售订单的处理流程；②了解客户满意的概念；③熟悉常用运输方式及交付时效	提高客户服务水平与控制交付成本之间的矛盾

领域	典型工作活动与任务	技能与知识要求	工作中的典型问题
日常库存管理	根据库存管理的策略，针对在库库存，进行分类管理	①熟悉库存管理的基本方法；②了解逆向物流概念；③了解不合格品处理的方法与原则	平衡库存持有成本与库存处理损失
绩效管理	评价供应链绩效，建立供应链绩效评价指标	①熟悉供应链绩效的概念；②熟悉常用绩效评估方法与实施要点	针对物流流程，找出关键绩效指标
交付计划	评估交付成本与时效，建立交付网络	供应链绩效管理的概念	针对交付时效与交付成本之间的平衡

思考：

对于制造业和商业企业而言，由于大量业务的外包，自然而然需要外包管理类的岗位，比如对承运商管理。这一类的岗位需要什么样的素质和能力呢？

第三章　仓储及区域配送企业

你知道日常你所消费的饮料、肉类、生鲜食品等是经由什么样的过程进入超市的吗？你知道康师傅方便面是如何进入每一个零售店吗？这涉及"城市配送"以及"区域配送"这么一个物流领域。共同配送也称共享第三方物流服务，指多个客户联合起来共同由一个第三方物流服务公司来提供配送服务。它是在配送中心的统一计划、统一调度下展开的。这一章将会使你了解区域性的仓储及配送企业的物流业务运作模式，以及其物流组织与其中的典型物流相关岗位。

【案例导入】

北京市东方友谊食品配送公司

北京市东方友谊食品配送公司隶属于北京二商集团有限责任公司（见组织结构图），是以食品冷链物流、肉类经营、仓储、现代分销、专业化市场为主业的大型国有企业。本案例主要基于其城市食品冷链物流中的存储及区域共同配送为出发点进行介绍。2004年12月，北京市东方友谊冷链物流事业部正式成立，事业部专注于食品流通领域的安全与效率，致力于打造专业的冷链物流企业，为客户提供集物流及供应链管理咨询、仓储服务、运输配送、流通加工、资讯服务等一体化物流解决方案，成为客户在流通领域中最信赖的战略合作伙伴。2005年被评为"全国创建和谐劳动关系模范企业"，2006年被评为"全国水产品批发二十强市场"、"全国肉禽蛋批发二十强市场"、"全国农产品综合批发百强市场"，2007年被评为"中国优秀诚信企业"、"北京市纳税信用A级企业"、"商业责任品牌"和"商业品牌一百强"，2008年，公司因出色完成奥运供应服务保障工作，荣获奥组委、市委市政府、市商务委、市公安局、市国资委、市总工会、市物流协会等部门颁发的奥运供应服务保障先进集体及荣誉证书14项。2009年圆满完成国庆60年群众游行队伍的早餐供应任务。

目前，公司总资产2.7亿元，直属企业（包括参股企业）8个。公司旗下拥有北京市最大的食品冷藏企业——北京市西南郊食品冷冻厂；配备奥运现代立体冷库的冷链物流事业部；有50余年特供历史的——北京市食品供应处34号供应部；有京城的第一家超市——北京市友谊超级商场；有华北地区最大的肉类、禽类、水产品、集散地——北京市西南郊肉类水产品批发市场。如图3-1所示。

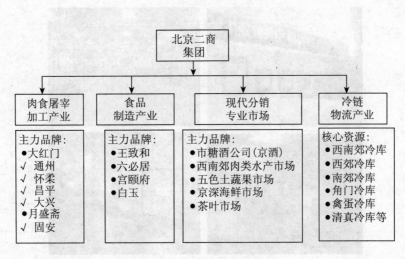

图 3-1　北京二商组织结构

公司依托雄厚的冷库资源（如图3-2所示）积极拓展冷链物流产业，为广大客户提供集采购、仓储、运输、配送、流通加工等一体化的物流配送服务。公司经营肉类、水产、禽蛋、各类干货，高档糖、茶、烟、酒，中西餐调料、罐头、饮料、粮油制品等上万种食品。销售辐射华北、东北、西北，是"三北"地区最大的冷冻食品集散地，在全国具有超强的影响力。公司雄厚的冷库资源，便利的地理条件，科学的购、销、存流程管理，现代化的网络信息平台，以及ISO 9001质量管理体系认证，HACCP食品安全管理体系认证，绿色市场认证，设备精良的食品检测中心，可为广大客户及时提供安全放心的食品。

图 3-2　东方友谊食品配送公司

图 3-2 东方友谊食品配送公司（续）

经过五年多的不断探索和实践，东方友谊冷链物流事业部已成为北京市共同配送的领军企业，极大提升"东方友谊冷链物流"品牌的知名度和美誉度。其重点客户包括 9 家熟肉制品供应商（育青、华夏、福成、天福号、大三环等），配送网络：334 家 KA 客户（沃尔玛、家乐福、欧尚、万客隆、麦德龙等）；配送区域：北京城区、近郊区县、周边城市（石家庄、廊坊、高碑店等）；月配送额：2000 万元（年配送额：2.4 亿元人民币）。

下面以东方友谊的华普超市共同配送为例介绍共同配送的基本运作模式。如图 3-3 所示。

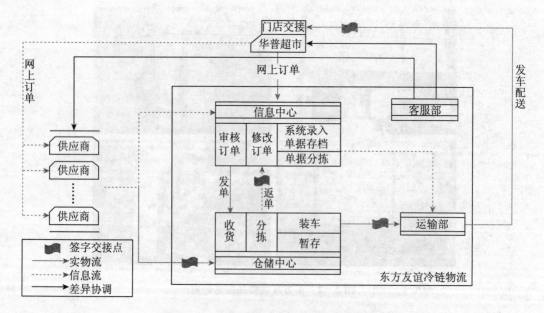

图 3-3 东方友谊华普超市配送业务流程

2005 年东方友谊冷链物流开始与华普超市合作，承接华普超市 18 个门店（包括三家外埠门店）冷藏及冷冻食品的日常配送。集约供应商 28 家，配送食品包括：散装肉类熟食、袋装肉类熟食、豆制品、奶制品、糕点、冰激凌等，共 1900 个商品品项。平均每日处理单据 200 张。

仓储中心收货时，需要检查商品的外包装及生产日期，对于需扣重的熟食类商品按规定标准扣重。公司拥有食品检测中心，能够对各类生、熟食品内检。使商品检验过程整体前移至物流中心。

车辆配备 GPS 装置，全程追踪记录车辆的行驶位置、速度。箱体内部安装温度自计仪，自动记录配送商品的温度变化，并生成温度报表，实现温度监控的自动化、可视化。

通过共同配送，华普在如下方面取得了良好的效果。

(1) 效率：门店交货时间在 30 分钟内完成，比实施共同配送前缩短 60%。

(2) 品质：全程冷链配送，保证商品品质。

(3) 管理：精简原有物流部门，简化物流配送的管理模式。

(4) 成本：实施共同配送，华普超市削减物流成本。

(5) 市场：加入不具备独立配送能力的食品供应商，丰富超市商品类型。

仓储是个老的物流概念，配送则是个新的物流概念。这两个概念的结合形成了崭新的、典型的物流业务运作模式，储配业务模式。我们这一章是希望一起了解传统仓储企业及仓储业务经历了什么样的转型，以配送中心为代表的典型物流业态是如何在运转的？组织机构和业务流程是什么样的？在这些企业里有哪些岗位和物流相关？这些岗位的 KPI（关键绩效指标）是什么？也就是说你做了工作之后，上级如何对你进行考核？那么，在这企业里你如何发展自己也是我们会介绍的话题。

第一节　由传统仓储（仓库）向现代仓储（配送中心）运营模式的转变

与把仓储简单化理解为"货物的存储"不同，中国仓储协会指出：现代仓储，是以满足供应链上下游的需求为目的，依托仓库设施与信息技术对物品的进出、库存、加工、包装、分拣、配送及其信息进行有效计划、执行和控制的物流活动。

进一步而言，中国仓储协会[①]对传统仓储与现代仓储从如下四个方面进行了对比：

---

① 中国仓储协会是 1997 年在国家民政部登记注册的全国仓储行业的非营利性的社团组织。协会的宗旨是推动中国仓储业的现代化与现代物流业的发展。协会的工作方针是"立足仓储、完善服务，抓住重点、办出品牌"。协会重点围绕各类仓储设施的建设、各类配送中心的发展、仓储服务与技术的创新等，开展行业自律与管理、会展培训与中介服务。该协会的网址是 http://www.caws.org.cn/。

（1）动态管理。传统仓储主要是对仓库与货物的静态管理，存储的货物越多越好；现代仓储是对商品的动态管理，核心是控制商品库存，存储的商品越少越好，商品进出仓库的频次越多越好、速度越快越好。

（2）增值服务。传统仓储的服务功能单一，主要就是仓储管理；现代仓储服务是多功能、一体化、增值化。

（3）机械化与自动化作业。传统仓储以手工作业为主，现代仓储以机械化作业为主，兼有自动化作业。

（4）信息化管理。传统仓储管理是台账＋垛卡；现代仓储是运用电脑信息系统（WMS）。

现代仓储业的经营业态总共有四种：

公共仓储（服务类仓储）：自建或租用仓库、为广大工商企业提供仓储管理及其增值服务。国内服务类仓储行业龙头企业是中储发展股份有限公司（简称中国储运），中国储运在北京、上海、天津、江苏、浙江、山东、湖北、湖南、广东、四川、云南、河北、河南、陕西、辽宁、吉林、黑龙江等全国30多个中心城市和港口城市设有70余家物流配送中心和经营实体。占地面积900万平方米，露天货场350万平方米，库房200万平方米，铁路专用线78条75000米，起重运输设备近千台，年吞吐能力6000多万吨，居于国内仓储行业龙头地位。

自助仓储：将不同规格的仓间出租给消费者个人或中小企业、并提供环境与安全保障，由客户自行管理仓间内物品。例如，万福金安仓储有限公司专业开拓中国自助仓储服务业，为家庭、公司及个人提供0.5～100立方米或定制的专业自助仓。其中，为个人用户存储提供0.3～100立方米的存储空间，可用于存放换季衣物、鞋子等用过的物品、家居杂物、闲置家具也可存放家庭的收藏品、重要文件等；为公司用户提供的存储空间，可用于存放公司人力资源文件、财务凭证、客户资料、促销产品、展览会用品和道具，也可存放易耗品及办公家具等用品。此部分业态规模很小，属于行业起步阶段，在此章节也不进行更为深入的分析。

仓库租赁（地产类仓储）：自建仓库并提供仓库租赁及相关服务，不提供仓储服务。也就是说，这一类型的企业提供的是"仓库"，而不是"仓储"。此一领域也被称为仓储物业，随着供应量的提升，中国仓储物业的质量近年来也有显著提升。仲量联行将其称为是一个从先前的"传统仓库"向"现代化仓库"的飞跃。"现代化仓库"，有时也被称为"高标准仓库"，它的建筑标准远高于传统仓库，因此能以一种更为高效的方式为客户服务。该机构通过下表显示了高标准仓库与传统仓库的区别。该业态的从业者并不介入物流运营，严格意义上属于地产业。关于该业态较为详细的内容我们将在本书第九章部分进行介绍。

表3-1　　　　　　　　　　　传统仓储物业与现代化仓储物业比较

对比项目	传统仓储物业	现代化仓储物业
建筑结构	砖混结构、砖木结构、钢筋混凝土结构；建筑周期长	倾向于低成本的钢结构；建筑周期短
净高	仅5～6米的多层建筑	9米或更高的单层建筑
装卸平台	无	配有液压式装卸平台
地面承重力	暂无精确的统计数据，但如果存放超出地面承重的货物将很有可能出现地面下沉的现象	每平方米3吨以上
卸货区域	缺乏足够的卸货区域；仓库之间的距离不足以卡车转弯甚至回转	有足够的卸货区域；仓库之间的距离保持在30米左右
防火消防系统	至多备有消防栓	配有自动感应消防喷淋设备
防火分隔	仓库内部没有防火分隔	配有防火分隔
屋顶采光	屋顶没有采光带	保持3%的采光率
通风系统	除了窗之外没有任何通风系统	配有通风设备
地面	易磨损的普通地面	防止灰尘的环氧地面
其他设备	无	雨水收集器、风轮系统、太阳能采光板等

资料来源：仲量联行。

金融仓储（国内习惯称为"动产质押监管"，国外称为"担保品管理"）：公共仓储企业或担保品管理企业受贷款机构委托，对担保存货实施的监管或监控活动。该活动中，融资企业以存货或由仓储公司出具的仓单为质押标的，从金融机构取得融资，仓储公司对质押期间的质押物进行监管。2008年成立的浙江涌金仓储股份有限公司是国内第一家以金融仓储服务业务为主业的专业化公司。该公司与30余家银行开展了业务合作，监管物品涉及黑色和有色金属、造纸、化纺、食品、建材、电子机械、交通、农产品、石油、能源等多个行业的产品和原材料，品种达30余种。监管业务的地域已涉及浙江省、上海市、天津市、重庆市、安徽省、江西省、江苏省、辽宁省、山东省等，并继续向全国开展。同仓储地产类似的是，该业态属于交叉业态。但是，仓储地产业是利用地产来服务于仓储活动，仓储金融则更多是利用仓储功能来服务于企业融资。本业态将在本书第九章进行进一步具体介绍。

集中体现现代仓储四大基本特征的是公共仓储（服务类仓储），其典型模式就是各类物流配送中心，即物流与供应链管理中的库存控制中心、加工配送中心、增值服务中心与现代物流设备技术的应用中心。这与运输公司、快递公司的分拨中心有根本区别，分拨中心多数属于"越库作业"，不具备库存管理等功能。

在引导案例里我们了解到，北京市的食品供应经由了一个自营配送到共同配送的过程。城市配送中心是指以某个城市的区域范围作为配送范围的配送中心。由于城市范围一般处于汽车运输的经济里程，这种配送中心可直接配送到最终用户，且采用汽车进行配送，所以，这种配送中心往往和零售经营相结合。由于运距短，反应能力强，因而从事多品种、少批量、多用户的配送较有优势。如联想集团设在各地的仓库也属于这种类型。

城市配送中心所服务的对象大多是零售商，连锁店和生产企业，大多采用和区域配送中心联网的方式运作，以"日配"的服务方式配送。可以说在国内外绝大多数的配送中心都是城市配送中心。那么，为什么经历了这么一个过程（即形成），未来会有什么样的发展可能性，不同的模式具有什么样的特点？

整体而言，在共同配送之前的自营配送具有如下特点。如某连锁超市共 N 个门店，M 家供应商，则供应商直接送货到门店共需 $M \times N$ 次配送。那么，会带来如下问题。

(1) 每天每家供应商需 N 次商品配送，每个门店需 M 次商品验收，影响工作效率。

(2) 送货时间难以保证，影响门店销售。

(3) 商品温度难以达到要求，影响商品质量。

(4) 供应商直接送货，物流费用过高，增加商品的附加成本。

(5) 超市需设立专业的物流管理部门，处理复杂而烦琐的物流工作，增加管理成本。

(6) 门店需较多的人员面对多个供应商收货。

(7) 增加人工成本。物流主要是由自己来做。

(8) 物流职能散落在企业各个职能领域，未专门化。

而实施共同配送后，每天只需进行商品配送 $M+N$ 次。如图 3-4 所示。共同配送具有如下优势。

(1) 保证商品准时到达超市门店，减少门店断货情况的发生。

(2) 全程冷链配送，保证商品质量。

(3) 供应商每天仅需将货物送至配送中心，削减物流成本。

(4) 减少门店收货时间，提高工作效率。

(5) 降低超市对物流工作的管理难度，节约管理成本。

(6) 减少门店收货人员数量，降低人工成本。

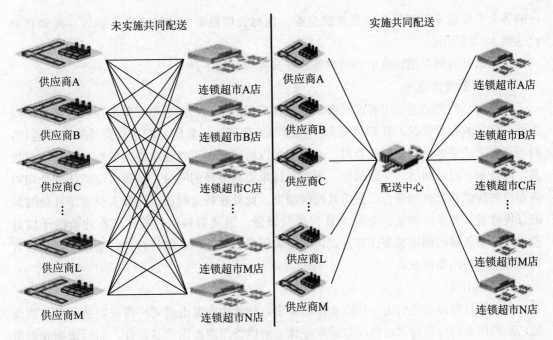

图 3-4 共同配送的优势

案例中的东方友谊公司为客户实施共同配送，取得了和客户双赢的效果。①在人力耗费上，通过将物流服务外包，客户达到了节省人力成本和降低管理难度的目标；②在库存管理上，通过东方友谊专业化的仓储管理团队和 WMS 系统，实现了降低库存天数和减小存货非正常损耗的效果；③在运营效率上，在东方友谊公司和客户的共同配合下，从仓储和运输环节着手，在降低运营成本的前提下有效地提高了运营效率。

其服务的某个标杆客户，客户在接受服务前后的物流成本比率由 1.5% 降至 1.3%，库存准确率由 93% 升至 99.5%，门店订单满足率由 96% 升至 98%，库存周转天数则由 50 天降至 42 天。

第二节 一般性业务流程

与东方友谊略公司类似，北京朝批商贸有限公司是以经营食品、酒水饮料、日用化妆品、洗涤用品等业务为主的大型批发物流企业。经营产品 9000 余种，网络覆盖北京地区的大中型零售连锁企业及 6000 余个人口稠密社区的小型店铺。朝批即将建立新的商贸运行体制及管理模式，实现由功能管理向过程管理的转变，由产品管理为中心向顾客管理为中心、供应链管理为中心转变。

朝批主要经营、代理国内外如雀巢、五粮液、蒙牛、德芙、红星二锅头、金六福、金龙鱼、娃哈哈等 300 余个知名品牌，经营产品 9000 余种，网络覆盖北京、天津及华北地区的各大中小型零售销售企业及餐饮企业，拥有长期稳定的销售渠道，2008 年年销售额已达到 42.9 亿元。

我们以其为例介绍物流中心的典型业务流程包括如下：

1. 订单处理作业

物流中心的交易起始于客户的咨询、业务部门的报表，而后由订单的接收，业务部门查询出货日的存货状况、装卸货能力、流通加工负荷、包装能、配送负荷等来答复客户，而当订单无法依客户之要求交货时，业务部加以协调。由于物流中心一般均非随货收取货款，而是于一段时间后，予以结账，因此在订单资料处理的同时，业务人员尚依据公司对该客户的授信状况查核是否已超出其授信额度。此外在特定时段，业务人员尚统计该时段的订货数量，并予以调货、分配出货程序及数量。退货资料的处理亦该在此阶段予以处理。另外业务部门制定报表计算方式，做报表历史资料管理，制订客户订购最小批量、订货方式或订购结账截止日。

2. 采购作业

自交易订单接受之后由于供应货品的要求，物流中心要由供货厂商或制造厂商订购商品，采购作业的内容包含由商品数量求统计、对供货厂商查询交易条件，而后依据我们所制订的数量及供货厂商所提供较经济的订购批量，提出采购单。而于采购单发出之后则进行入库进货的跟踪运作。

3. 进货入库作业

当采购单开出之后，采购人员进货入库跟踪催促的同时，入库进货管理员即可依据采购单上预定入库日期，做入库作业排程、入库站台排程，而后于商品入库当日，当货品进入时做入库资料查核、入库品检，查核入库货品是否与采购单内容一致，当品项或数量不符时即做适当的修正或处理，并将入库资料登录建档。入库管理员可依一定方式指定卸货及栈板堆叠。对于由客户处退回的商品，退货品的入库亦经过退货品检、分类处理而后登录入库。

一般商品入库堆叠于栈板之后有两种作业方式，一为商品入库上架，储放于储架上，等候出库，需求时再予出货。商品入库上架由电脑或管理人员依照仓库区域规划管理原则或商品生命周期等因素来指定储放位置，或于商品入库之后登录其储放位置，以便于日后的存货管理或出货查询。另一种方式即为直接出库，此时管理人员依照出货要求，将货品送往指定的出货码头或暂时存放地点。在入库搬运的过程中由管理人员选用搬运工具、调派工作人员，并做工具、人员的工作时程安排。

4. 库存管理作业

库存管理作业包含仓库区的管理及库存数控制。仓库区的管理包括货品于仓库区域内摆放方式、区域大小、区域的分布等规划；货品进出仓库的控制遵循：先进先出或后进先出；进出货方式的制定包括：货品所用的搬运工具、搬运方式；仓储区储位的调整及变动。库存数量的控制则依照一般货品出库数量、入库所时间等来制定采购数量及采购时点，并做采购时点预警系统。制订库存盘点方法，于一定期间印制盘点清册，并依据盘点清册内容清查库存数、修正库存账册并制作盘亏报表。仓库区的管理更包含容器的使用与容器的保管维修。

5. 补货及拣货作业

由客户订单资料的统计，我们即可知道货品真正的需求量，而于出库日，当库存数足以供应出货需求量时，我们即可依据需求数印制出库拣货单及各项拣货指示，做拣货区域的规划布置、工具的选用及人员调派。出货拣取不只包含拣取作业，更应注意拣货架上商品的补充，使拣货作业得以流畅而不至于缺货，这中间包含了补货水准及补货时点的制定、补货作业排程、补货作业人员调派。

6. 流通加工作业

商品由物流中心送出之前可于物流中心做流通加工处理，在物流中心的各项作业中以流通加工最易提高货品的附加值，其中流通加工作业包含商品的分类、过磅、拆箱重包装、贴标签及商品的组合包装。而欲达成完善的流通加工，必须执行包装材料及容器的管理、组合包装规则的制定、流通加工包装工具的选用、流通加工作业的排程、作业人员的调派。

7. 出货作业处理

完成货品的拣取及流通加工作业之后，即可执行商品的出货作业，出货作业主要内容包含依据客户订单资料印制出货单据，制订出货排程，印制出货批次报表、出货商品上所要的地址标签、及出货检核表。由排程人员决定出货方式、选用集货工具、调派集货作业人员，并决定所运送车辆的大小与数量。由仓库管理人员或出货管理人员决定出货区域的规划布置及出货商品的摆放方式。

8. 配送作业

配送商品的实体作业包含将货品装车并实时配送，而达成这些作业则须事先规划配送区域的划分或配送路线的安排，由配送路径选用的先后次序来决定商品装车的顺序，并于商品的配送途中做商品的追踪及控制、配送途中意外状况的处理。

9. 会计作业

商品出库后销售部门可依据出货资料制作应收账单，并将账单转入会计部门作为收款凭据。而于商品购入入库后，则由收货部门制作入库商品统计表以作为供货厂商请款稽核之用。并由会计部门制作各项财务报表以供营运政策制定及营运管理之参考。

10. 营运管理及绩效管理作业

除了上述物流中心的实体作业之外，良好的物流中心运作更要基于较上阶层的管理者透过各种考核评估来达成物流中心的效率管理，并制订良好的营运决策及方针。而营运管理和绩效管理可以由各个工作人员或中级管理阶层提供各种资讯与报表，包含出货销售的统计资料、客户对配送服务的反应报告、配送商品次数及所用时间的报告、配送商品的失误率、仓库缺货率分析、库存损失率报告、机具设备损坏及维修报告、燃料耗材等使用量分析，外雇人员、机具、设备成本分析，退货商品统计报表、作业人力的使用率分析等。

第三节　组织结构

一、区域性的配送企业的组织结构

配送中心事实上就是一个微缩的物流组织，其管理机构的形态大致可以分为金字塔形、参谋型、矩阵形以及运用型组织。很多区域配送中心采取的是传统的金字塔形组织结构形式。金字塔形组织是按配送的基本职能来层层划分的，在这种形式下，下级对上级负责，上级的工作内容是监督下级，配送中心的经理负责所有的活动，如订货、库存、保管、运输、配货、客户服务等。其组织结构图如图3-5所示。

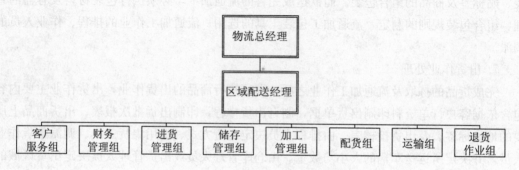

图3-5　某配送中心组织结构

该区域配送中心主要设置了以下岗位：

1. 配送中心经理

对部门内外工作实施全面协调管理，部门所有经营费用控制，对产品开发、组织、保管和处理负直接责任。其主要针对物流配送中心整体经营目标的实现与公司总部、各销售商、各产品供应商、生产厂家发生各种业务关系，并对物流配送中心的内部各岗位实施监控管理。

2. 进货管理组

负责订货、进货入库等作业环节的安排及相应的事务处理，同时负责对货物的验收工作。

3. 储存管理组

负责货物的保管、拣取、养护等作业运作与管理。

4. 加工管理组

负责按照要求对货物进行包装、加工。

5. 配货组

负责对出库货物的拣选和组配（按客户要求或方便运输的要求）作业进行管理。

6. 运输组

负责按客户要求制订合理的运输方案，将货物送交客户，同时对完成配送进行确认。

7. 客户服务组

负责接收和传递客户的订货信息，送达货物的信息，处理客户投诉，受理客户退换货请求。

8. 财务管理组

负责核对配送完成表单、出货表单，进货表单、库存管理表单，协调控制监督整个配送中心的货物流动，同时负责管理各种收费发票和物流收费统计、配送费用结算等工作。

9. 退货作业组

当客户服务组接收到退货信息后，将安排车辆回收退货商品，再集中到仓库的退货处理区，重新清点整理。

二、全国性配送企业的组织结构模式

有些物流公司是进行全国范围的物流配送，其运作与组织结构则有所不同。我们以顶通物流有限公司为例进行介绍，顶通物流作为中国食品行业的龙头企业——康师傅集团旗下的专业物流公司，成立于1998年。主营快速消费品的整体物流业务，自营网络遍及全国各省市。

2004年，日本著名商社、世界500强企业——日本伊藤忠商事株式会社注资顶通物流，实现与康师傅的强强联合，以打造超一流的第三方物流企业为目标，大力开拓国际国内著名品牌客户，提高物流品质和服务水平，满足不断增长的市场需求。

顶通以先进的物流管理理念、强烈的客户服务意识为先导，凭借其实力超群的储运设备，完备的运营网络，先进的物流信息系统，专业的管理团队，积极发展国内外物流合作，发挥企业优势，整合资源，领先市场，构筑一体化的供应链经营模式。

顶通物流的主营业务包括货物存储、长途运输、物流配送、物流加工、物流咨询等多项专业第三方物流业务。顶通物流目前设置华东、华北、华南、西部、东北5家区域公司，管辖全国59个城市的仓储配送中心，分布于全国各省会及重要城市。其组织模式如图3-6所示。

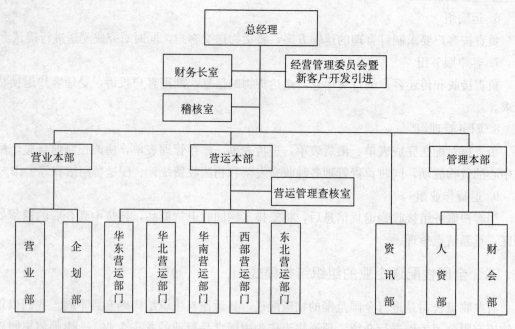

图 3-6　顶通物流的组织结构

顶通物流的运营模式及组织结构具有如下的竞争优势：

1. 覆盖全国的广阔自营物流网

拥有全国 59 个主要城市的直营网点。各仓储配送中心均为公司自营、直接管理，业务实现标准化，指挥系统统一化。为在全国范围内实现向客户提供统一的高标准服务提供了可能。可迅速应对客户中国事业的急速扩展需求，向新地区、新领域拓展提供可靠的支持。

2. 仓库应对能力及开发能力

在主要地区构建大规模物流中心，且每年仓库开发规模达几万平方米。可依据客户需求提供仓储设施及一流的库存管理。

3. 全国物流据点主管/员工直接支持当地收货方

全国顶通 DC 员工直接支援全国配送的交货过程。可在当地直接应对收货方的要求，与客户维持良好的关系。可提供高精度的单据回收、退货管理、纠纷应对等服务。

4. 全方位的服务体系

除提供仓储管理、配送管理等基本物流服务外，还提供流通加工、信息服务、地区扩充的 JIT 服务和高附加价值的服务。为满足国际及国内知名企业的物流整体服务需求，按照客户不同的业务形态规划物流整体解决方案，实现一站式物流服务。

第四节　常设岗位及职业发展

仓储及配送活动的主要基础岗位包括仓管员、订单员、理货员等，我们通过表3-2对这些工作岗位的典型工作内容及能力要求进行分析。

表3-2　　　　　　　　仓储及配送人员的主要能力结构及工作内容

典型工作活动与任务	技能与知识要求	工作中的典型问题或主要挑战	基本素质（社会能力或常识）要求	对应的主要岗位
①入库单接收；②核对入库单；③与采购或运营部门人员协调；④与供应商协调；⑤汇总入库单信息、报表	①理解表单的含义和重点；②能够制作表单；③会做相关报表	①独立完成表单，主要内容明晰并符合公司要求；②能够根据供应商以往情况，总结前置期的时间	①沟通能力；②办公软件熟练应用	订单员
①接收上游单据，根据单据和供应商送货顺序排布接收货物；②检查货物数量、外包装状况；③控制接货现场秩序；④针对异常情况与主管和供应商交涉；⑤供应商送货单签字	①了解储位管理的原则；②了解平库、立体库的优劣势；③根据不同的产品建议不同的储存方式	①固定储位和随机储位的管理；②协助主管完成储位与IT技术的结合	①沟通能力；②办公软件熟练应用	接货员、库管员
①针对接收货物，按照类别分区；②管理作业人员完成标签的制作和贴牌等；③指挥叉车人员完成货物的入位	①货物分类标准；②储位知识技能；③包装技能	不同产品的特性要求不同的存储方式；同时对于包装具有一定的了解	①沟通能力；②办公软件熟练应用	理货员、库管员
①库位调整；②货位调整；③内部清洁；④出库作业指导；⑤台账记录、清账、盘点作业等	①货物分类标准；②储位知识熟练掌握；③具有一定的管理技能	对于库内人员具有一定的协调能力，保证账务清晰	①沟通能力；②财务基础知识；③货位知识；④基础管理能力	库管员、主管

典型工作活动与任务	技能与知识要求	工作中的典型问题或主要挑战	基本素质（社会能力或常识）要求	对应的主要岗位
①账务盘点；②实物盘点；③账务调整	①基础财务知识；②盘点方法；③分析方法	永续盘点、时段盘点等方法的应用并有基础的分析能力，判断账实不符的原因	①基础财务知识；②分析方法；③沟通能力	财务、库管员
①规划货位、库位；②指挥叉车工或操作叉车完成；③独立辨别货位或与计算机结合完成储位调换	①储位知识；②叉车操作；③叉车工具基本问题判断	了解各种叉车的优劣，根据货物、库房实际状况，合理应用叉车，并用各种作业工具完成货位的调换	①储位知识；②基础工具常识；③叉车常识	库管员、叉车班组长
①出库单接收；②核对出库单；③与销售人员、物控人员、运输组协调；④汇总出库单信息、报表	①理解表单的含义和重点；②能够制作表单；③会做相关报表	①独立完成表单，主要内容明晰并符合公司要求；②能够判别出库基本状况，按顺序发放单据	①沟通能力；②办公软件熟练应用	订单员
①接收上游单据，根据单据和运输商接货顺序排布货物出库顺序；②检查货物数量、外包装状况；③控制发货现场秩序；④针对异常情况与主管和供应商交涉；⑤运输商送货单签字	①了解储位管理的原则；②了解基本的包装知识；③了解货物拣选方法	摘果法与播种法的应用	①沟通能力；②办公软件熟练应用；③一定的组织能力	出库员、库管员

出库复核（个别公司有此岗位，等于出库后与运输的交接工作，分担了一部分出库验收的工作，约等于出库业务的一部分）

对仓储各种事故、投诉进行分析，考聘，提出整改意见，监督实施；对库房安全不断提出优化措施	①了解仓储的全流程；②了解仓储绩效指标	对牵涉库房运作的各种事故进行汇总提出整改报告	沟通能力、分析能力、办公软件熟练应用、了解安全知识	仓储客服、订单员
能从经济、成本的角度，结合区域交通、政策、税费等因素，进行计量化的选址分析	①重心法、中心法的掌握；②区域政策、交通、政治状况了解	能够熟练应用选址方法做出选址模型	分析能力、沟通能力、熟练应用办公软件、管理能力	主管、经理

典型工作活动与任务	技能与知识要求	工作中的典型问题或主要挑战	基本素质（社会能力或常识）要求	对应的主要岗位
对仓储的各项作业流程熟悉，根据货物类别、货物量、进出频率合理规划和优化库内储位动线、分区	①了解动线的意义；②熟知作业流程；③熟悉货物分类标准；④熟悉各种仓库类型的优劣势；⑤熟悉各种作业工具的优劣和参数	结合立体库、AS/RS仓库合理对库内区域进行布局	①分析能力、管理能力、沟通能力；②各种作业流程、仓库类型、作业工具了解并熟知	主管、经理、高级规划员
根据库内货物上下限监控货物数量	①了解库存管理的意义；②会应用一定的库存计量方法	合理确定库内货物的上限、下限以及安全库存量	沟通能力、分析能力	物控员
对各种作业类别清楚；各种作业类别确定作业成本	①一定的财务知识；②了解流程	利用作业法分析仓库成本，提出合理化改进意见	分析能力、财务知识	财务、主管、经理
了解作业流程，对信息系统提出改进	①基础计算机语言；②熟知流程	随时进行数据更新、对WMS提出模块改进要求	沟通能力、基础计算机知识、分析能力	订单员、主管、经理

第四章　货物运输企业

与上一章介绍的仓储及区域配送型物流组织模式不同，本章我们主要从货物运输方式，直接来说就是根据运力资源特征的不同入手，来探讨企业物流的组织模式，事实上，以运力资源为基础构建的物流企业，我们通常简称的货物运输企业，或货物运输业务作为企业主营业务的，至少是目前物流企业的80%以上。

现代运输方式，以运输工具分有铁路运输、公路运输、水上运输、航空运输和管道运输等，而对等这些运输模式，多有专业的运输企业存在，当然，即使是兼营多种运输形式的企业，内部也多会细分以管理不同运输工具为核心的部门或事业部，这是由于运输工具的专业化而决定的。学习本章时，我们将更多地以不同货运物流企业的一些特性来对比分析，而与此同时，鉴于公路运输是目前国内货运最主要的运输方式，因此我们将主要以公路运输为主进行介绍，以求更好地帮助大家理解并掌握这类货物运输企业物流组织的特性。

【案例导入】

湖北汽车运输总公司

湖北汽车运输总公司是湖北省唯一具有国家一级道路货运经营资质企业，被中国交通企业协会2005年、2006年两度评定为"全国百强物流企业"。企业注册资本3413万元，资产总额1.688亿元，可控资产10.5亿元。现有在册职工1300余人，其中大中专学历和具有专业技术职务资格的占30%。总公司辖（控）有湖北捷龙等三家物流公司、湖北公路货运等两个市场及大力神吊装等20余家经营公司，拥有货运车辆1.3万台，仓储面积3.6万平方米，运营网点268个，快运专线200余条。

发展概况

湖北汽车运输总公司曾经很长一段时间是以现代物流理念为指导，依托企业车辆、信息、品牌等资源优势，形成了物流订单、物流网络、物流配送"三位一体"的发展战略，其主要的服务类型如下：

物流订单：拥有一批较稳定的高端客户群体。主要为长飞、武烟、唯冠、一棉、武重、健民、美能达等高端客户提供仓储、配送、中转、吊装及相关服务，经营规模和份额逐年扩大，服务领域逐年延伸。

物流网络：构筑了"城区、区域、九州"三级物流配送圈。拥有以武汉为中心的鄂湘赣、以上海为中心的长三角、以广州为中心的珠三角、以北京为中心的京津冀、以济南为中心的环渤海五大区域配送中心，各区域中心以干线快运为链接，以自营 20 余条和市场 200 余条专线为平台，辐射全国 31 个省、市、自治区 268 个网点。"城区、区域、九州"各提供"6 小时、12 小时、24 小时"即时服务。

物流配送：形成了公铁水多式联运格局。湖北汽车运输总公司拥有公路货运总载质量 4 万多吨，规模为全国第一。从 0.5 吨市内配送车到世界一流的沃尔沃干线快运甩挂车。企业与武铁、天河机场、华航集团等铁路、水运、航空企业建立了协作关系，实行"一程一票式"服务。

此外，租赁产业是湖北汽运的支柱，如果没有租赁产业的稳固发展，总公司"由传统运输向现代物流转换"战略的实现就缺乏基础和条件。

2007 年年底，总公司明确提出将物流发展作为企业经济发展的第一要务，2008 年将是湖北汽运物流产业加速发展的起步之年。为此，确立了物流发展的四大方略，即：以仓储为基础的专业储存、专业配送的物流发展；以有形网络和市场为支撑的专线配送的物流发展；以大型订单为抓手的第三方物流发展；以信息技术为依托打造物流管理信息化与公共信息平台的物流发展。

此外，湖北汽车运输总公司等 8 家湖北省物流行业领军企业在武汉达成意向：结为战略合作伙伴，建立协同机制，携手共拓武汉泛区域物流运输市场，提升湖北物流业档次。

湖北汽车运输总公司物流经营专业化特色已经显现、规模化经营上了台阶、网络化格局有了基础、信息化平台形成框架。按照由传统运输向现代物流转型的战略规划，"十一五"期间，湖北汽车运输总公司将努力建设成为一个集仓储、配送、中转、包装、加工、信息为一体的多功能第三方物流企业。企业至 2010 年，建成十大物流基地，打通 6 条快运通道，完善六区域、三圈层三重物流配送圈，建立现代信息化平台，实现企业现代物流发展的二级跳，即资产总量达到 6 亿元，可控资产达到 20 亿元，年物流收入达到 30 亿元，年创利税突破亿元，并成为第三方物流全国"十强"企业。

多元化发展

湖北汽运旗下有 1.2 万台挂靠车，拥有各种型号货车 13000 台，运营网点 268 个，大型专线有 100 多条。车辆挂靠业务曾经是湖北汽运经济发展的支柱产业，雄厚的实力使其一直稳坐湖北挂靠业"老大"。

挂靠业务在全国十分普遍，全国各地运输企业都是以集约式的挂靠模式为现代物流服务。挂靠业曾经因为独特的经营模式而受到了各级政府和交通部门的肯定，得到了交管部门、运管机构的支持。湖北汽运机动车挂靠经营已有十多年的历史，十几年来形成了一套成熟的管理体系。

但是，近几年来，一些无资质，无管理体系，无服务举措的挂靠公司亦鱼目混珠，使挂靠产业的行情越来越暗淡。特别是在"费改税"政策的冲击下，行情并不乐观。车辆管控 7000 余台脱管车直接增大了原本不可预见的安全风险，再加上体制单一，其市场竞争加剧，老车辆老化程度，对车辆的控制力度这些原因都让湖北汽运的挂靠业务陷入困境。

在挂靠业市场受到冲击之下，实施经营剥离、实现体制突破成为湖北汽运的发展方向。与挂靠业相比，湖北汽运其他业务开始突飞猛进。公司现在正在向现代物流转型中。在近几年的转型过程中，湖北汽运已经形成了一定的物流基础。旗下有"捷龙物流"、"华中物流"、"交运物流"和"汉正西物流"四大物流服务品牌。所辖的控股公司共十余家，涉及物流服务、运输服务、汽车销售三大业务领域。公司主营业务的发展方向为现代物流及相关服务，核心业务包括：专业储存、专业配送、专线快运、甩挂运输、物流中心、物流IT服务与开发，运输服务及汽车销售。

汉正西物流中心就是由湖北汽运投资运作的公司之一，中心占地63亩，总投资7000万元，建有308个经营门点、200户物流商、辐射东西南北200多条专线通往30个省自治区和100多个地市级、中心入场日车次1400余台、人流量近4千余人的货物集散地和大型停车场以及相关配套服务等设施。记者在该物流中心看到，园区内来往车辆很多，货物堆积在门口，道路狭窄。显然，60余亩的面积已经显得有些狭小。扩大物流园区规模也将成为湖北汽运接下来的主要工作。

全方位整合

虽然，湖北汽运在这些年的发展过程中掌握了自己特有的核心业务能力，但是，由于受体制的约束，企业的发展受到束缚，依然步伐艰难。据了解，现在湖北汽运负债率仍然高达89.1%。据了解，湖北汽运年龄48岁以上的员工占了70%，显然，企业人才的缺口很大。

湖北汽运旗下交运国际物流现在最大的一个项目是与武烟集团合作的物流项目，公司专门开辟近8万平方米的仓储为武烟提供仓储服务。据了解，该储存管理实现了信息化，作业机械化，服务规范化。同时，随着烟草集配中心的落户和运作，烟草物流供应链的开发逐步深入。

但由于仓库"量身打造"的局限性，造成项目业务订单的依赖程度太高，因此尚存不可持续经营之虞。目前公司正在与武烟集团洽谈，希望能够在仓储的基础上取得延伸合作。比如，配送、分拣、加工、包装等烟草物流供应链全方位的服务。

随着物流市场的竞争激烈，在某些方面，国企和个体户竞争优势并不明显，因为一些个体户的开价比较低，在一些操作上比较灵活，而国企成本高。但是像武烟集团这样一类大型客户是个体户做不了的。从这个角度上来看，湖北汽运对武烟集团的服务，避开了与个体户竞争。

现在公司正竭力打造汉口北物流园项目。该园区的建成将会充分发挥以信息技术为支撑的汉口北现代物流园资源链接整合作用，形成集仓储物流供应链和多种物流配送方式于一体的专业化特色，把企业建设成为湖北省内具有较强综合物流服务能力的第三方现代综合物流龙头之一。

据了解，汉口北物流项目已经列入了湖北汽运"十二五"的规划之中，计划开发760亩地做商贸物流园区。主要是跟其他市场配套，以武汉市为中心，做全国物流的配套。通过这样的平台，把公路、水路、铁路、航空等社会资源整合起来，以灵活运输方式实现多式联运。园区建设也是湖北汽运"十二五"的规划重点。汉口北物流园区首期 100 余亩，总投资预计 11 亿元。主要功能是：物流信息交易，专线物流，车港，RDC 以及仓储等。

"十一五"期间是湖北汽运经济实现较快发展的重要转折期，经历了多次搬迁后的基地重建得到了圆满的完成，租赁挂靠经营规模得到了巩固，同时两个最大的产业链项目得到了有效的发展。符合产业发展方向，体现自身鲜明特色的第三方物流发展是企业发展的第一要务。

"十二五"期间，公司将着力打造汉口北项目，该项目对于企业向现代物流转型有着全局性战略意义。将争取在三年内如期完成汉口北物流园区建设，构建企业物流发展更为广泛的资源连接整合平台。

物流整合、重组、合作、互相参股，将是湖北汽运的创新思路。整合资源，协作发展也将是下一步创新发展的模式，比如说"三加盟模式"。"三加盟"模式是依托捷龙品牌优势的一种探索和尝试。比如，你有业务可以和我们合作，这是纯业务的合作；比如，我现在有社会资源，但是我没有运作能力，这是项目的合作；再就是可以打我们的牌子，进行某条专线的合作。

公司将按照增资扩股的方式对捷龙物流进行整合，纳入内部整合范围的项目首批的有成品烟配送项目，中烟省外集配项目、汽车吊装项目等。并结合汉正西物流市场地块的商业开发，内部管理流程按照上市公司的要求规范操作。按照规划，其下属子公司捷龙有望在"十二五"末期上市。

（部分资料来源于《天下汉商》杂志刊登之《湖北汽运新格局/文 祝想莲》）

第一节　货运企业运营模式的分类

阅读完本章开篇公路运输的案例，我们可以总结和思考一下，作为公路运输物流企业，它的业务模式如何，及业务运营的特点？我们将首先根据开篇的案例，对公路运输物流企业的运营模式及特点进行分析。紧接着在对公路运输分析模式的基础之上，对其他几种运输方式的运营模式及特点进行分析。

一、公路运输

公路运输是在依据公路及相关设施来完成运送旅客和货物任务的运输方式，是国家的交通运输系统的主要组成部分之一，主要承担短途客货运输任务。现代公路运输所使用运输工具主要是汽车，因此公路运输一般即指汽车运输。尤其在地形复杂、铁路和水运不发达的边远地区和经济落后地区，公路为主要运输方式，起着运输干线作用。

事实上，相比其他垄断运营方式及运力工具下的运输企业，如铁路，我们很难找到一个单一和纯粹的公路运输企业，因为在中国，公路运输开放最早，而且公路运输的主要运输工具汽车相对价格便宜，受气候、路面载体约束较小，行业进入门槛低，因此导致公路运输行业竞争力最大、进入门槛最小、运营组织形式更为复杂和不规范。

通过对湖北汽运的分析研究，以及综合相关文献得出公路运输方式相对于其他运输方式，有着很多自身所特有的特点：

1. 机动灵活，适应性强

由于公路运输网络一般比铁路、水路网的分布密度要大、分布面也广，因此公路运输网络可以覆盖到陆上更广的地域。同时公路运输在时间方面的机动性也比较大，公路运输车辆可随时调度、装运，各环节之间的衔接时间较短。尤其是公路运输对客、货运量的多少具有很强的适应性。

2. 可实现"门到门"直达运输

由于汽车体积较小，中途一般也不需要换装，除了可沿分布较广的路网运行外，还可离开公路运输网络深入到工厂企业、农村田间、城市居民住宅等地，即可以把旅客和货物从始发地门口直接运送到目的地门口，实现"门到门"直达运输。这是其他运输方式无法与公路运输比拟的特点之一。

3. 在中、短途运输中，运送速度较快

在中、短途运输中，由于公路运输可以实现"门到门"直达运输，中途不需要倒运、转乘就可以直接将客货运达目的地，因此，与其他运输方式相比，其客、货在途时间较短，运送速度较快。

4. 基础投资少，资金周转快

公路运输与铁路、水运、航空运输方式相比，所需固定设施简单，车辆购置费用一般也比较低，因此，基础投资少，投资回收期短。据有关资料表明，在正常经营情况下，公路运输的投资每年可周转1～3次，而铁路运输则需要3～4年才能周转一次。

5. 运载量偏小，运输成本较高

目前汽车的载重能力比较小，比火车、轮船少得多；同时所消耗的燃料又是价格较高的液体汽油或柴油，因此，除了航空运输，就是汽车运输成本最高了，但显而易见的是，航空运输在长途时效性和空间障碍的跨越性上是所有运输形式无法比拟的。

6. 运行持续性较差

据有关统计资料表明，在各种现代运输方式中，公路的平均运距是最短的，运行持续性较差。

基于以上公路运输的特点，我们不难看出，公路运输企业其实更适应灵活多变的经营方式，也更容易在地形复杂的局部区域发展。因此在现实当中，公路企业也确实多为地方性企业，而随着市场经济的进一步发展，公路企业更有分散经营的趋势。

事实上，除了案例中湖北汽运这种较少在改革开放后找到了新的发展契机的大型汽运公司，多数20世纪80年代以前的地方大中型汽运公司已纷纷倒闭或改制，其很重要的原因就是业务单一，规模过大，固定成本很高，机制不灵活，市场敏锐度低。当这些企业在计划经济体制下只负责运输业务的运作时，由于不用考虑市场需求，仅仅实现简单的城际运输职能并进行车队管理，所以可以得到封闭性的发展，但进入开放的公路市场之后，尤其是大量的零散车辆或自营车辆出现，这类企业再难以形成自身有效的价值循环。

反而，自20世纪80年代末，个体公路运输从业人员和小型汽运企业等到了很好的发展，并一度成为了汽运市场的主体，它们最多的时候占据了接近92％的城市配送市场和超过60％的城际公路运输市场。但是，过小的规模，使它们无法真正地成为有效的市场主体，而只能依附在一些大型运输企业或物流企业之下，成为其可调动的资源，并作为运力资源链最底端的存在，接受价格盘剥。

前例的湖北汽运，很长一段时间的主营收入就是来源于挂靠车缴纳的管理费，并利用国家政策，享受车辆规模化以后的养路费和保险差额收益，如果可能的话，还会转包一些高价业务而享受差价。

这样，导致很长一段时间，中国公路运输业务呈现的是一种事实状态下的双价格体系，一个是正常业务报价中体现的价格，一个是二级市场上实际的价格，前者以国际运价或历史运价为参考，后者以最优运营成本为参考，这种情况持续到21世纪初，才由于货运信息平台的出现而逐步调整完毕。

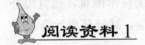 **阅读资料** 1

一层层转包

2007年，某外资企业于天津港口到港一批紧急发送北京市区的货物，按其惯例，将该业务委托给某知名外资物流企业，给付总运费约为20000元；该知名外资物流企业随即将该票货物转包给国内某知名国有运输公司，约给付总运费5000元；该知名国有运输公司随即将该票货物转包给某专线货运商，约给付运费3000元；该专线货运商交由该名下挂靠个体运输车辆，最终给付运费约1500元。而后，货物按时按质抵达，客户非常满意。

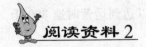 **阅读资料** 2

货运信息撮合

2009年，某司机在北京运送完客户的货物后，拿出手机上了某货运信息网，把自己的车型和回程的时间发布出去，同时标了一个稍高于返程油价、过路费和人工损耗的价格，没多久，就收到了该货运信息网的回复，然后到其指定的地方拉上货物出发，两天后，顺利交付并收款，又开始了下一轮的运作。

二、铁路运输

铁路运输是一种最有效的陆上交通运输方式。铁路运输具有安全程度高、运输速度快、运输距离长、运输能力大、运输成本低等优点，且具有污染小、潜能大、不受天气条件影响的优势，是公路、水运、航空、管道运输所无法比拟的。特点主要有：

1. 车路一体

铁路运输的机车、车辆、轨道、站场，及其他一切营运设施，均由同一机构置备，专供自己使用，虽然基础建设投资庞大，但其有较高的管理效率。

2. 路权专用

铁路运输的轨道，由所有者独享专用，铁路运输的机车车辆，运用导向原理在轨道上行驶，自动控制行车，故虽缺乏机动性，但具有极高的安全性能。

3. 组成运输车群

铁路运输的机车，有强大的牵引力，适合于组成车群运转。根据车流理论，若有 N 辆车组成车群，则路线容量可以提高二倍，故虽编组费时，但其有较大的运输能量。

4. 动力电气化改造加快

铁路运输的轨道，路成以后固定不移，沿线架设电车线路，并无技术困难，适宜以外来的电力供应机车的动力，虽然建设成本甚高，但有利节约能源供应，减轻环境污染。

5. 高速化

随着动力设备的不断更新换代，铁路运输速度也在加快。中国已经完成了六次铁路运输提速，高速化已经成为现代铁路发展的一大趋势，实际上是节省了旅客或货主的时间价值。从经济学角度来考察，铁路高速化一方面减少了旅客或货主的运输时间；另一方面由于运载工具的技术改进、运行线路和通信设施技术水平的提高，也就提高了运输成本，从而增加了旅客或货主的货币支出。因此，就出现了旅客或货主追加货币支出和运输时间价值节省的权衡。如果其他条件不变，当这两者相等时，旅客对前后两种运输需求不变；当前者大于后者时，对较高速度的运输需求会减少；当前者小于后者时，对较高速度的运输需求会增加。在不到 10 年的时间里，中国铁路进行了 6 次大提速，主要城市间旅行时间总体压缩了 20％～30％，而 2011 年启动的中国高铁系统，已经可以达到运营时速 300 千米/小时以上。

因此，铁路运输因为其单位运载量大、成本低、时效控制强、受环境影响小，当之无愧地成为了城际运输的主流，但是，由于铁路基础建设成本高，网络协同要求高，很大程度上需要进行集约化管理。而国内现实，是铁路归属国家专项管理。

铁路归属国家专项管理后，不可避免地将出现行政需求与市场需求的冲突，特殊运力资源的高度垄断，也由此引发一系列的管理问题。2008 年国家大部制改革，曾有意将铁道部并入交通运输部，实现下一步国内物流整体布局的构想，最终未果，而仅将航空、邮政物流收入交通运输部麾下。但是，国家领导人依旧没有放松对中国铁道的改革，最终，借助原铁道部长刘志军落马之机，中国铁道部改革的最后一道大门被拉开。2013 年，按照党中央、国务院的决策部署，铁路管理体制实现了政企分开，组建了国家铁路局，成立了中国铁路总公司；国家铁路局机关组建工作基本完成，地区监管局组建进展顺利，职能转变、简政放权成效显著；配合有关部门推进铁路投融资体制改革、设立铁路发展基金、铁路运价改革等配套政策的研究制定；加强铁路技术标准体系建设，铁路"走出去"迈出新步伐，高铁成为对外交流合作的新亮点。铁路建设投资实现稳步增长，一批重点铁路项目建成运营。

三、航空运输

航空运输，使用飞机、直升机及其他航空器运送人员、货物、邮件的一种运输方式。具有快速、机动的特点，是现代旅客运输，尤其是远程旅客运输的重要方式；为国际贸易中的贵重物品、鲜活货物和精密仪器运输所不可缺。

1. 航空运输的优越性

（1）运输速度快。

（2）受地形条件限制小。

（3）经济效益好。

（4）服务质量高、安全可靠。

（5）节约包装、保险、利息等费用。

2. 航空运输的局限性

（1）运输成本高。

（2）对大件货物或大批量货物的运输有一定的限制。

（3）有些货物禁用空运。

（4）飞机飞行安全容易受恶劣气候影响，恶劣天气可能造成飞机延误和偏航。

和铁道运输方式很像，航空运输也是一个基础投资额十分大的行业，所以国家也对其采用了一定的行政专项管控的方式，但由于航空运输基建投资过大在于机场的建设和管理，机群的购置和管理却相对灵活，所以国家主要对机场进行垄断管控，而在实质上逐步放开了机群的经营。在国际上，机场的经营和机群的经营是分开的，通常意义上的航空公司是机群的经营者，它们租赁机场的场位，而机场为其提供运营的平台。

航空运输是运输单价最高的一种运输方式，运力也相对较小，由于机场基建和维护成本高，同时对于土地、气候都有着较高的要求，网络普及也是个问题。所以航空运输更多用于客运或紧急物资的运输，对于物流企业来说，它们是快递物流业的主要选择。

民营航空发展之艰

八年前，李继宁、刘捷音和王正华，曾经作为民营企业家中"第一批吃螃蟹"的幸运人，获得了民航局颁发的第一批民营航空筹建牌照。

八年后，三个男人的命运却已经分化。除了王正华还在为自己的低成本航空上市做准备，李继宁的鹰联航空已经改姓"国"字号，而刘捷音一手打造的奥凯航空，也一度因股东内部矛盾激化而停飞，最终易主大田集团。

与其他垄断性行业相比，航空公司似乎还算是较早开放的行业，从 2004 年民航局向三家民营航空颁发筹建牌照开始，一个个民营老板对进入航空业的热情一度空前高涨，仅仅是 2005 年一年，拿到"准生证"的民营航空公司，就从 2004 年的 3 家一度增至 14 家。

然而，在过去的几年里，欠费、停飞、被收购，却成为越来越多民营航空的关键词。国务院颁布《关于促进民航业发展的若干意见》，明确指出鼓励和引导外资、民营资本投资民航业。但对于已经飞上天空的国内民营航空来说，融资困难、竞争不畅，甚至管理混乱，一直令他们飞得不轻松。

资金之困

"没钱就别玩航空。"在申请筹建鹰联航空时，公司的创始人李继宁曾这样说道。作为第一家拿到民营航空牌照的航空公司，鹰联航空飞上天空后的发展并没有那么顺利，"钱"的问题，就一直在困扰着这家企业——在前期注册资金之外，后续资金一直没有到位，资本构架几经变迁，资本方也多次变换。

2009 年，经过多轮谈判，四川航空增资 2 亿元入主鹰联航空，鹰联航空最终变身国有控股，而如今，鹰联航空的大股东又变为中国商飞公司，并改名"成都航空"。

其实，鹰联的遭遇并不是特例，过去几年，中国民用机场协会曾经多次公布各航空公司拖欠机场费的情况和排名，而排名前几位的大多为民营航空。

民航局一位内部人士告诉《第一财经日报》记者，一家航空公司的运转，动辄就要上百万元、上千万元的投资，而如果没有形成一定的规模（一般要 10 架飞机以上），短期内难以赢利。

因此，很多民营航空的老板在开业没几个星期后就会发现，8000 万元（民航局最初规定的筹建门槛）的注册资金，在航空领域不过只是杯水车薪，而要想融到更多的钱并不容易。

"银行抵押贷款、发行债券、融资上市，几乎所有的融资方式都用过，没有一个成功。"一家民营航空的创始人曾这样对本报记者透露，在一些银行内部，"民营企业、新企业、航空运输业"都属于慎贷行列，成立时间不长的民营航空，没有资金信用记录，就很难得到持续的资金输血，自然只能最终走向破产或被收为国有。

根据记者的统计，除了鹰联航空，近几年来，已经先后有东星航空、深圳航空和东北航空被迫破产或被国有资本"收编"，而目前国内 35 家航空公司中，民营资本控股的只剩 8 家，其中还有三家为纯货运航空。

航线之争

除了资金之困，在整体的竞争环境上，作为"后来者"的民营航空也并不占上风。

春秋航空正式开通京沪航线，从而成为首家获得国内盈利水平最高航线运营的民营航空。

此前，京沪航线主要由国航、东航、南航等传统航空巨头运营。事实上，很多民营航空在开飞前，申请的航线其实都是北京、广州、深圳和成都等热门航线，不过最终批下来的却大多是北京旁的天津，广深旁的珠海，以及成都旁的绵阳。

对此，一位国内民营航空公司的高层告诉记者，目前的航权时刻分配，客座率、准点率的好坏并不是主要的依据，传统航空公司如果不愿意放弃此前获得的航权时刻，新进者就很难取而代之，只能期待热门航线上挤出的增量。

比如已经获得京沪航权的春秋航空和吉祥航空，上海到北京的航班时刻就都是晚上起飞，凌晨到达，而北京到上海的航班时刻又是一大早 6 点多起飞，8 点多就到达。

另外，飞行员、机务等人力资源配套的滞后，也一直拖延着民营航空扩张的步伐。培养一名成熟的飞行员需要几年时间，仓促筹建的民营航空要想尽快起飞，只能从"老大哥"那里挖人，而即使按照相关民航规定为跳槽的飞行员支付最高 210 万元的赔偿金，很多传统航企也依旧不愿放人。

此外，民营企业普遍具有的低成本优势，在国内民航业也不适用。由于国内航空公司的燃油供给是由中航油一家提供，而国内大、小机场的飞机起降费用差异在中国也不明显，留给企业降本的空间并不多。

为了追求经济效益，一些中小民营航空公司，一度选择与地方政府合作，由地方政府包租飞机的形式来运营，这又造成飞行资源的极度分散进而为管理带来困难，这也是仍在停飞的河南航空 2010 年发生伊春空难的间接原因之一。

也正是伊春空难，令民航局收紧了社会资本进入航空业的审批权，除了暂停受理新设航空公司（含航空公司设立子公司）申请，对于已经批准筹建的航空公司，也要求各地区管理局加强对其筹建过程的监管，严格对其申请经营许可证的初审。最近两年以来，尽管依然有社会资本期望进入民航业，但民营航空的数量，有减无增。

（以上资料部分来源于中国行业研究网）

四、水路航运

水上运输包括内河运输和海洋运输，水运具有投资少、成本低、货运量大、占地少等优点，好的航道通过能力几乎可不受限制，通用性好，可作为大型、笨重和大宗长途货运的主要承担者。内河航运建设与防洪、排涝、灌溉、发电、渔业、旅游等统筹规划,可收到综合开发利用自然资源之效。但水路航运受自然条件影响大,如有些内河航道和海港由于冬季结冰而只能停航,有些内河航道的走向往往与运输的经济要求不一致,有些内河航道水位洪枯变化大,影响了航运利益的发挥。当前,综合运输已成为世界交通运输发展的大趋势,现代化综合运输网的建设,为充分发挥水运优势创造了条件。

海洋运输是各国对外贸易的主要运输方式,据联合国贸发会议发表的报告,2008 年世界海运贸易总量达到了 82 亿吨。其中,大宗干散货,如铁矿石、谷物、煤炭、矾土、铝和磷酸盐,占到了总量的将近 1/4,增长率则为 4.7% 左右,低于 2007 年的 5.7%。海运的结构模式是"港口—航线—港口",通过国际航线和大洋航线联结世界各地的港口,其所形成的运输网络,对区域经济的世界化和世界范围内的经济联系发挥着极其重要的作用。

1. 海洋运输的特点

海洋运输是国际间商品交换中最重要的运输方式之一,货物运输量占全部国际货物运输量的比例大约在 80% 以上,海洋运输具有以下特点:

(1) 天然航道。海运借助天然航道进行,不受道路、轨道的限制,通过能力更强。随着政治、经贸环境以及自然条件的变化,可随时调整和改变航线完成运输任务。

(2) 载运量大。随着国际航运业的发展,现代化的造船技术日益精湛,船舶日趋大型化。超巨型油轮已达 60 多万吨,第五代集装箱船的载箱能力已超过 5000 标准箱。

(3) 运费低廉。海上运输航道为天然形成,港口设施一般为政府所建,经营海运业务的公司可以大量节省用于基础设施的投资。船舶运载量大、使用时间长、运输里程远,单位运输成本较低,为低值大宗货物的运输提供了有利条件。

海洋运输也有明显的不足之处:如海运易受自然条件和气候的影响,航期不易准确,遇险的可能性也大。

2. 海洋运输的经营方式

海运的经营方式主要有班轮运输和租船运输两大类。班轮运输又称定期船运输,租船运输又称不定期船运输。

(1) 班轮运输。班轮运输指船舶在特定的航线上和既定的港口之间,按照事先规定的船期表进行有规律的、反复的航行,以从事货物运输业务并按照事先公布的费率表收取运费的一种运输方式。其服务对象是非特定的、分散的众多货主,班轮公司具有公共承运人的性质。

(2) 租船运输。租船是指租船人向船东租赁船舶用于货物运输的一种方式,通常适用于大宗货物运输。有关航线和港口、运输货物的种类以及航行的时间等,都按照承租人的要求,由船舶所有人确认。租船人与出租人之间的权利义务以双方签订的租船合同确定。

水路航运和航空运输企业的经营模式很像,都是运力和基础运营平台分离的一种模式,所以船运公司往往只拥有船队,但是,由于码头的建设规模可大可小,一般民用码头建设的投资额远小于机场的建设投资，因此，也不乏直接拥有码头的船运公司。而且，由于码头的分布往往都是经济较为发达的沿海沿河城市，因此，船运码头也是物流地产业的一个很关注的目标。

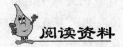

招商局国际

　　招商局能源运输股份有限公司系经国务院国有资产监督管理委员会（"国资委"）国资改革〔2004〕1190号《关于设立招商局能源运输股份有限公司的批复》批准，由招商局轮船股份有限公司（"招商局轮船"）作为主发起人，联合中国石油化工集团公司、中国中化集团公司、中国远洋运输（集团）总公司、中国海洋石油渤海公司共同发起设立的股份有限公司，其中：招商局轮船以其所拥有的招商局能源运输投资有限公司（"能源运输投资"）的100％股权作价出资，其他四个发起人以现金出资。2004年12月，公司在上海市注册成立，注册资本为人民币2233397679元。2006年1月16日，中国海洋石油渤海公司将其持有的本公司的股份6500000股全部无偿划转给中海石油投资控股有限公司。2006年11月，经中国证券监督管理委员会证监发行字〔2006〕119号《关于核准招商局能源运输股份有限公司首次公开发行股票的通知》核准，公司采取向战略投资者定向配售、网下询价配售和网上资金申购发行的方式向境内社会公众公开发行人民币普通股股票12亿股，其中向战略投资者定向配售3.45亿股，网下询价配售2.4亿股，网上资金申购发行6.15亿股。公司的股份总额及注册资本变更为人民币3433397679元。2006年12月1日，公司通过网上资金申购发行的股票计6.15亿股于上海证券交易所上市交易。

　　目前招商局能源运输股份有限公司的主要特点：

　　（1）公司的运输业务包括油轮运输、散货船运输、液化天然气船运输，涵盖了能源运输的主要货种。近年通常油轮运输及散货运输占主营业务收入的比例约在7：3。这三类业务具有不同的风险收益特征，构成了多元化的业务组合，有利于稳定公司的经营业绩。

　　（2）公司油轮船队是目前国内运力规模最大的国际油轮船队，油轮船队结构多元化，规避单一市场波动风险能力相对较强；公司营运管理的国际化程度高，拥有一支具备多年国际航运经营管理经验的专业人员队伍，下属的海宏公司是将超级油轮引入亚太地区的先驱，与SHELL、CHEVRONTEXACO、Caltex等国际大型石油公司建立了长期合作关系，40多年来海宏公司取得的管理业绩和持续保持的安全记录被业界广为认可。

　　（3）中国进口原油规模增长迅速，带动进口原油运输需求快速增长。2005年公司承运的中国进口原油尚不足中国当年进口原油总规模的5％。中石化集团、中化集团及中国海洋石油总公司等中国主要石油进口企业已直接或间接在公司参股，并且与公司建立了战略合作关系，该等合作关系的建立为公司油轮运输业务的稳定发展提供了坚实的基础，未来公司的中国进口原油运输业务市场前景广阔。

（4）公司散货船队船龄较年轻，船型整齐，营运管理的国际化程度高，收入相对稳定。该项业务收入是公司主营业务收入的重要组成部分。

（5）目前国内多个沿海省市都在筹建进口液化天然气项目，中国进口液化天然气运输业务前景广阔，公司下属公司香港明华与大连远洋运输公司合营的中国液化天然气运输（控股）有限公司（CLNG）是目前中国唯一的投资并经营管理进口液化天然气业务的公司，液化天然气专用船有25年的长期租赁合同，运输收益稳定，该项业务的开展将有利于稳定公司未来的赢利水平。

五、管道运输

管道运输（Pipeline transport）是用管道作为运输工具的一种长距离输送液体和气体物资的运输方式，是一种专门由生产地向市场输送石油、煤和化学产品的运输方式，是统一运输网中干线运输的特殊组成部分。有时候，气动管（pneumatic tube）也可以做到类似工作，以压缩气体输送固体舱，而内里装着货物。管道运输石油产品比水运费用高，但仍然比铁路运输便宜。大部分管道都是被其所有者用来运输自有产品。

管道运输不仅运输量大、连续、迅速、经济、安全、可靠、平稳以及投资少、占地少、费用低，并可实现自动控制。除广泛用于石油、天然气的长距离运输外，还可运输矿石、煤炭、建材、化学品和粮食等。管道运输可省去水运或陆运的中转坏节，缩短运输周期，降低运输成本，提高运输效率。当前管道运输的发展趋势是：管道的口径不断增大，运输能力大幅度提高；管道的运距迅速增加；运输物资由石油、天然气、化工产品等流体逐渐扩展到煤炭、矿石等非流体。中国目前已建成大庆至秦皇岛、胜利油田至南京等多条原油管道运输线。

管道运输具有运量大、占地少、管道运输建设周期短、费用低、运输安全可靠、连续性强、运输耗能少、成本低、效益好等优点；但同时管道运输不如其他运输方式（如汽车运输）灵活，除承运的货物比较单一外，它也不容随便扩展管线。对于当前基本的"门到门"的运输服务要求来说，管道运输常常要与铁路运输或汽车运输、水路运输配合才能完成全程输送。此外，如果运输量明显不足，由于基础设施的建设和维护成本原因，其运输成本会显著地增大。

在五大运输方式中，管道运输有着独特的优势。在建设上，与铁路、公路、航空相比，投资要省得多。而且对于具有易燃特性的石油运输来说，管道运输更有着安全、密闭等特点。因此，在油气运输上，管道运输有其独特的优势。

管道运输通常为特定的行业服务，如水厂、天然气厂等，而大型跨区域的管道营运，也基本被国家作为战略资源管控，因此很少作为市场的运营主体出现，本章就不做赘述。

六、多式联运

多式联运是货物运输的一种较高组织形式，它集中了各种运输方式的特点，扬长避短融会一体，组成连贯运输，达到简化货运环节加速货运周转、减少货损货差、降低运输成本、实现合理运输的目的，它比传统单一运输方式具有无可比拟的优越性，主要表现在：

1. 责任统一，手续简便

在多式联运方式下，不论全程运输距离多么遥远，也不论需要使用多少种不同运输工具，更不论途中要经过多少次转换，一切运输事宜统一由多式联运经营人负责办理，而货主只要办理一次托运、签订一个合同、支付一笔全程单一运费，取得一份联运单据，就履行全部责任。由于责任统一，一旦发生问题，也只要找多式联运经营人便可解决问题。与单一运输方式的分段托运，多头负责相比，不仅手续简便，而且责任更加明确。

2. 减少中间环节，缩短货运时间，降低货损货差，提高货运质量

多式联运通常是以集装箱为媒介的直达连贯运输，货物从发货人仓库装箱验关铅封后直接运至收货人仓库交货，中途无须拆箱倒载，减少很多中间环节，即使经多次换装，也都是使用机械装卸，丝毫不触及箱内货物，货损货差和偷窃丢失事故就大为减少，从而较好地保证货物安全和货运质量。此外，由于是连贯运输，各个运输环节和各种运输工具之间，配合密切，衔接紧凑，货物所到之处，中转迅速及时，减少在途停留时间，故能较好地保证货物安全、迅速、准确、及时地运抵目的地。

3. 降低运输成本，节省运杂费用，有利贸易开展

多式联运是实现"门到门"运输的有效方法。对货方来说，货物装箱或装上第一程运输工具后就可取得联运单据进行结汇，结汇时间提早，有利于加速货物资金周转，减少利息支出。采用集装箱运输，还可以节省货物包装费用和保险费用。此外，多式联运全程使用的是一份联运单据和单一运费，这就大大简化了制单和结算手续，节省大量人力物力，尤其是便于货方事先核算运输成本，选择合理运输路线，为开展贸易提供了有利条件。

多式联运综合了各种运输方式，扬长避短，组成直达连贯运输，不仅缩短运输里程，降低运输成本，而且加速货运周转，提高货运质量，是组织合理运输、取得最佳经济效果的有效途径。尤其是采用多式联运，可以把货物从发货人内地仓库直运至收货人内地仓库，为实现"门到门"的直达连贯运输奠定了有利基础，工业上自动化大生产是通过自动化生产线，那么多式联运可以说是运输大生产的多式联运生产线。

国际多式联运通常以集装箱为运输单元，将不同的运输方式有机地结合在一起，构成连续的综合性的一体化货物运输。《联合国国际货物多式联运公约》规定：国际多式联运是指多式联运经营人按照多式联运合同，以至少两种不同的运输方式，将货物从一国境内接管货物的地点运至另一国境内指定地点交货的运输方式。由此可见，多式联运具有高度的统一化原则，无论货物的起始点到目的地有多远的距离，也不论由哪几种运输方式来完成，经过多少次转换，所有的一切运输业务均由多式联运经营人负责办理。而货主只需办理一次托运、订立一份运输合同、支付一次费用、参加一次保险，一旦在运输过程中发生货物的灭失和损坏时，由多式联运经营人对全过程运输负责。集装箱多式联运与传统的海运方式有明显的区别。国际集装箱多式联运的特点：

（1）统一化、简单化。货物在全程运输中无论使用多少种运输方式，都只需办理一次

手续，而负责全程运输的多式联运经营人则对全程运输负责。他不仅是订立多式联运合同的当事人，也是多式联运单据的签发人。如果在运输过程中货物发生货差货损，货物所有人可以直接向多式联运经营人提出索赔。

（2）减少中间环节，缩短货物运输时间，降低货损货差事故，提高货运质量，在"门到门"运输中，货物在发货人工厂或仓库装满后，可直接送至收货人工厂或仓库，安全、省时。

（3）降低运输成本，节省运杂费用。发货人在货交联运承运人后即可取得货运单据，并据此向银行交单收汇。收汇时间提前，不仅有利于加速资金周转，而且减少了利息支出，对发货人十分有利。又由于采用集装箱运输，减少了包装费用和保险费用，简化了制单和结汇手续，从而节省了人力和物力。

多式联运是现代货物运输业发展的一个主要发展方向，它意味着传统交通运输业沿着各种运输方式进行整合，如公路、铁路、航空等多种运输方式以多式联运方式进行整合，因为单一的运输方式已经不能满足顾客的要求，这就要求各种运输方式联合起来，实行"一票到底"的多式联运。从技术上讲，所有的基本运输方式之间都可以安排协调运输或多式联运。现在比较成熟的是驮背式运输、船公司登陆和沿海港口在内陆建无水港等模式。

但是，由于目前多式联运所采用的形式多是多家各式运输工具的主体物流或运输企业联合执行，而理论上的全程封闭和一单到底给运输中发生的部分事故造成责任界定困扰，在法律界针对多式联运已经形成了专门的调查体系和辩护模式。因此，独立运输体系下的单一公司结构，在日趋频繁的经济合作过程中已经形成不可回避的障碍，只有运营方式和组织方式的双重结合，才有可能真正使多式联运成为物流发展驱使下的一个独立舞台。

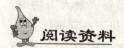 阅读资料

匈牙利雁荡山国际贸易有限责任公司
诉香港富天船务有限公司等国际
多式联运货物灭失赔偿

原告：匈牙利雁荡山国际贸易有限责任公司（YAN DANGSHAN International Trading Company Limited，Hungary）。

住所地：匈牙利布达佩斯。

被告：香港富天船务有限公司（RICH SKY SHIPPING LIM ITED，HONGKONG）。

住所地：中国香港。

被告：以星航运有限公司（ZIM ISRAEL NAVIGATIONCO. LTD）。

住所地：中国香港。

1994 年 10 月 4 日，原告雁荡山公司作为买方与温州市进出口公司签订一份售货确认书，购买一批童装，数量 500 箱，总价为 68180 美元。1995 年 2 月 11 日，温州市进出口公司以托运人身份将该批童装装于一个 40 尺标箱内，交由富天公司所属"金泉"轮（M/

V JianQuan）承运。富天公司加铅封，箱号为 SCXU5028957，铅封号 11021，并签发了号码为 RS－95040 的一式三份正本全程多式联运提单，厦门外轮代理公司以代理身份盖了章。该份清洁记名提单载明：收货地厦门，装货港香港，卸货港布达佩斯，收货人为雁荡山公司。提单正面管辖权条款载明：提单项下的纠纷应适用香港法律并由香港法院裁决。提单背面条款 6（1）A 载明：应适用海牙规则及海牙维斯比规则处理纠纷。1995 年 2 月 23 日，货抵香港后，富天公司将其转至以星公司所属"海发"轮（M/V ZIMHAIFA）承运。以星公司在香港的代理新兴行船务公司（SUN－HING SHIPPING CO. LTD）签发了号码为 ZIMUHKG166376 的提单，并加号码为 ZZZ4488593 的箱封。富天公司收执的提单上载明副本不得流转，并载明装货港香港，目的港科波尔，最后目的地布达佩斯；托运人为富天公司，收货人为富天公司签发的正本提单持有人及本份正本提单持有人，通知人为本案原告雁荡山公司，并注明该箱从厦门运至布达佩斯，中途经中国香港。1995 年 3 月 22 日，以星公司另一代理 R. 福切斯（R. FUCHS）传真雁荡山公司，告知集装箱预计于 3 月 28 日抵达斯洛文尼亚的科波尔港，用铁路运至目的地布达佩斯有两个堆场，让其择一。原告明确选择马哈特为集装箱终点站。

3 月 29 日，以星公司将集装箱运抵科波尔港，博雷蒂诺（BOLLETTINO）铁路运输公司出具运单，该运单载明箱号、铅封号以及集装箱货物与以星公司代理新兴行船务有限公司出具给富天公司的提单内容相同。4 月 12 日，R. 福切斯依照原告雁荡山公司指示，将集装箱经铁路运至目的地布达佩斯马哈特集装箱终点站。4 月 15 日，雁荡山公司向 R. 福切斯提交富天公司签发的一份正本提单并在背面盖章。6 月 6 日，雁荡山公司提货时打开箱子发现是空的。同日，匈牙利铁路公司布达佩斯港口出具证明，集装箱铅封及门锁在 4 月 15 日箱抵布达佩斯寿洛科沙里路时已被替换。

1995 年 11 月 28 日，雁荡山公司第一次传真 R. 福切斯索赔灭失的货物。1996 年 1 月 2 日，R. 福切斯复函称，已接马哈特集装箱终点站通知货物被盗之事。在此之前，以星公司两家代理 R. 福切斯和中国香港新兴行船务公司来往函电中也明确货物被盗，并函复富天公司厦门办事处及托运人温州市进出口公司。后虽经雁荡山公司多次催讨，三方协商未果。

1996 年 4 月 10 日，原告雁荡山公司向厦门海事法院起诉。称：本公司所买货物由卖方作为托运人装于集装箱后交第一被告富天公司承运，富天公司签发了全程多式联运提单。提单上载明接货地厦门，卸货地匈牙利布达佩斯，收货人为我公司。富天公司将货运至香港后，转由第二被告以星公司承运。以星公司承运至欧洲后由铁路运至匈牙利布达佩斯马哈特集装箱终点站。1995 年 6 月 6 日，我公司作为提单收货人提货时发现箱空无货，故向两被告索赔此货物灭失的损失以及为此而支出的其他合理费用。第一被告富天公司作为全程多式联运承运人应对全程负责。第二被告以星公司作为二程承运人应对货物灭失负连带责任。

被告富天公司未在答辩期内予以答辩，在庭审时提出管辖权异议和答辩理由，称：依所签发的提单，提单项下的纠纷应适用香港法律并由香港法院裁决。根据提单背面条款，收货人应在提货之日后三日内提出索赔通知，并应在九个月内提起诉讼，否则，承运人便免除了所应承担的全部责任。收货人未向我公司提出书面索赔，又未在九个月内提起诉讼，已丧失索赔权利。又据海商法第八十一条的规定，集装箱货物交付的次日起 15 日内，收货人未提交货物灭失或损坏书面通知，应视为承运人已完好交付货物的初步证据。我公司虽签发了多式联运提单，但以星公司在 1995 年 2 月 23 日签发了转船清洁提单，并在箱体上加铅封，应说明货物交付以星公司时完好。此后货物发生灭失，依照联运承运人对自己船舶完成的区段运输负责的国际海运惯例，第二被告以星公司作为二程承运人应对本案货物灭失负责。请求驳回原告对我公司的起诉。

被告以星公司在答辩期内未答辩，庭审时才辩称：我公司作为二程承运人已履行了义务。我公司依照原告的指示由代理人将货交博雷蒂诺铁路运输公司承运，该公司以陆路承运人身份签发了铁路运单，运单上显示铅封完好，可见我公司作为二程船承运期间货物是无损交予陆路承运人的。在此后，货物已非我所控制、掌管。且正本提单的交付意味着承运人交货和收货人收货，货物的掌管权也在此时转移，收货人并无异议。4 月 15 日货抵马哈特站，我公司代理人收回了提单，收货人 6 月 6 日才发现箱空无货，即集装箱在堆场存放了 52 天，这一期间不属我公司的责任期。我公司与原告无直接合同关系，不应对原告的货物灭失承担责任。另外，集装箱运输是凭铅封交接，我公司接收、交付装货集装箱时铅封均完好，故应由托运人对箱内货物真实性负责。

审判

厦门海事法院经审理还查明：原告为诉讼已支付了律师代理费人民币 4 万元。对富天公司在庭审时才提出的管辖权异议，厦门海事法院认为，其此时才提出管辖权异议，已超过了《中华人民共和国民事诉讼法》第三十八条规定的异议期间，不产生异议的效力，因而当庭驳回了富天公司的异议。

厦门海事法院认为：富天公司签发的全程多式联运记名提单有效。富天公司作为多式联运经营人应对货物的全程运输负责。以星公司签发给富天公司的提单属实，其作为区段承运人应对自接受货物始至实际交付之日止期间的货物负责。以星公司虽收回了雁荡山公司交付的记名提单，但其未能提供充分证据证明已履行了实际承运人的适当义务将货物完好无损地交付给本案原告，故对其与记名提单收货人雁荡山公司之间存在的实际运输合同关系应予认定。雁荡山公司作为记名提单项下的收货人，有权在本院对多式联运经营人或区段承运人提起诉讼，其主张的货物灭失以及由此而引起的其他合理损失，经查证属实。富天公司与以星公司对雁荡山公司货物灭失的损失均负有赔偿义务，并在此赔偿范围内负连带责任。

据此，依照《中华人民共和国海商法》第六十三条、第一百零四条、第一百零五条及《中华人民共和国民事诉讼法》第二百三十七条、第二百四十五条的规定，于 1996 年 7 月 23 日判决如下：

（1）被告富天公司、以星公司应赔偿原告雁荡山公司货物灭失损失 68180 美元及自货物应当交付之日，即 1996 年 6 月 6 日始至实际赔付之日止的利息，按中国人民银行同期贷款利率计。

（2）上述两被告赔偿原告因货物灭失提起诉讼而支出的律师费 4 万元人民币。

（3）上述两被告对其赔偿义务负连带责任，并应在本判决生效后十日内赔付。若逾期赔付，按《中华人民共和国民事诉讼法》第二百三十二条规定处理。

一审判决后，两被告均不服，以其在一审庭审时答辩的理由上诉至福建省高级人民法院。

福建省高级人民法院经审理，查明的事实与一审认定的事实一致。经在此基础上主持调解，当事人自愿达成如下协议：

（1）以星公司赔付雁荡山公司货物 5 万美元。

（2）富天公司赔付雁荡山公司损失 5000 美元。

（3）一审诉讼费 11000 元人民币由雁荡山公司负担，二审诉讼费 11000 元人民币由以星公司负责。

福建省高级人民法院认为此协议符合法律规定，予以确认，于 1997 年 1 月 10 日制发了调解书。

（以上资料来源于 110 法律咨询网）

七、货运辅助企业

这里货运辅助企业主要包括货运代理、报关服务公司，装卸搬运企业，仓储企业等企业，这类企业主要功能是辅助货物运输，主要为货物运输提供仓储、装卸搬运、报关服务及其他商务服务等业务，前文所述的含机场、码头等在内的营运企业，实质上也作为货运辅助企业存在，为其提供配套的资源服务，或者为其业务拓展延续性提供必要的补充。

由于主营业务的实际差异，货运辅助企业的组织模式和货运企业的组织模式有着较大的差别，因此，本章不对该类企业进行进一步的论述。

第二节　组织结构

在下面的组织模式及特点、一般性业务流程、常设岗位与职业发展以及常用资源特点分析，不再对每一种运输模式进行信息分析，而主要以公路运输模式为主。

本节将通过前文引出的案例公路运输企业，通过对该企业的业务、运营及组织架构的分析，来总结公路运输企业的组织模式及特点，公路运输的一般性业务流程，企业常设岗位及企业主要资源分析。

分析湖北汽车运输总公司的案例，我们可以得出公路运输企业的运营模式及特点。

1. 维持传统的公路运输业务

其业务主要包括：传统的运输、仓储、配送服务；这是公路运输企业业务转型以及开展物流增值服务的基础核心业务。这些业务为公路运输企业提供了业务运作经验以及业务运作的实体硬件条件。

而其中，传统公路运输业务是最关键的部分，而进一步细分，车辆管理和班车调度又是其中重中之重。

2. 业务转型以及提供增值业务

传统公路运输企业很难在原有的业务范围提高企业的运营业绩，亦很难通过这些传统而基础的业务来维持企业的竞争优势，因此必须对传统的公路运输企业进行业务改造及业务转型，从而为客户提供更全面的物流运输服务。

3. 改造企业的组织结构

现有的组织结构一般很难适应企业的业务的不断变化，往往造成企业的组织运行无法满足企业的业务的需要，给企业的企业运营带来很多的不便。现有职能化的组织层次结构，已经暴露出了很多的弊端，一个物流活动需要涉及很多部门，部门之间无法有效地衔接，严重影响了物流活动的运作。

我们先看一下湖北汽车运输总公司组织结构。组织结构如图4-1所示。

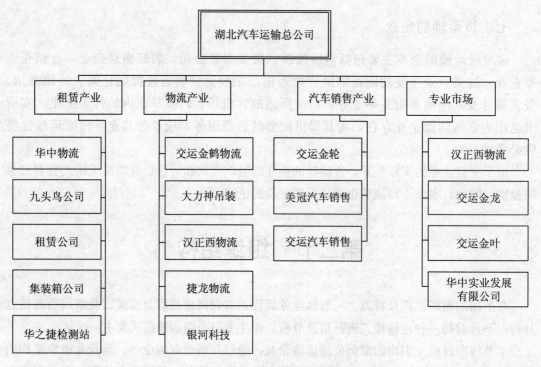

图4-1 湖北汽运组织结构

从上面的湖北汽车运输总公司的组织结构图，可以得出公司现有的业务主要集中在四个板块：租赁业务、物流产业、汽车销售产业及专业市场。

租赁业务的子公司主要包括：华中物流、九头鸟公司、租赁公司、集装箱公司及华之捷检测站。例如湖北华中物流有限公司主要从事汽车管理（挂靠）服务，目前拥有各类入籍货运车辆 13000 余台，货物运输能力全国第一，车辆运输遍及全国，以武汉为中心，在宜昌、襄樊、咸宁、荆州、黄石、黄冈等地均设有分公司。公司坚持"服务至上、管理创新"的管理理念，立足于为广大车主提供热情、周到的服务。在安全管理上首倡 1：50 安全专管员模式，设立安全风险防范金制度，走在全国车辆管理服务的前列；湖北华中物流有限公司租赁公司顺应市场经济发展要求，依托湖北汽运的品牌信誉、配载网络、运营、安全技术及法律服务优势，能够为广大车主提供周到的车辆租赁挂靠服务等。

物流产业的子公司主要包括：交运金鹤物流、大力神吊装、汉正西物流、捷龙物流及银河科技。例如湖北汉正西物流中心为湖北汽车运输总公司投资并控股。中心占地 63 亩，总投资 6000 万元，建有 308 个经营门店和大型停车场以及相关配套服务等设施。中心位于市政府规划的西汉正街物流园区内（原化工机械厂）距武汉市二环线解放大道立交桥约 400 米，南过汉水长丰桥到汉阳武昌，北接 107 国道和京珠、沪蓉高速，交通十分便利，有利于武汉三镇及周边城市的货物集散、车辆聚集、调度和辐射全国的快运物流网络的开发和经营。湖北汉正西物流中心用一流的服务提供高效、坚实、可靠的平台，以现代物流服务理念，先进的软硬件设施和强大的物流配送能力与广大客户密切合作共同促进我国现代物流发展，服务社会，回报顾客。

汽车销售子公司主要包括：交运金轮贸易有限公司、美冠汽车销售公司及交运汽车销售。例如武汉美冠汽车销售服务公司和湖北交运汽车贸易公司是湖北汽运全资设立的两家汽车销售公司，主要销售北京福田小卡之星系列和东风致富小卡、东风小霸王、东风金霸、东风多利卡、东风康明斯、东风微卡 7 大系列，累计销售各类汽车 2463 台，销售金额 8073.7618 万元。武汉美冠连续两年销售全省第一，被评为"武汉地区标杆经销商"。湖北交运贸易与湖北元通、武汉新时代三家连续两年获东风裕龙武汉地区"市占率"第一名，得到了东风裕龙公司的充分肯定。两家汽车销售公司新销售车辆 60% 以上又入籍到湖北汽运，真正实现了"销、挂、服务"一体化，使公司产业链得到了合理的优化和延伸。

专业市场主要包括：汉正西物流，交运金龙、交运金叶及华中实业发展有限公司。湖北交运物流有限公司是总公司全力打造，集仓库、装卸、包装、加工、分拣、配送及信息化处理于一体的现代化物流中心，现有吴家山海峡科技产业园高桥基地和国家物流主枢纽蔡甸基地。公司占地 323 亩，仓储总面积近 8 万平方米，主要为湖北中烟提供仓储物流服务，货物总储量为 55 万箱，约 12 万吨，年货物进出量为 70 万箱，约 15 万吨，烟叶存储总量占湖北中烟存储总量的 80%，全部库存量能满足武汉烟厂全年的成品烟生产需求。仓库采用 WMS 数字化仓库管理系统和条码扫描技术，拥有德国 LINDE.K、美国 HYSTER、日本丰田 BT 系列和瑞士三向高位堆垛机等各种进口设备 30 余台套，场内采用全程红外线电子监控、电子烟控温湿感应系统等电子化、信息化和机械化管理手段，为客户提供了安全、优质、高效的服务，赢得了广大客户的一致好评。

公司的各个子公司一般独立运营，总公司在企业战略方面的作用要大，很多子公司的业务有交叉。

但是，作为其核心的公路运输部分，其运营组织结构相对简单，具体如图4-2所示。

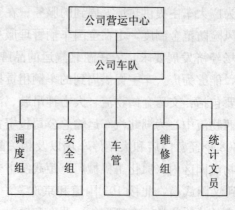

图4-2　公司运营组织结构

第三节　一般性业务流程

严格来说，目前的湖北汽车运输总公司已经不是一个实质意义上，或者说单一意义上的公路运输公司，而已经成为了一个集第三方物流、车辆租赁、货运产站管理于一体的混合型企业，但是，其传统公路运输仍是其多项业务的运营基础，我们单独将其运输业务提炼出来后，其大致遵循如下运营流程。

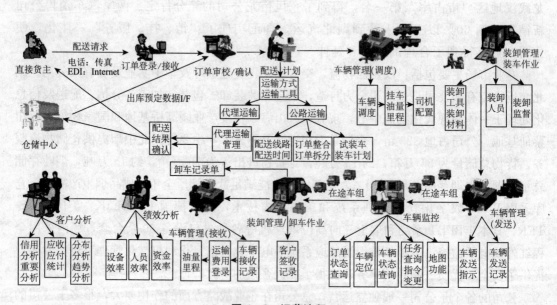

图4-3　运营流程

从实际运营的组织结构上来看，其核心机构包括车辆管理和调度中心两个业务运营部门，前者负责车辆的日常管理和维护，后者负责车辆的调度和业务组织。

目前，湖北汽车运输总公司的传统公路运输业务除了已被结合进入现代物流业务之外，现有业务主要体现为专线运输服务以及汽车租赁服务。

传统的运输业务是公司的基础业务，在这些基础业务上，公司可以根据客户的需要来提供个性化的物流服务，例如货物的专线运输，专线运输流程图如图4-4所示。

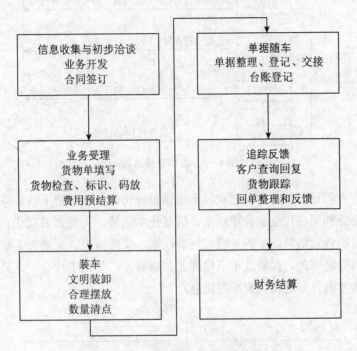

图4-4　湖北汽运专线运输流程

通过专线模式的城际公路运输业务，公司可实现门到门、门到站、站到门、站到站的基本任务订单，在此基础之上，公司再行展开了如市内配送、城际班车等增值性业务。

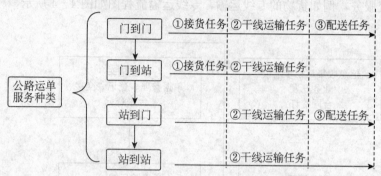

图4-5 城际公路运输

而为服务广大租赁经营业主，湖北汽车运输总公司建立和保留了一支高素质的专业运输管理队伍，充分利用现代企业管理技术，信息技术优势，为经营者提供：投资咨询，购车技术指导，车辆营运培训，车辆入籍，规费代缴，货运信息，交通行车事故处理，车辆保险代理，车辆抢修维护，保养及年审代理等系列服务，受到了社会，尤其是个体运输业主的欢迎（可参考第九章之物流资质提供商）。

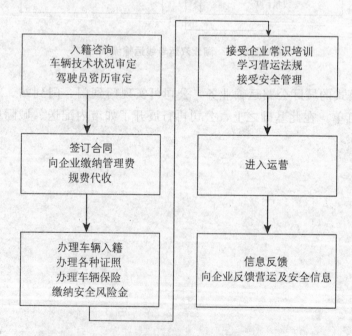

图4-6 湖北汽运车辆加盟（租赁）服务流程

第四节　常设岗位

作为公路运输核心属性的组织结构部分，常设组织模式可以分为两类人员，一类属于直接业务人员，如司机、调度等岗位，一类属于支持性人员，如统计文员等，由他们组织了最基本的业务运作保障体系。

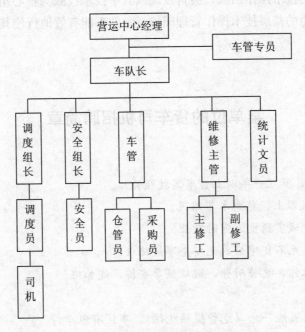

图4-7　常设岗位

但是，从前文货运企业所从事的主营业务特征，我们可以很自然地了解到，对于货物运输企业，其核心业务围绕运力资源展开，因此，对运力资源的有效调度和使用，是其业务的重中之重，而对应的主要岗位，则可以分为以下两类：

一、运力资源的使用和维护岗位

根据企业主要运力资源的不同，对应的资源使用岗位和维护岗位也有很大差异。对于公路货物运输而言，其主要的资源使用岗位是汽车驾驶员，而对于水路航运公司和航空公司，则是轮船驾驶员和飞机驾驶员。当然，作为后者，因为运力工具体形庞大，需要多数人员操作，因此驾驶员已经不是一个个体，而是一个群体，并形成了有序的分工。

而维护岗位则是一个比较宽泛的概念，既有直接对运力工具进行维修保养的修理工，也包含了以运力资源为对象的其他外延型的支持工作，如上文中的车辆保险理赔、二手车交易等，这些岗位的存在，均是为了进一步的支持和提升运力工具本身的效能和有效而稳定工作状态，并降低外部环境因素对运力工具工作效能的损耗风险，因此，我们统一把它们归纳在一起。

严格来说，运力资源的使用和维护岗位基本上都是专业技术性岗位，其上岗都需要经过专门的技术培训和具备相应的资质证书，由于运力资源工具在很多时候都存在着型号差异和技术升级的问题，因此，要很好地获得该岗位的发展，积极地把握运力资源更新情况并进一步地钻研其运行原理，则更容易在技术路线上获得成功。此外，该岗位的另一条成长路线是对同序列技术操作人员的管理，但通常来说，这种纯管理的成分并非很高，多数时候，一个同序列的技术操作团队，会自发地以其中技术权威为核心组织工作，纯粹意义上的、通过行政任免的基层技术操作管理岗位经常并不能有效地行使其管理组织职能。

某单位的货车司机招聘简章

任职条件：

(1) 年龄22~52岁（一年以上货车驾驶经验）。

(2) 驾照B本或以上、熟悉本市路况。

(3) 人品正直，诚实稳重，守时敬业。

(4) 身体健康，无不良嗜好，无安全事故记录。

(5) 热爱本职工作，吃苦耐劳，服从领导安排，能加班。

待遇：

(1) 签合同，上五险一金（免费提供吃住），市区有班车。

(2) 城际专线：月薪3500万＋意外保险＋出车补贴。

车型：

(1) A本——开13米半挂、集装箱。

(2) B本——开9米6单机、前四后八。

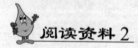

某单位的车队队长招聘简章

任职条件：

(1) 男性，年龄30~55岁（五年以上十台货车以上管理经验）。

(2) 中专学历以上，驾照B本或以上、熟悉本市路况。

(3) 人品正直，诚实稳重，守时敬业。

（4）身体健康，无不良嗜好，无安全事故记录。

（5）热爱本职工作，吃苦耐劳，服从领导安排，能加班。

（6）有车辆维修经验者优先。

工作职责：

（1）负责车队日常管理工作，统筹安排出车任务。

（2）抓好车队内部各项管理工作，对车辆调度，维修，保险，油耗等日常工作要严格把关，控制各种费用，成本。

（3）加强基础资料的收集保管，建立健全车队的各项记录。

待遇：

（1）签合同，上五险一金（免费提供吃住），市区有班车。

（2）月薪 3000 元＋意外保险＋奖金＋出车补贴。

（3）优秀者可面议。

思考：

司机和车队管理者的差异在哪里？对他们的要求和管理方式为什么不一样？

二、运力资源工具的调拨岗位

对于围绕运力资源工具展开业务组织的货物运输企业，其若抛开市场开源的设想，要从内部角度提升企业的赢利能力，则除了使用好一类岗位中的人员，以保证运力资源工具可以长期平稳有效的工作，相对降低运力资源工具的单位产能成本外，另一个途径就是通过运力资源工具的调拨岗位，有效地提升运力资源的单位收益。

在公路货运企业，其调拨岗位通常是车辆调度和班车调度，他们的主要职能就是面对上级下达的运输任务，在保证运输时限、质量的情况下，以最小的成本来实现——这里的运输成本是一个综合概念，包括车辆的自身和行程损耗、人员损耗等。一个优秀的调拨人员，可以直接在最基层将企业 80％以上的成本固化（一般来说，一个物流公司其直接运力成本占其总收入的 80％左右），在不考虑更多的增值服务的情况下，企业接近 70％的利润空间将在该岗位的运作中得以最初实现。

这个岗位的重要性毋庸置疑，因此任职要求很高，除了从技术上要求其掌握一定类似运筹学等方面的优化和计划工具外，其主要要求对所调拨运力资源工具自身特性和公司可调控资源工具具有深度了解和对其运营区域的物理环境，如路线、气候等要有较好的了解，与此同时，为了避免与运力资源工具的使用和维护岗位的冲突，其也应该具备相当的人际交往和组织、谈判能力。因此，该岗位是一个对从业经验要求比较高的岗位，并不太适合新手作业。对于新手而言，更多地从辅助调度角色或者一线驾驶员做起，才更有可能在未来胜任该岗位。

阅读资料

某公司的市内调度招聘简章

任职条件：

(1) 男性，年龄30～55岁。

(2) 中专学历以上，驾照B本或以上、熟悉本市路况。

(3) 有车辆管理和配货经验（三年以上运输公司调度岗位作业经验）。

(4) 熟悉配货系统。

(5) 熟悉配货站运营模式。

(6) 熟悉办公软件。

(7) 人品正直，诚实稳重，守时敬业。

(8) 家在外地优先。

工作职责：

(1) 负责接收客户委托。

(2) 负责安排每天车辆计划。

(3) 负责每天车辆计划的落实，协调装卸货配合。

(4) 负责跟踪车辆动态，按照应急程序和安全管理规定处理突发事件。

(5) 负责车辆成本统计录入。

待遇：

(1) 签合同，上五险一金（免费提供吃住），市区有班车。

(2) 月薪3000元＋意外保险＋奖金。

(3) 优秀者可面议。

思考：

调度岗位最关键的岗位要求是什么？总结一下，你认为上述的任职要求中企业实际对该岗位的要求是哪些？

第五节　常用资源特点

通过对湖北汽车运输公司的相关资源分析，可以得出公路运输企业的一般资源特点。对于公路运输企业来说，其客户资源、运营资源、技术资源、人力资源和其他资源主要有如下的特点：

从公路运输企业的客户资源来看，客户的分布比较广泛，可以是生产制造企业，也可以是商贸流通企业，无论企业规模多大都有可能成为公路运输企业的客户。

从运营资源来看，公路运输企业的运营资源比较集中，最明显的运营资源就是公路运输的车辆，随着公路运输企业的业务范围的变化，企业运营资源也在发生着变化。对企业本身来说，企业很多业务是围绕着企业车辆资源来进行的，所以企业的运营离不开车辆资源相关操作。例如公路运输企业完成专线运输，必须对企业的车辆资源进行有效及时的调度。

从技术资源来看，公路运输企业的技术资源行业性比较强，企业的技术能力主要集中在公路运输上，涉及公路运输的各个环节。公路运输企业在进行业务拓展时，必须参考自身的技术优势。同时要保留一个自身的核心技术能力，必要时要削减非核心业务。

从人力资源来看，公路运输企业的人力资源差异比较大，一般缺少高素质人才，公路运输企业的人力资源主要集中在体力劳动方面。

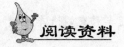 阅读资料

某公司的车辆管理制度

第一章　总则

第一条　为加强公司营运中心操作上科学管理，规范服务，合理高效地使用车辆，在公司《行政人事管理制度》的基础上，特定本制度。

第二条　本制度适用于公司营运中心的所有员工。

第二章　管理机制

第三条　营运中心以经理负责制，对车队实行单车考核制。车队长、调度组长、安全员协调，车管员、维修主管、统计、分工合作，齐抓共管，以制度规范管理。

第四条　所有管理人员必须遵守公司《行政人事管理制度》，严格要求自己，以身作则，大胆管理。关心和爱护司机，用机制凝聚全体员工。

第三章　车辆管理制度

车辆是公司财产的重要组成部分。完善车辆管理工作是充分发挥汽车的使用性能，保证其技术状况良好，保证行车安全，提高运效，满足公司运输需要，这是使公司取得较好的经济效益的先决条件。因此，必须搞好车辆管理工作。

第五条　车辆证件档案的管理

（1）车辆使用证件有：车辆行驶证（正、副证）、车辆购置附加费证、养路费缴讫证（广告类证件）、入城区证、车辆保险卡、车辆养路费、营运证、运管费、车辆牌照、尾气排放证及公司规定地的加油卡等。运行的车辆必须携带以上证件。便于交通警察的检查。

检查时，司机应积极主动配合检查。

（2）如果违章、肇事等原因被交警扣证、扣车，司机必须立即向车队汇报，积极协助车队处理，如属司机责任造成的，由司机承担一切费用。

（3）遗失证件应及时报告，按责任承担相关费用。

（4）出车完毕收车后，司机将所有证件交值班调度（可指派专人），并做好登记。

第六条 车辆技术档案管理制度

汽车技术档案是记载从新车接收起到报废止的整个运用过程中的有关技术，运行和维修情况的历史档案。

（1）车辆技术档案，从新车接收起，即按车建立，一车一袋。由车队的车管员统一管理。

（2）车辆技术档案内行驶里程运行记录，燃油消耗由统计按月提供；轮胎使用情况由维修组于轮胎报废时提供；维护、维修记录由维修检验人员提供；大修或改装、改造凭技术鉴定书记载。车辆审验等资料由安全部门提供，由车辆管理人员统一在制式表格内填写。

（3）车辆技术档案必须妥善保管，不得污损或遗失；车辆调动，随车移交，汽车报废后，另行保存备查。

第七条 车辆使用制度

（1）新车投产前，必须根据原厂说明书和有关技术文件，进行一次维护作业，着重进行清洗、润滑、调整、坚固、防腐"十字作业"，并对驾驶员进行一次新设备的动手能力的技术考核，不合格者不准驾驶。

（2）新车投产后，必须严格执行走合期的各项技术规定。建立走合责任制。

（3）新车在制造厂规定的保用期内，发现属于制造厂商的损坏时，切实做好记录（包括必要的照片、实物），准备好相应的技术文件，按"三包"原则向制造厂商索赔。

（4）新车型由技术部门组织驾驶员、维修人员、技术人员、管理人员进行一定时期的学习，使其基本上熟悉设备结构性能，掌握其运用和维修方法，然后定车、定人、固定保管使用，建立技术档案。

（5）车辆根据公司业务需求，由调度室统一调派。

第八条 车辆维修保养制度

（1）走合期维护，新车和大修出厂车必须进行走合维护，走合期内汽车在起秒和行驶中，发动机转速不能过高，换档要及时，控制车速（时速不超过最高时速的50%）。起步、回速时严禁过急，防止传动装置承受冲击负荷，影响磨合质量。行驶中，注意听察各部有无异响、检查有关部位是否过热，坚固所有螺帽。按照技术要求每天检查一次。

（2）一级维护，按照车辆技术要求进行各部位清洁、润滑、坚固、三清三滤，检查制动系统和转向操作等安全部位。一级维护里程一般在5000千米或一月时间完成一次。

（3）二级维护，一般在15000～20000千米或三月内完成一次，除完成一级维护作业外，重点对总成部分（如高压泵、喷油咀等）解体检查，对解体部件要彻底清洗，精细调校，全车部件作防腐处理，以消除隐患。

（4）报修：①车辆回场经检验须候车保养的，根据检查结果报修，换总成件者，必须经车辆技术员检验是否需要更换，并书写出换件意见书，方可更换，严格控制成本。②修复车辆，由检验员试车合格后，开出合格证，交调度室派车。③途中修车，由司机事先请示，回公司核定报销。④所有更换配件项目，旧件必须回收，鉴定损坏原因，属于人为损坏，由司机负责。⑤车辆维修时，无论是在公司维修组还是途中车辆损坏维修，驾驶员必须在场监修。

（5）日常维护，由驾驶员负责，利用出车和收车后保养维护，清洁、补充燃料，保证车容整洁。

（6）凡参加营运汽车的技术状况，必须符合下列条件：①车容整洁，车徽字迹清楚，装备完好齐全，外露部位螺栓、螺母坚固可靠。②发动机性能良好，各部件性能良好，各部件连接牢固，工作温度在50℃以上动作正常，无异响，无漏油、漏水、漏气现象。③离合器起步平稳。④变速器抵挡灵活。⑤中后桥不漏油，无敲击声。⑥前桥安全可靠，转向机构操作轻便灵活，高速行驶不摆头。⑦制动性能良好，制动可靠，车架纵横梁无弯曲，钢板弹簧无断裂、错位，轮胎气压正常。

（7）轮胎、电瓶的使用。驾驶员要经常维护、保养正确使用。按标准载重量统一核定千米数和使用期限。节约给予奖励，浪费给予处罚。

尼龙胎标准：70000千米（以珠江、韩泰轮胎作参数），钢丝胎标准：100000千米（以石桥、普利司通轮胎作参数），电瓶标准：12个月（以公司两用电瓶作参数）。

第九条　汽车配件器材采购制度

（1）汽车配件器材使用，根据维修组实际用量报维修主管审批后进行及时性采购。

（2）采购配件、润滑油、轮胎用招标形式，由行政部、财务部监督，在保证质量的前提下，选择价格优惠的供货商供应器材。供应商送货到公司，由仓管员、采购员、车管人员（车管员、维修主管、主修工其中一人）三人同时签收。

（3）配件：计划批量配件，在市内选定三家供应商送货上门，不在计划内的急用配件，尽量要供货商送。特殊情况，由采购员购买，当天冲账。

（4）润滑油和轮胎：各选定两家供应商送货上门。

（5）每月底由供应商到计财部结账一次，由维修主管、采购负责审核及上报签批手续。

第十条　油料的使用制度

（1）油料采购由车辆管理人员根据公司在各地区的需要做出用油计划，参照《配件采购》方法，由行政部、财务部监督，设定加油站。司机凭公司油卡在定点加油站加油，若遇长途外发车情况，途中不能在定点油站加油者，经电话请示营运中心经理或车队长（调度组长）同意后方可加油，回公司报销。否则，费用由司机自理。

（2）油料的应用，根据不同车型，制定不同用油标准，节约有奖，浪费由司机自己承担。

第四章 安全工作制度

第十一条 安全行车管理制度

（1）凡持中华人民共和国正式机动车驾驶证，考试合格、完善公司规定的相关手续，经行政、人事部门安排担任驾驶工作的人员，必须接受"三级"安全教育，经安全主管部门考核合格后，准予单独驾车执行生产任务。

（2）所聘驾驶员必须经营运中心及安全部门二级考核，缴纳一定数量保证金和办理担保手续后，方可驾驶指定车辆。

（3）安全部门要组织对新聘驾驶员进行国家的法律法规和企业对安全管理新出台的一系列文件学习。

（4）所有驾驶员及持有驾驶证的各级管理人员，都必须按时参加安全学习，认真执行"三检制"，按规定里程及时对车辆进行各级保养，配齐防火、防雨、防滑、捆绑等安全设备。

（5）未经安全部门同意，各调度不得随意抽调驾驶员上车，驾驶员更不能随意调换车辆。

（6）车辆修理完毕后，必须交安全部门指派的试车员检验，试车合格签章后，方可运行，未经主管人员同意，其他任何人员不准发动车辆试车。

······

第五章 驾驶员操作规程

驾驶员必须遵守《中华人民共和国道路交通管理条例》，以及省、市的有关交通法规和公司的一切规章制度，做好安全行车。

第十六条 驾驶员守则

（1）车辆实行驾驶员专人使用、专人负责，短途负责，短途车一人一车制，长途车二人一车制。

（2）对主管人员的工作安排，应无条件服从，若有其他意见或建议（对工作安排有意见的）事后可向营运中心经理反映。

（3）公务车要凭主管调度开具的派车单出车，并认真登记来回千米数和路桥点及费用，交调度确认、统计登记、备档。

（4）在行车前必须带齐证件、妥善保管，以应对交管部门检查，回公司后交调度。定车定人的车辆证件由驾驶员自行保管，遗失保管人承担全部责任。

（5）出车执行任务，遇特殊情况不能按时返回的，应及时通知主管调度，并说明原因。

（6）驾驶员必须携带手机，对公司领导和主管的呼叫，应尽快无条件应答。并保持手机在工作时间内的通信畅通。

（7）未经领导批准，不得私自改变行车路线，不得随便将车辆交给他人驾驶，更不得将车辆交给无证人员驾驶，任何人不得利用公司的车辆办私事。

（8）出车前不准喝酒，停车要选择安全场地，万一发生交通事故，要依照交通与保险法规规定的程序妥善处理，不得故意逃避责任、逃匿或不配合处理。

第十七条　驾驶员岗位责任制

（1）努力学习国家和企业有关安全生产的法律法规、认真执行"安全第一预防为主"的方针，强化"责任重于泰山"的意识，积极参加安全知识培训，做到遵章守纪，礼貌文明，安全优质。

（2）必须管理好车辆相关证件，按时进行审验。坚决按照劳逸结合的原则，不开疲劳车，不酒后开车，不开冒险车。

（3）严格遵守安全操作规程，做到"八不准"。遇恶劣气候或路况有碍安全时，要果断停车或低速行驶，对各职能部门的违章指挥，安排，有权拒绝执行，自觉做到不违章操作。

（4）坚持做好"三保制"工作，把好"三关"，及时消除事故隐患，要保证车辆保险和一二级保养不脱保，坚决做到脱保不驾车的规定，不开带病车，要经常检查车用消防器材，保证良好，预防车辆的火灾发生。

（5）按照层层负责落实责任制的要求，主动签订行车安全，文明服务责任书，配合各职能部门，做好安全行车知识宣传和专项安全活动宣传，与大家共同做好安全工作。

（6）自觉接受公安、交通部门、公司和运输部各级领导的检查，查出的隐患及时整改或停车整治，接受违章处罚，吸取教训不违规。

……

第六章　驾驶员安全技术档案

第二十条　对驾驶员的思想、技术、安全意识进行摸底、分类管理，是搞好安全行车的有力措施，也是搞好安全行车管理工作的基础。

凡达到下列七条标准可定为一类驾驶员。

（1）综合素质好、觉悟高、驾驶员作风正派，善于团结互助和带动同事做好行车安全工作。能时时处处维护公司形象和利益。

（2）驾驶技术熟练，安全行车经验丰富，始终做到坚持中速行驶，礼貌行车，认真负责地辅导新驾驶员，做好传、帮、带工作。

（3）模范遵守交通法规和各项安全制度，在行车中有示范能力和传播自己的安全行车经验的能力。

（4）爱护车辆，例保检查认真细致，能排除常见故障。

（5）熟悉适应交通特点、季节气候变化，准确处理各种交通复杂情况，应变能力强，在各种道路上行驶有充分把握。

（6）安全和超额完成各项经济指标，服务质量高。

（7）安全行车、不发生违章、肇事。

……

第七章 驾驶员的考核评比制度

第一节 总则

对驾驶员的思想、技术、安全意识进行摸底、分类管理，是提高员工积极性，为公司培养良好素质的员工，提高车队整体素质，是搞好安全行车的有力措施，也是搞好安全行车管理工作的基础。

第二节 评比标准

1. 爱车：精心爱护车辆，熟知车辆技术状况，按规定进行"一级保养、二级保养、三级保养"的维修保养，经常保持全车干净，调整适当润滑良好，气压正常，达到规定的车辆技术良好标准，如下所列：

（1）发动机起动、运转均匀，动力性、经济性和加速性良好。

（2）离合器分离彻底，结合平稳、灵活、可靠，前轮定位符合技术标准。

......

奖惩实施细则

一、奖励细则

（1）年度安全奖励。司机在全年安全行驶，无发生过交通事故，并各项指标达标者，工作表现特别突出。且为公司作出贡献者，经报公司领导批准，则可获得年度"特别"安全奖金500元。

（2）年度车辆维修保养突出贡献奖励基金，由公司内部所有达标司机在一起投票直接选出5人，公司领导层参照季度维修、保养、油耗等情况，核准奖励每人200元，共计1000元，对车辆保养好，同等车辆维修费用少，油耗最低者，每人每年奖500元。

二、处罚实施细则

（1）车容不整者，罚款20元。

（2）着装不整者，罚款20元。

（3）不服从安排、调度者，罚款50元。

（4）司机在车内放置易燃易爆危险品的，罚款50元；如因此而造成严重事故的，除照价赔偿外，罚款100~500元，并追究其法律责任。

（5）司机未经批准擅自动用他人所分管、驾驶的车辆，未造成损坏的，罚款100元；造成损坏的，除照价赔偿外，罚款200~500元。

（6）司机出车前不作验车检查、不填写《出车记录》的罚款20元。如因此而造成严重事故的，除承担事故的一切费用外，并罚款100元。

......

思考：

1. 上述办法的管理对象包含哪些？

2. 通过对上述办法的阅读，你认为公路运输企业的管理重点是什么？为什么？

3. 尝试对上述办法进行补充和修订，拿出一个相对全面的管理办法并讨论。

第五章 国内货运代理企业

新发地、百子湾是北京市曾经或当下赫赫有名的货运场站，聚集着大量规模小，但缺乏实体资源的国内货代企业。这些场站以及场站内部的企业是物流领域的最低端和基础的存在，却往往被引证为中国物流业"散、小、乱、差"的证据。其实，它们也是中国物流领域的重要组成部分，国内物流时间价值和空间价值的实现很大部分是通过它们来完成的，它们也是相当一部分国有和外资物流企业业务的实际执行者，而且，不出意外的话，它们还将顽强的生存并发展很长时间。

存在即是合理，通过本章的学习，我们要向大家展示一些国内货代企业，以及它们的运营组织特征，以帮助我们进一步体会和了解中国的货代企业组织形式，这对于我们进一步了解国内整个的物流产业链的组成以及交易行为的发生，都有着积极的意义。

【案例导入】

青鸟物流有限公司

1997年7月，对时下青鸟物流有限公司董事长褚伯刚而言，是一个极其重要的日子，因为在这个月，他终于下定决心，将原来分散经营的各货代网点、以沈阳凯通达车队等为基础的班子整合起来，在北京组织成立了青鸟物流物流有限公司，开始他的物流运营正规化之路，那个时候，他或许根本没有想到，这条路对他原有的基础来说，是何等的艰难。

褚伯刚是一个带有传奇色彩的人物，他是出生在黑龙江省牡丹江，在东北黑土地的养育下，他先天具有大多数东北人都具备的豪迈和不安分，却也不知道为什么，他的性格中也具有了大多数东北人所不具备的坚韧和细腻。

应该说，20世纪80年代以前的褚伯刚的人生是相当平淡的，向很多人一样，他安心的上学，然后毕业后从事了一份公职，同时，在传统的氛围下，娶妻生子，或许，要没有20世纪中国八九十年代的那场惊天动地的社会经济大变革，他也会像他的父辈一样，平凡终身。

但机会总是会留给注定不应平凡的人的，因为平凡的人在最不平凡的时刻，也只会墨守成规，而让机会白白流失。当中国公路运输市场随着社会主义改革开发的第一声炮响而轰然打开的时候，大多数企业和个人还木然不能接受的时候，褚伯刚把握了其中那一丝契机。

20世纪80年代以前，计划经济大行于市，市场产品的流通被供销社牢牢掌握着，而为之服务的公路运输市场则被各地大中型运输公司掌控，并习惯于计划经济体制下的物质调拨。但是很快，随着改革开放，这种调拨的弊病被很多有心人发掘出来，比如说在计划经济下东北的大米经常被调拨到关内其他省份，而东北自身的大米供给在配给制下往往还需要从其他省份调转，而改革开放后，这种调拨机制已经终止，但作为运输主体的大中型运输公司并没有从以往的习惯走出来，反而是很多头脑灵活，胆子大的个人利用供销社或单位的返程城就近做起了商品调拨生意，几乎在一夜之间，各地的商品交易浪潮一下子就兴盛起来。而大型运输公司效益急转直下，而这些头脑灵活胆大的人成了改革开放的第一批受益者。

20世纪80年代末，以吴敏为首的一批人发现了货运市场代理返程车业务的收益远高于正儿八经的按正常程序组织运输，于是开始专门收集货源信息，然后利用返程车获取巨额收益，由此兴起了中国的国内公路货代业务。当时的褚伯刚或许并不知道吴敏是谁，但他也发现了其中的机遇。

终于，褚伯刚下海了，在妻子的支持下，凭借家里在地方国有单位的一些影响力以及自己做公务员的一些人脉，毅然干起了这个无本买卖。

20世纪八九十年代的中国，是遍地黄金的中国，缺的不是机遇，甚至也不是眼光，而是胆略。褚伯刚是个有胆略的人，偏偏还很豪气，和许多彼时代的创业者一样，他全身心的把自己压在了这个时代机遇上，亲力亲为，也毫不吝啬的结交业内的朋友，于是，从业不到十年，他不仅获得了自己的第一桶金，并且在沈阳等地的货运市场积累了相当的名气，也凝聚了以杨凤志为首的一批业务上的兄弟，许多东北三省二级分配的线路和闲散的车辆，都喜欢去找这位褚大哥，因为他不但能很快帮你解决问题，在利益上也会尽可能的替你考虑。

20世纪90年代中叶，中国的经济在保持快速增长的同时，开始进入一个规范和重新思考的时期，中国的快递业网络布局和第三方物流也在这个时期慢慢布局。虽然当时的褚伯刚并没有意识到这些，但多年的从业经验也让他开始思考，因为经济发展这么快，货多了，但能拿在手里的货源却没有增加多少——仅仅靠信息的倒卖，货代这条路到底能走多久？基于东北一隅之地，一旦有企业建立起全国的运营网络，我们拿什么来抵抗？

于是，回到本文开头，1997年，褚伯刚作出了两个决定，第一，进京，把业务中心确定在北京，以北京辐射东北、华北地区，在维护好东北老根据地的情况下，待机向其他地域发展；第二，不能简单地作信息倒手交易，要有自己的车，自己的库。

后来褚伯刚说，当时他作这两个决定，其实并没有像今天这样思考透彻，只不过他觉得要发展，必须要走出去，而且要走到一个有一定高度的地方，而且不能把根本丢了；要做事情，也要更多的做可控的事情，不能控制的事情，成功了，也是凭得运气。事实证明，他做对了。

到北京开始的日子并不太好过，但他很快找到了切入点——哪里货物集散，我们就去哪里。北京是个消费城市，它的消费品必然要来源于外地，而东北，肯定是北京最近的消费品供应基地，原有的资源不愁用不上。在这种理论下，青鸟物流的网点先后在动物园服装批发市场、城环城建材市场、十八里店、京温扎下了根，并得到了迅速的发展，很快由一个年百万级的货代企业跨过了年千万级的门槛。最关键的是，充足的货量让青鸟物流实体运营有了基础。

开"城际班车"——这是褚伯刚酝酿了许久，终于准备实施的计划。为此，他长期租购了十八里店一块近40亩的土地，盖起了自己的分拣中心，并购置了第一批青鸟车队——既然货量这么大，为什么我们不自己做？要做就做好，专线货代和专线货运不就是多一个城际运输吗？

事实上，这种转型还真是带来了企业的阵痛——原来做货代，找着货源，安排好下家，一手收钱，一手付账，剩下的就是自己的，出事了，找责任，没关系，我帮你，我青鸟老褚过手的单子，谁敢接了上半不理下半。但现在不行了，自己运的，出了事情，全要担着。一年春节，满载的车子停靠在一个临时停车站，村里不知谁的花炮飞进了车厢，160万元的货物付之一炬，春节过后，一单单货物理赔，硬生生让褚伯刚跑了小三个月。

投诉，数不清的投诉，网点经理也抱怨：我们集货没有问题，但咱们自己要运好啊，可不，做不好，客户丢了，还不如让别人做呢，赚点安心钱，多好！

不行，要学，不赚钱也要学本事，学的是长治久安的本事，不然，跟不上时代发展，到时候哭都没地方。于是，青鸟物流主动接下了国有企业易通物流转来的东北飞利浦小家电的活。老褚一句话，先学人家正规物流企业和先进生产企业怎么干的，别亏了就行，学好了再说价。一学，一年时间，钱没挣着，东北的网络成型了。

截至2009年，青鸟物流在北京城区共设有10个业务受理公司，在天津、哈尔滨、长春、沈阳、大连、青岛、济南等地设立直属分公司11个，拥有了员工600余人，各类专业运输车辆120辆，自有标准仓储库房30000平方米；公司固定资产已超2000万元，年实现销售业绩5000万元，拥有高等教育出版社等知名客户20余家；公司主要以北京至黑龙江省、辽宁省、吉林省、山东省、河北省、天津市的公路零担快运业务为主，承接全国各地的整车零担业务、仓储、配送等业务。青鸟物流正式走出了简单货代企业的身影。

青鸟物流开始提供多样化的服务，包括：精品专线服务、专项配送服务、特快班车服务、图书配送服务、配件班车服务等主要服务项目，在此基础上又提供代收货款、保险运输、货物跟踪、软件开发、免费提货等增值性服务。

2002年公司软件事业部率先自行研发了物流管理系统软件，应用于企业的管理之中，全面实现了办公自动化，管理规范化，信息网络化；同时将研发的物流软件改版升级后在北京市中小型物流企业中进行推广，并且取得了广泛的好评。

2006年公司与黑龙江商业职业学院合作成立了"青鸟物流班"实现了教学、实践、培养、就业一体化的订单培养模式。为青鸟的快速发展提供了人才的储备。

2007年5月北京青鸟物流有限公司成为北京市道路运输协会理事单位，同年7月青鸟物流应北京市交通委、北京市运输管理局的邀请，参与起草了《北京市货运服务业经营标准》和《北京市货运场站经营规范》两个地方性标准；2007年12月份深圳举行的中国物流学会第二届年会上，公司董事长褚伯刚参与撰写的《对第三方物流企业价值评估问题研究》获得学术论文一等奖。

2008 年 8 月在北京奥运会、残奥会期间，经北京市政府批准，青鸟物流组建了奥运绿色城市生活保障车队，为奥运会、残奥会期间提供专业的城市保障运输。同时为北京奥组委贵宾专车车队提供了专业的管理人员。受到了北京市政府及北京奥组委的表彰和奖励。

2009 年，老褚又开始了他新的构想，网络基本构成了，新的线路不能再开了，货源要重新挖掘，不然跟不上，固定成本压力太大，影响企业的健康发展。怎么做？拿出原来货代企业的看家本事搞市场，以后每一个网点公司就是挂靠青鸟的货代公司，给你们一个专线底价，你们给我开辟货源。北京 10 个网点公司不够，再开 6 个，而且，我们要不拘形式，只要愿意加盟青鸟物流的，经过审核，合作的也可以、兼职的也可以，都拿进来。我花了 10 年时间把一个货代企业办成了专线货运企业，搞物流实体，现在我再拿几年时间再用这个专线货运企业繁殖出一堆货代企业，打市场，我要看看，自己到底能走多远——这一刻，老褚豪气云天。

但是，2014 年，又是一个五年过去了，褚伯刚的青鸟物流发展并不如意，他开始陷入了迷茫，迷茫的并不是他一家，围绕在北京货物集散地的一批企业都在迷茫，因为它们突然发现，稍小一点的业务快递在侵占，稍大一点的业务第三方物流公司又接了手，原有的"炒货卖货"业务，在各种货运信息网的出台下越来越难做了，而且，日趋严格的政府越来越对松散型的小运输公司难以容忍，前途堪虞。已经有了车队和固定城市班车线路的青鸟物流还好一点，但是在大批传统货代企业开始倒闭关门的情况下，青鸟物流能怎么办？

老褚的豪气变成了怀疑，我们还能走多远？

理论上来说，只要存在供方和需方，就足以构成一个完整的消费市场。但事实却并不是如此，因为专业化和信息不对称的问题，使得供需双方的有效匹配和相互理解，成为了其交易行为有效发生中的最大障碍。因此，为了解决这个问题，消费市场中的另一个不可或缺的角色——代理就得以出现，物流市场自然也遵循这个一般的市场规律，在物流行业中，这个角色通常被称之为货代。

由于中国物流市场中基础的运营组成，多为零散或近乎垄断的运力存在，同时随着经济浪潮的兴起，商品交互的行为日益增多，物流需求量也日益增大，而作为商贸经济行为的主体，对货运这个深水潭的游戏规则一时难以掌握，所以，国内货代企业在物流行业，尤其是现下物流行业中扮演的角色是十分重要的，甚至某些时候超过了商贸行业中作为代理角色的渠道商和运力执行者本身。因为它们相对零散的运力供给而言，对需求者意味着快捷有效的信息反馈和相对的交易安全；而它们对于相对垄断的运力供给而言，则对需求者意味着便利和具备保障的供给渠道，事实上，曾经在很长一段时间，中国国内都存在着"运不出去"这个最大的问题。

相比国际货代而言，国内货代无论从规模，还是从业人员素质、服务对象、执行标准都有着极大的差异，这种差异一个体现为乱，一个体现为差，因为相对以国际贸易准则为基础的国际货代，国内货代几乎没有任何标准可言，甚至在很多地方，还停留在传统的口口相授的环节。

因此，国内货代企业相对国际货代企业，两者的生存环境和发展标准有着巨大的差异，也鉴于这一点，我们将国内货代企业和国际货代企业分离来独立学习和讨论。

第一节　货运代理企业运营模式

阅读完本章开篇青鸟物流的案例，我们可以总结和思考一下，作为国内货运代理企业，它的业务模式如何，及业务运营的特点？

我们将首先根据开篇的案例，对国内货运代理企业的运营模式及特点和国际货运代理企业进行对比分析。紧接着在此基础之上，对一般货运代理、专线货运代理以及货运场站这三种运营模式及特点进行分析。

一、国内货运代理的发展特点和与国际货代的区别

货运代理，可以称之为货运中间商，就是自己没有或很少运输工具，却可以接受委托者委托的货物，通过指定的运输途径，从一地运往另一地。所以货运代理是为运输公司（海、陆、空）代理收运货物、揽货的公司，这一点，作为国内货代和国际货代并无差别。它们都具备以下基本的运营职能。

1. 基本责任

作为承运人完成货物运输并承担责任（由其签发货运单据，用自己掌握的运输，或委托他人完成货物运输，并收取运费）。作为承运人完成货物运输不直接承担责任（由他人签发货运单据，使用掌握运输工具，或租用他人的运输工具，或租用他人的运输工具，或委托他人完成货物运输，并不直接承担责任）。

根据与委托方订立的协议或合同规定，或根据委托方指示进行业务活动时，货代应以通常的责任完成此项委托，尤其是在授权范围之内。如实汇报一切重要事项。在委托办理业务中向委托方提供的情况、资料必须真实，如有任何隐瞒或提供的资料不实造成的损失，委托方有权向货运代理人追索并撤销代理合同或协议。负保密义务。货运代理过程中所得到的资料不得向第三者泄露。同时，也不得将代理权转让于他人。

2. 责任期限

从接收货物时开始至目的地将货物交给收货人为止，或根据指示将货物置于收货人指示的地点业已作为完成并以履行合同中规定的交货义务。

3. 对合同的责任

货运代理人应对自己因没有执行合同所造成的货物损失负赔偿责任。

4. 对仓储的责任

货代在接受货物准备仓储时，应在收到货后给委托方收据或仓库证明，并在货物仓储期间尽其职责，根据货物的特性和包装，选择不同的储存方式。

5. 权利委托方应支付相应费用

货运代理人因货物的运送、保管、投保、保关、签证、办理单据等，以及为其提供其他服务而引起的一切费用，同时还因支付由于货运代理人不能控制的原因致使合同无法履行而产生的其他费用。

如货物灭失或损坏系属于保险人承包范围之内，货运代理人赔偿后，从货物所有人那里取得代位求偿权，从其他责任人那里得到补偿或偿还。当货运代理人对货物全部赔偿后，有关货物的所有权便转为货运代理人所有。

6. 除外责任

包括但不限于由于委托方的疏忽或过失；由于委托方或其他代理人在装卸、仓储或其他作业过程中的过失；由于货物的自然特性或潜在缺陷；由于货物的包装不牢固、标志不清；由于货物送达地址不清、不完整、不准确；由于对货物内容申述不清楚、不完整；由于不可抗力、自然灾害、意外原因，但如能证明货物得灭失或损害是由货运代理人过失或疏忽所致，或该对该货物的灭失、损害应付赔偿责任等。

 阅读资料

从不起眼的起点（"吴敏现象"）到未被预见到的高潮

1. 不起眼的起点

"吴敏现象"实际上是一个人所代表的一种行业现象。20世纪80年代末，武汉一位叫吴敏，喜欢"瞎折腾"的美术教师在一次贩运货物的过程中，突然发现他所做的努力更多的是让当地的运输公司赚了钱——除去高昂的货物运输成本，他自己能够赚到的钱寥寥无几，而他在住的旅社外贴了一张纸条居然找到了十分便宜的返程车，使自己小赚了一笔。这个偶然的发现促使他转了行，开始从事起朦胧状态的物流货运配载工作来。而这种生意在当时的中国绝无仅有，这种经营模式被称为是"投机倒把"，曾经引起过激烈的争论。这种现象实际上就是利用行业信息的不对称来赚取差价，是公路物流货代运营的初级模式。

2. 未预料到的高潮：货运市场

道路货运市场是伴随着市场经济的发展而逐步演变形成的一个服务性市场。像其他市场一样，包括相当数量的运输服务需求方。从市场交易的角度称之为货物托运人，是生产企业、商业企业或个人等货物运输需求的市场表达；对货运需求的满足有两种形式，即外包货物运输服务和自我服务，从而构成货运服务供给方包括专业汽车承运人、生产企业的自有车队和转运人。

从案例中展示的中国货代企业发展历程我们可以看到，国内物流货运市场与国际物流货运的市场环境，甚至双方的商贸交易市场环境都存在着巨大差异，这直接导致国内货代与国际货代企业的运营特征存在显著差异。这些差异主要基于以下几个方面：

首先，国内货代业当前的状态是由当前国内运营资源状态所决定的，从案例中青鸟物流的发展历史我们可以看到，中国国内货代企业的发展是基于以国内公路运力资源的快速个体私有化和其他运力资源国有垄断化之上的，国内公路货运市场开放较早，基于计划经济统筹调度模式下的大中型运输公司无论从运营成本，还是市场敏锐度和反应速度，都无法和零散的个体作业者竞争，这导致公路运力的迅速私有化，而且，这种私有化带来的就是运力信息的极度分散和从业信誉度风险的急剧上升；而作为基础建设投入巨大并不宜私有化的航运、铁运，则在政府行政机制下保持着垄断经营的地位，并在快速发展的国内经济之下日显稀缺，这样带来的结果却是资源供给的市场化影响力缩小，而关系资源的影响度加大。

无论上述何种情况，作为此业态基础之上的货代企业，很难用同样标准化的方式来简单履行与国际货代企业类似的基本职责。

其次，从前所论，作为物流市场的需方，很多时候不是为了寻求专业化的便利而选择货代，而更多的是因为根本无法获取准确可靠的、可以解决自身需求的运力资源信息，或者无法确保在正常情况下对紧俏运力资源的获取而选择货代企业，所以，国内货代首先是作为运力资源的一个不可或缺的资源枢纽和担保人的角色而得以存在的。它们和供需双方，以及它们自身之间的关系可以这样来描绘：

货代企业对于强势的供方：我作为你的销售代表，你给予我一定的运力资源份额，我按你的要求组织客源。这种情况多发生在航空、铁路代理企业。

货代企业对于弱势的供方：你按我的要求把资源信息挂在我这，我可以给你提供客源。这种情况多发生在公路货代企业。

货代企业对于强势的需方：把你的需求给我，我将按你的要求第一时间给你提供配套的、可靠的资源，不用担心，出了问题我来负责。这种情况多发生在由较大规模的生产、商贸企业伴生起来的货代企业。

货代企业对于弱势的需方：接受我的要求，我能解决你的问题，不然你可以自己尝试是否可以做到。这种情况多发生在面向散客或规模较小客户的货代企业。

货代企业对其具有协作关系的其他货代企业：我把你有资源的客户介绍给你，你把我有资源的客户介绍给我，按运费上增加一定幅度的信息费就可以了。这种情况多发生在同一系统，如同一货运场站不同专线资源的货代企业，当然，在此前情况，还可以推演出货代渠道链间不同位置企业的更丰富化的关系。

对于这样的关系，我们可以简单用表5-1总结如下。

表 5 - 1 　　　　　　　　基于不同供需背景下的国内货运代理策略

	供　方	需　方
强　势	按供方要求组织货源，如航空、铁路货运代理	按需方要求组织资源，如大型生产、商贸企业
弱　势	按货代要求提供信息，为其组织客源，如公路货运代理	按货代要求解决对方问题，如散客及规模较小企业

这种时刻需要度量把握扮演角色分寸的要求，也让国内货代企业更具个性作业的特征。

再次，作为大多数国内货代企业的从业者来说，它们本身就是不可复制的资源，这一点和可以标准化作业，以国际贸易标准、各类法定报关报检程序之下作业的国际货代企业有着巨大的差异。几乎每一个国内货代企业，都有着其与众不同的资源特点：或者，其核心成员来自一些关键运力资源企业或具有良好的人脉；或者，其多年从事某一特定线路的业务，对该线路从资源本身到线路周边的物流环境、政策人文环境有着极强的把控能力；又或者，其作为货代企业的中间商，具备类似电子交易平台的局部区域的信息撮合能力；甚至于，由于掌握地方的部分非正式的势力而形成的局部交易垄断等。

这一些不可复制的资源优势和整个行业优势并没有太多的联系，而更具特性化。

此外，作为政府而言，对国内货代企业的管控和规划化也带有明显的忽视，比如说，对货代企业的资质审核程序非常松懈，仅需要工商备案，而这对于一个面向零散客户或者背靠某些实体物流公司和运输企业的，不需要开具交通道路运输发票的私营企业来说，可谓从业门槛相当低，甚至某些不法从业者或为回避货代从业风险的企业，名下经常具有若干个企业户头，而作为国际货代基本的进出口业务资质的申请，却需要注册资本金 1000 万元以上。可事实上，据不完全统计，仅以北京为例，2008 年其实际发生的公路货物运量中小型货代中介参与的比率就已超过 70%，而在工商注册的，可统计的货代运营企业占了广泛意义上的物流企业数量的 80% 以上。

总之，上述这些特征进一步导致了国内货代企业的个性化运营特点，使国内货运代理企业很难形成较大的规模，而使得其地方性特征十分强悍，标准化程度十分低下，对应从业人员的整体素养也不太高，甚至无法找到像中国远洋这样显著的国际货代企业的标志性企业，而真正系统、理论性对国内货代企业进行分析评估的研究也远比国际货代企业少很多。

因此，我们分析和学习国内货代企业的存在和其运营模式，不能简单的依据理论的分析，应更多的将其与国际货代分离出来，以更多地基于其所具有的特定时代特点进行。

思考：

进一步调研总结国内货代企业的特殊性的来源，并分析：为什么背靠特殊资源的国内空代、铁代企业更接近国际货代的运营模式和特征，而公路货运代理却具备如此大的差异。

二、国内货代企业的主要运营模式和特点

国内货代企业，如果简单从其业务运力资源领域来区分，主要可以分为公路货运代理、铁路货运代理、航空货运代理、船运代理和综合货运代理企业，但这种基于运力资源特征所作出的分类实际对于我们理解国内货代企业的运营模式和特征没有太大的帮助，因此，我们要更好的理解国内货运代理企业，不妨将其分类为一般货运代理企业、专线货运代理企业和货运场站三种，这样，我们可以直接从其业务特性来了解其业务运营模式和特点。

一般货运代理企业很多，事实上，多数正规的货运代理企业都属于此类型，它们基于自身的运力整合资源优势来从事相对标准的货代业务。

简单来说，此类型的货代企业主要有两种，一种是面向特定规模型客户的货代企业，它们在某种意义上已经等同了该客户的物流部门，通过完全或部分的接受客户企业的业务委托，以客户企业代表的形式来组织起所需要的运输或物流服务。一般来说，这种货代企业的核心人员也与该客户企业有着很难被复制或取代的密切联系，主要的来说，这种密切关系一部分是因为长期合作，尤其是伴随客户企业成长初期便已切入启动所建立的合作关系；一部分是因为基于对核心人员的相互熟悉和信任，比如说货代企业的核心人员前身就供职于该客户企业；当然，货代企业拥有客户某种较为稀缺的运力资源整合信息渠道，也会产生同样的效果。

另一种是面向开放市场客户的货代企业，一般来说它们拥有某种特定的运力资源整合信息渠道，或者，它们是货代企业链中的信息联络者，事实上，在中国古代就一直有着这样的角色存在，我们通常称之为捐客，或者雅称牙商。

整体上来看，一般货运代理企业在其所属的运力资源信息领域中，身份较为灵活，业务范围也比较宽泛，甚至于完全的从事信息的撮合和倒卖，而不对实质性的运营承当更多的责任，它们的组织规模也因此不一而足，很多时候，它们可能连基本的固定办公地点也没有，在网络技术日益普及的情况下，各种货运交易平台、QQ群，再结合传统的电话，即是它们最有效的工作平台和工具，他们几乎唯一拥有的是某个圈子的信息或渠道，或者还有一部分信任，所以他们知道在哪里可以找到合适的车源或货源，同时行内交易的价格底线——和前面某章节说到的一样，在中国货运市场长期存在两种价格体系，一种是商务报价体系，一种是实际的运作价格体系，而国内货代是除运作者外最接近这个价格体系的一类人员。

当然，相对规范，为企业或规模化客户提供服务的货代企业情况，无论是企业的外在形象，还是人员的素质和数量要好得多，但它们基本的运营模式却并没有什么区别。事实上，很多时候，为了考虑税费的避免和减少运营的风险，它们在整个物流或货物运输交易

活动的环节中，都不会直接体现在正式的交易文件上，如经济合同、运单，甚至发票，它们会直接以信息费、返点、折扣、服务费的形式获得实际的收益，有时候这种收益直接来源于实际的运输商。不要惊讶，它们的价格空间在前述的两个价格之间，而最终取舍，是凭借它们对甲方或乙方能力和诉求急迫性的判断——同时，这也是很多公司对它们依赖的原因，对于长期稳定客户，它们的价格体系仅仅稍稍合理的游离于实际运作价格之上。

但是，作为国内货运代理仍然有它们的另一方面价值所在，就是对只需要最低价格的一部分资源的控制能力，如某一个刚进入某地市场的外地带车司机，它们就可以使用这样看上去没有任何保障的司机并且在绝大多数时候保证运输任务的完成。这一部分控制能力或者从正规的角度上看确实并不保险，比如说是依赖某些黑社会、乡土关系结合等的控制，或者甚至仅仅是某个行业者的声望或恐惧压制的影响，这很有些历史上的排帮或漕帮运作的特点，但这些确实在多数时候起到很有效的保证，甚至在多数时候效率要大大高于正规的公司或者政府管理部门，但成本远低于它们。不过是有幸又不幸的是，这种类型的保障力度这些年在明显的逐年下降。

因此，中国的国内货运代理企业是一个非常奇怪的企业主体，规模小，却能快速掌握大量的运力以及货源信息，同时拥有者显然与其能力不相匹配的资源把控能力，而他们利用这些做着几乎没有成本的信息代理生意。

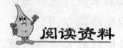

历史上的排帮

顺资水而下，至中游，有一个"中国最美的小城"——安化，藏于深山，一向不被外人所知的安化，近年来名声大振，究其原因，还得归功于"安化黑茶"。安化自古就有"茶乡"之称，所产茶叶，在明清时被列为朝廷贡茶，更是边疆少数民族的生命之饮。由安化黑茶而衍生出来的贸易通道——茶马古道早已是众人皆知了，但另一种运输方式——水路、排帮，却鲜为人知。

安化地处山区，山高水涧，除母亲河资江外，还有众多支流。其中，被誉为资江中水质最纯净的支流麻溪，就是安化黑茶运输的一条重要通道。麻溪发源于安化与新化交界的大熊山国家森林公园，是安化八大茶叶古镇之一——洞市的母亲河。茶商在洞市收购茶叶，将其加工、包装，再往外运输销售，由于古时交通不便，只能人力运送，麻溪排帮因此兴起。

排帮的运输工具是竹排，用竹材捆扎而成。竹排具有吃水小、浮力大、稳性好、制作简便等特点，历来是山区水乡的主要水上交通工具。每年春节刚过，排帮们就开始行动了。先是上山去砍竹子，然后挑选日子，进行扎竹排。扎竹排是一项要体力也要技术的活儿，除了要选好材料外，加工时更有很多讲究。首先用刀削去竹子的表皮，将粗的一端放在火上烤软，按一定尺寸将其弄弯，呈弧形，以做筏头。然后涂上防腐汁液，干燥后再涂上桐油或沥青以防腐。竹子加工好后，再进行组搭。先做好支架，在上面排好加工好的竹子，用藤条或麻绳将竹子绑紧扎牢，这样扎出来的竹排，稳固、坚实。扎排期间，还有一些诸如"女人不得上排"的禁忌。

　　扎好竹排好，在春夏之交，水流丰富之际，选好日子放排。放排即出发。出发时，首先要祭水神，在河边或堂屋设一祭坛，由一人带领，排帮其他人员悉数参加，祭告水神，以佑启途顺利，平安归来。然后，将用麻袋装好的茶叶一一搁到竹排上面，整齐垒好，再用遮雨的席子盖上。放排时，村中女人一一为排帮汉子送行。或嘱咐，或惜别，在旧时的资江边上，美丽的资江女子最喜排帮汉子，因为在她们心中，排帮汉子才是真正的男子汉。

　　竹排出发后，顺麻溪入资水，经益阳、湘阴入洞庭湖，再经巴陵入长江，经临湘入湖北江夏到达汉口。再分道，从陆路，一条运住西北，一条运往北方。在运输途中，有"小小竹排江中游、巍巍青山两岸走"的悠然闲适，但更多的却是"危岩寒古峡，峭壁锁长滩"，在惊涛骇浪之间，永闯鬼门关的惊险刺激。俗话说"行船走马三分命"，从麻溪出发，排帮们要历经险滩无数，可谓九死一生。但是，这些从大山里走出来的汉子，常常是"以青山壮情怀，以大山阔胸襟"的气势，日复一日，年复一年，在江河上奔波。正是这些小小的竹排，将安化黑茶带出了深山，带入了四海，去到一个他们不知晓的地方。

　　如今，随着现代交通运输的发展，排帮早已淡出历史舞台，但，从汩汩流淌的麻溪上，我们依稀可以看到当年蜿蜒数里的、成百上千的竹排。历史将永远铭记那些勇敢的排帮！

思考：

　　结合前文回答为什么货运代理企业规模小却可以掌握大量的运营信息并可以一定程度上控制相当多的运力资源？为什么这种控制力又在逐年下降？

三、专线货运代理企业

　　相比一般货代企业，专线货运代理企业要矜持的多，它们和一般货代企业最大的区别，在于它们主要从事特定线路的运力资源信息整合提供服务。

　　通常来说，专线货运代理企业自身曾经从事过其代理线路的实际运营，因此对所代理线路的情况十分熟悉，同时，也积累了经营该线路的很多闲散运力资源信息。事实上，很多时候，专线货运代理企业的成立，本身就是基于某些线路闲散运力的推举而实现的，又或者，其本身也仍然保有该线路实体运营的能力，不过规模非常小而已。据不完全统计，从事货运代理的企业有30%～40%是具备5辆以下运营车辆的（但是这些车辆因为不能获取运营资质，而实际归该企业所有却并不在该企业的名下），而这其中，超过70%的具有运营车辆的货代企业是从事专线货运代理，或者以专线货运代理为主要业务内容的货代企业。

综上所述，专线货运代理企业的业务模式十分简单，它们在货运代理企业渠道链中属于末端，大部分的货代信息会最终集中到它们身上而得以最终实施，而它们通常会积聚在正式或非正式的货运集散地中，集中运营以提高效率，当然，如果条件允许，它们也不排除操作信息的买卖，而这种信息的买卖，属于多个专线货代企业之间感情联络或者统一战线，建立网络共赢的成分要更多一些，信息费的收益也比较透明，通常会在实际操作费用上加一个较为固定的数额或比率，也一般不会出现多次信息倒卖的情况，因为其本身的报价已经接近于基础的运费报价了。

专线货运代理的运作模式通常会基于专线的两端，根据市场的分布情况，建立多个门店网点以更好地收集货源信息，当然，这种门店很多时候可以是虚设和代理的，但一般必定一端会有一个自有直属的网点，以作最终的信息汇集、货物的处理和一些结算、客服事宜。事实上，如果它们在专线上拥有自营的车队，那么它们实质上就变成了专线货运企业。但一般来说，因为它们自行承运的货量远小于它们配载调度社会运力资源所承运的货量，因此，我们还是会把它们看做是专线货代企业。本章引例中的青鸟物流就是一个显著的例子。

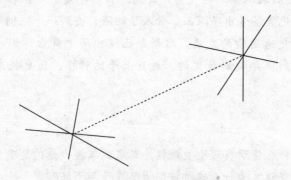

图 5-1 专线货运代理业务模式示意

四、货运场站

新发地货运场站

北京新发地区域，位于首都南郊新发地桥西侧，北距四环路 1 千米、南三环 2 千米，东侧京开高速路，交通发达，方圆 3 千米范围内，集中了北京南城最负盛名的，占地 750 亩地，资产近 2 亿元的国家级农产品批发市场等为主的一系列农贸产品、机车、建材五金配件集散地。鉴于该地域商品集散的需要，其自发形成了北京颇富争议的新发地货物运输站，发展已经有数十年，但其成立日期已不可考。

该站内集中了百余家常驻的个体专线运输户和大量的私营车辆，现在已有部分正规的物流和货运企业在这里开设了分点，日进出营运车辆千余辆，货物周转量数以万计。但由于基础建设安全隐患、治安和行政管理等方面的问题，丰台政府对其多次整顿和取缔，但该站最终仍然坚持存在，并日益壮大。

一九九七年，北京汉龙公路货物运输服务中心依托新发地市场成立，汉龙货运服务中心建立十五年来，在原中心站的基础上，经商户的需求和市场的变化，又建成了北站和南站，占地超过 300000 平方米，建经营用房 76000 平方米，停车场 40000 平方米，具有汽车维修、货物仓储、搬运装卸、信息咨询、住宿餐饮、商务服务及停放车辆等服务功能，为入驻商户提供全方位服务。

目前进入汉龙货运服务中心具有经营资格的商户达 300 余家，2012 年度经营商户的运营收入完成近 10 亿元，运输货物超过 1000 万吨，累计发车量达数十万余辆次，商住用房、客房、停车泊位利用率达 95％以上。

货运场站，根据最新报批的北京地方标准《道路货物运输站（场）经营规范（报批稿）》的注释为："道路货物运输站（场）（road freight terminal）是指以场地设施为依托，为社会提供有偿服务的具有仓储、保管、配载、信息服务、装卸、理货等功能的综合货运站（场）、零担货运站、集装箱中转站、物流中心等经营场所，简称'货运站（场）'；道路货物运输站（场）经营者（operator of road freight terminal）是指从事道路货物运输站（场）经营，并依法取得道路货物运输站（场）经营资质的企业。"如果仅从定义上看，货运场站仅仅是物流企业的运营场所和载体，严格来说并不能将其归纳在物流企业范畴中，更不能将其纳入国内货运代理企业的范畴中。但是，从前文案例中我们可以很直接的发现，在中国，货运场站更多的是一个放大了的一般性货代企业。

长期以来，各地方政府为了更有序地进行城市规划，考虑到城市各部分的功能配比，也曾经规划过大量的城市物流园区和货运场站，如位于北京通州马驹桥附近的北京通州物流园区，位于北京朝阳区的机场物流园区等，但是，这些规划中的物流园区并没有得到有效的使用，反而作为地方政府反复清理的新发地、百子湾等集中了大量集散市场、转运站而自发建立起来的货站得到了极其快速的发展，这也再一次证明了在相对完全的市场经济体制下，政府干预机制的功能失效。

为什么会出现如此的情况呢？简单从图 5-2 的产业链分析即可得出答案：

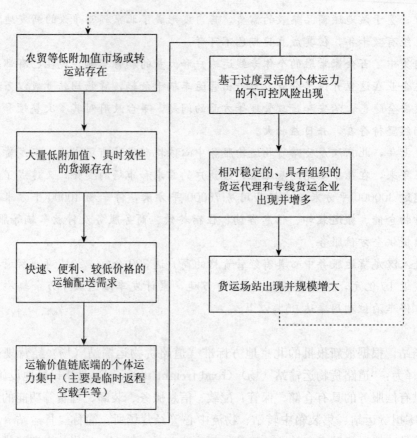

图 5-2　货运场站产业链形成

农贸等低附加值市场或转运站存在会促使大量低附加值、具时效性的货源存在，继而产生快速、便利、较低价格的运输配送需求。而进一步要求运输价值链底端的个体运力（主要是临时返程空载车等）进一步集中以满足上述运输配送需求，而这些过度灵活的个体运力会出现不可控风险出现，继而相对稳定的、具组织的货运代理和专线货运企业出现并增多。进一步而言，货运场站出现并规模增大，并会对农贸等低附加值市场的存在起到维持及促进作用。

所以说，如果政府不能匹配商品集散地所必需的、性价比适宜的货运场站，则必然会出现上述循环，而且其正反馈效应会使得该市场规模趋于增大。而事实上，政府所规划的物流中心和货运场站很难和自发形成的货站在便利性和价格上进行比较。

通过上述分析，我们也能基本了解，为什么在中国，货运场站这种形势更贴近于货运代理企业，而我们把它纳入货运代理企业而进行了解和分析，这是和它的现实功能分不开的。

但是，这类货运场站的发展拥有先天的弊端，存在以下瓶颈问题：

1. 交通位置是优势也是最大劣势

货运场站往往集中在货物交易市场附近，这决定了它的业务优势和价值属性，但是，货物交易市场往往集中在人口商业相对密集的区域，自身本身就存在大量的交通问题，而依托市场存在的货运场站将更严重的加剧了这个弊端，随着城市的发展，这将成为城市交通的重要瓶颈，货车通行所带来的一系列问题也将严重影响城市形象，货运场站，甚至连货运交易市场本身都会成为城市政府消除的目标，在"十二五"倡导下各城市物流的规划细则中，货物集散向城市外迁成了一个大家集中要求解决的问题，皮之不存，毛之焉附，货运场站的生存前景将进一步被挤压。

2. 货运场站商业模式严重滞后

大部分货运场站内的企业基本以专线运输公司与货代公司并列发展，而园区主要提供物业式管理，并未能有过多增值服务出现，这样导致货代企业和专线运输公司自身的问题很容易延展到货运场站及内部其他企业身上，导致下面几点问题的恶化。

3. 货运场站管理模式及管理质量较低

货运场站内入驻企业因其行业属性所致，从业人员素质不高，客服意识不强，较为庞大的运营群体又聚集产生了一个低端的消费供应群体，而场站业主基本以收租方式经营，不愿也难于对院内企业和关联企业进行管理，导致货运场站内部及周边治安普遍存在较为严重的问题。

4. 货运场站内总体布局规划存在不足

货运场站的发生多为自动聚集，而后一部分有资源者有针对性的在其基础上进行整合建设，这种建设模式先天存在逐利为本，疏于规划的特点，因此场站内往往门店聚集，而停车场、后勤等设施较少，同时大户型与小户型之间简单界定，并未能真正分区搭配，让人不能一目了然，各种专线穿插布局，人车混流，影响安全且发货颇为不便。

5. 货运场站内缺乏统一信息平台建设

各物流公司基本都有自己的简单版本信息系统，处理初级的物流业务信息，但作为整个场站来讲没有一个基于场站总体管理的平台，这样既对进入场站的企业难以加强管理与指导，与政府的监管对接也十分不足，更为关键的是，本场站内部的资源信息整合仍然依赖某些货代企业圈子口口相授，不能实现有效的资源共享，弱化了货运场站的资源优势。

浅析屡挫屡起的常州"零担配载信息化"

常州政成物流公司自行开发的信息化管理系统，不但覆盖了公司内部管理所有环节，而且覆盖了收货、仓储、发货、运输直至结算等全部业务环节。轻点鼠标，公司实时业务运营情况即可一目了然：某单货正在装车，某单货已运达目的，某单货正在上门接货……

实现信息化管理，是传统货运向现代物流发展的关键一步，也是企业向第三方物流发展的必要条件。然而纵观常州整个物流市场，大多经营业户依然处于原始业态中。

原始的货配信息流

新运河常金大桥下的"志宏物流",是常州最大的物流市场之一,占地大约 200 亩,大致分"专线大棚区"、停车场和交易配载大厅 3 个部分。"专线大棚区"为专线运输业户的经营场所;停车场用一条便道分成长途、短驳两个停车区,每天约有 300 多辆各地牌照的货车停靠;交易配载大厅则是一座旧厂房。进入大厅,满目是砖砌隔断隔成的单间,每个单间 6～8 张办公桌,一两张办公桌即是一个席位。粗略估计,交易配载大厅至少有 600 个席位。单间出入口面向通道,外墙上大都挂有写字板,上面写着货源信息。熟悉内情的人估计,在这里交易的零担货运量,至少要占全市总量的 60%。

如果将交易配载大厅比作菜市场,那么,一张桌子、一把椅子就是一个"摊位",外墙写字板上的车、货信息,则是出卖的"小菜",移动电话应是运"小菜"的工具。而到此"买菜"的,大多是寻找回程货的货车司机:只要能够接受摊主开出的运价,就可以成交,开车去摊主的指定地点装货。

这些摊位的官名为"零担配载点",也有人称摊主为零担配载的"黄牛"。他们非常热情地接待客户,接着又热情地推销自己:我们是很守信用的。第一次打交道,你如果不相信,可以签合同,押几万块钱保证金给你。你尽管放心!

20 世纪 80 年代初,货运车辆的空载率在三分之一以上,浪费十分严重;为提高效益,大多运输企业开始在外地驻点,组织回程货。道路运输"国集个"一起上后,配载点上一些业务员利用手头的业务关系,开始自立炉灶、自己做起配载业务。一张桌子一部电话的"配载点"由此大量出现,也带动了行业的兴起,进而有效提高了整个道路运输的效率,为降低运价制造了空间。"志宏物流"等货运交易市场是这一行业的延伸和发展,也吸引了更多外地人参与。经营者在给回程车主带来效益的同时,也为常州吸引来丰富的、面向全国的车源。

目前,常州一共有 10 多家类似的"货运交易市场",基本上都是以这种原始的方式在进行配载交易,不但范围窄、信息少、效率低,其市场行为更难得到规范。

常州屡挫屡起的"配载信息化"

在 2008 年,"中国配货网"每天成交额达到了 80 万票,因此有人说,北京"汇通天下"总裁翟学魂是中国配载业最大的"黄牛"。但更多人认为,他是抓住了公路货运行业"车找不到货、货找不到车"的主要矛盾,成功搭建起"帮车找货、帮货找车"的信息桥梁,让"中国配货网"变成了"中国物流淘宝网"。

其实,早在 2001 年,常州市交通局就开始向物流信息化目标发起冲击——在五角场原木一厂旧址成立了货运中心,引导配载业户进场交易;2000 平方米的交易大厅内,还设置了两块大型电子屏幕,作为连接"车""货"的桥梁。但因为"黄牛"的"不买账",大型电子屏幕始终未曾启用。

2007 年,"亚邦"物流中心在城西物流市场建起一个交易大厅,安装了一块大型电子交易屏幕,另一块刚搭起铁架子,工程便嘎然而止了。

去年年初,"雨天物流"的老总雄心勃勃宣称,他要用电子屏幕搞一个信息平台,但连架子没搭就夭折了；年底，皖商朱述伟又在互联网上建起"龙城物流网"，搭建了一个面向社会的，提供车源、货源及信息认证的服务平台。据称，目前已有500多家皖籍物流商进入平台；能否突破失败的怪圈，则还得拭目以待。

搞了十多年配载业务的胡先生认为，"黄牛"们不愿将相关配载信息输入电子屏幕，主要担心自己的"饭碗"被别人抢去；加上他们中间有好多人没有合法"身份"，顾忌归集后受到政府的监管。另外，他们已基本形成了比较稳定的利益圈子。就此，有人形容"黄牛"是把双刃剑，一方面提高运输效率，一方面又在阻碍现代物流发展。

市场还需增强"归集力"

集中零担配载商进场规范化交易，继而向配载信息化发展，这是政府管理部门建立运输交易市场的初衷。然而，进场的"黄牛"对信息化并"不买账"。一位对常州物流颇有研究的人认为，除了上述原因，最根本的还是常州的市场缺乏归集力。对照浙江"传化物流"，这个"归集力"分两个层面，一是选址，二是政策扶持。

"志宏物流"位于312国道旁，临近凌家塘市场，这一地理优势使之归集了大量回程车，而这些回程车需要回程货源，于是又归集了500多家配载商。大量的车源和配载商，已经形成配载信息化的基础，但"志宏"又止步不前，落入了"停车场"式的窠臼。

商人投入的目的是谋取最大利润。无论是"志宏"经营者，还是进驻"志宏"的配载商，首先考虑的都是成本和收入。因此，"志宏"在保证自己利益的前提下，也在尽量降低配载商的成本。市场信息化改造需要大量投入，配载商也需要配置电脑等，在无法预料投入与回报的情况下，一般不可能积极推进信息化进程。况且，"志宏"的土地及房屋设施还是租用的，投资回报风险更大。因此，要推进常州类似"志宏"的货配市场发展信息化，必须依靠政策引导和扶持。

有必要再介绍一下浙江萧山的"传化物流"：萧山政府不但为传化提供了560亩用地，而且将这里开具运输发票的税点从6.65%优惠到4%。而进场的配载商，除了注册资金须超过50万元，还须按市场要求规范化运作，做不出业绩的甚至会被"清场"。而零担商一旦离开"传化"，货源信息也基本断了流。据悉，传化物流目前有480多家配载商，它们全部在"互联网"和"大屏幕"上交易，每天发布信息5000条以上，成交4000条以上，日承运货物5万吨。2008年创34亿元营业额。政府增加的收入，也远远超过了给予市场税费的优惠。

在常州，地理条件与"志宏"类似的还有"凌家塘市场"，目前两家市场归集的配载商已超过500家。业内人士普遍认为，政府如抓住"货源信息"这个龙头，适时向市场推出一个引导、扶持政策，在规范经营行为的同时，用市场化手段引导它们发展信息化，可能见效更快，这也应是常州发展现代物流的方向。

（以上资料来源于常州交通运输协会官方网站）

思考：

1. 货运场站内的多数企业为什么摒弃先进的信息技术？

2. 为什么多数货运场站没有强制推行货运信息平台等技术?

3. 如果你是上述企业的上级政府主管单位,你会用怎样的手段来平衡解决货运场站内企业的利益和提升整个行业的生产力之间的短中期矛盾问题?

五、我国国内货代企业的未来

改革开放 30 多年来,伴随着我国经济的高速增长,我国货运代理业的发展迅速,已成为一个初具规模的新兴服务产业,但从整体上讲,我国目前货运代理业的现状可用 4 个字来概括——"小"(经营规模小、资产规模小)、"少"(服务功能少、专业人才少)、"弱"(竞争力弱、融资能力弱)、"散"(服务质量参差不齐、缺乏网络或网络分散,经营秩序不规范。主要凭借快速经济发展过程中所存在的行业经营信息不对称和行业不规范所导致的灰色空间,同时利用行业管理上对中小民营个体资本的忽略而获得巨大的存活空间,但是,随着经济全球化带来的挑战及入世后我国货运市场的进一步开放,国内企业和国内物流行业的进一步规范,我国的国内货运代理业必将分化重组。

未雨绸缪,在这种大背景下,关注思考我国国内货代企业的发展方向就显得十分必要。因此,我国国内货代企业发展方向应定位于规模化、专业化、网络化、物流化。

1. 规模化

规模化作为我国货代企业发展的一项基本战略,是合理配置其现有资源、推动其永续经营的必由之路,也是应对由于经济全球化和产业规范化挑战下,由于信息不对称空间日益减小带来的收益减少的必然选择。

2. 专业化

服务业中有一句深入人心的行话:无论从事何种类型的服务,只要能搞出特色,创出品牌,就能占领市场,赢得客户,从而决胜千里。它道出了专业化经营的精髓,体现出货代企业开展专业化服务的旺盛生命力。目前我国多数货运代理仍停留在"代办运输,介绍资源"的中间人角色,服务功能单一,管理水平落后,客户需求只能低层次地得到满足,而企业也只能从中获得运费价差,并不能产生新的利润空间。随着市场竞争的加剧和客户需求的提高,货代企业还应当完成向独立运输经营人的角色转换——无论是向青鸟物流一样走上专线货运和城际班车的发展路线,还是向后续章节中易通物流一样转向第三方物流企业。为此必须拓宽服务功能,提升服务档次,从而在业务操作、员工素质、企业文化等方面按专业化服务的标准规范企业行为,从战略、成本、质量、营销等方面提高企业的管理水平。

3. 网络化

目前,货代企业通过其自发的联盟合作和货运场站这种初级的区域作业平台的支持,实现了较为基础的网络运营结构,保证了当前经济发展需求下所必需的网络运营竞争力,但是,随着经济的进一步发展和企业需求的进一步提升,这种高风险、不完备的网络化将必然会被淘汰,货代企业信息优势和关系优势的空间会被进一步挤压。因此,建立货代企业自身的高标准的网络化运营体系，是货代企业继续存活的基础。

这里所指的网络化主要有两点，一是真正意义上的更广泛的运营网点建设；二是利用网络技术工具，进一步与货运信息平台结合，用网络来拓展货代企业信息资源优势。

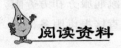阅读资料

科利华的"中运网"

作为国内曾经的教育软件行业的龙头企业，科利华当年在业界的地位是不容置疑的。"科利华中运网项目"将网络技术引入公路运输业，曾让大家普遍叫好。

中运网采用B2B模式，通过为货主找车，帮车主找货，在实现车货双方都降低成本的同时实现自身的赢利。这个网站的目标是以网络技术和通信技术为核心，以货运信息服务、标准化运营指道为纽带，以原有的运输企业为基础，在全国主枢纽和重要枢纽城市建立100家中运网地区独家代理中心，用高标准吸收近百万会员司机及其车辆，架起全国道路货运的"高速公路"，形成覆盖到全国三级城市的网络化物流体系。

中运网项目在建立后的两个月内，得到了国家信息产业部和交通部门的专项批文。基于互联网和现代通信技术，以货运信息服务和货运代理为业务的全国规模的信息化建设工程，是根治我国货运信息不畅、车货不衔接、车辆实载率低等现状的信息化解决方案。科利华当时的设想是，在全国范围内逐渐形成由10万辆会员货车和10万个会员货主组成的大型公路货运信息网系统。

这样的好事情，对振兴国家的交通运输事业和加快物流建设肯定会起到积极作用，而且在服务他人的同时，企业也会有不菲的收益。

当时在哈尔滨市举行的首次项目发展大会，在运输业和货运司机中间引起不错的反响。来自哈市及近郊区县的上千名货车司机前来参会，全国地区代理中心、哈市一些大企业也派员参会。中运网也曾计划在全国100个重要交通枢纽城市建立代理中心，会员司机发展大会将在全国各地城市陆续展开。

但是，科利华并没有按部就班地执行它的"中运网"计划，而是分散过多精力投放到资本市场上，一个很好的"点子"最后不了了之。

4. 物流化

第三方物流作为现代物流的核心思想之一，对于货代企业优化产业结构、提高竞争实力、培育新的利润增长点无疑具有重要意义，而且，第三方物流先天的轻资产运营、管理服务提供的经营模式，尤其适应当前货代企业的进一步转型。

根据我国货代企业服务创新的目标，有以下几种模式选择：

（1）以提高服务附加值为目标的基础物流服务。运输、仓储、包装、分拨是物流的基

本环节，也是物流系统的实际执行者，并构成了物流产业的基本需求。目前，我国的运输、仓储、包装等产业，基本上处于分散经营的状态，还没有进行系统化的整合，可塑性很强。我国的货代企业如果可以发挥自身劳动力成本低的便利条件，充分发挥区域优势和仓储优势，在原本具有的货源、客源优势的前提下，大力开发以基本的流通服务和劳务附加值为主的基础物流服务，抢占物流的第一市场，则一方面可以为客户直接提供服务，另一方面又可作为上游物流经营者的分包商，提升自己的存在价值。

（2）以培育新的客户群为目标的个性化物流服务。客户对运输和物流的需求具有多样性，特别是中小型客户，自身的商务功能有限，需求更具有特殊性，这是一个巨大的潜在客户群。为这些客户提供包括运输、仓储、商务等附加服务在内"量体裁衣"式的灵活物流服务，不仅可以有效地支撑货代主业，还可以增加附加收入。

（3）以实现产业更新为目标的第三方物流服务——系统物流服务。第三方物流是介于客户和实际物流承担者之间，为生产商提供物流设计、控制和供应链管理的物流服务模式。这是物流服务体系中的最高层。这种服务完全不同于货代和承运人提供的劳务和基础设施的服务，而是采取虚拟经营的方式，销售专业的物流决策和管理技能，主要职能是总体成本控制和对供应链实施动态监控，代表了物流需求的最本质思想。当我国货代企业实现这一物流服务，实际上已经完成了服务的升级。

需要指出的是，物流服务不是一种定型的东西，上述的物流服务模式仅仅代表了三种方向，我国的货代企业完全可以根据自身特点，进行优化组合，最大限度地发挥自身的资源优势，设计出自己的综合物流服务产品。

整体来说，伴随未来国内经济的成长，中国国内的货代企业已经走过了普通货代、货代联盟（货代场站）、高级货代（货运交易信息平台）等阶段，但作为行业的中间渠道商，在交易通道日益畅通，交易信息日益透明，交易效率和服务要求日益提高的今天，中国国内货代不作出相应的业务模式调整，那很有可能在其辉煌之后，迅速走向末路。

第二节　组织模式及特点

通过上文我们对物流货代企业的特点有了一定的了解，也知道了货代物流基于其特点，在业务运作上具有显著的运作侧重点，那么，这些侧重点是如何通过企业的组织机构反映出来呢？我们可以通过对它们一般的组织机构图的分析来找到答案。

下面我们可以以青鸟物流有限公司为例，看看货代企业的组织机构，如图5-3所示。

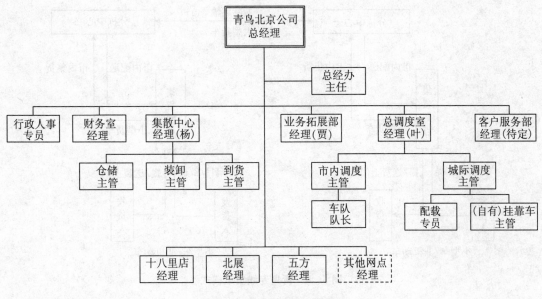

图 5-3 青鸟物流组织结构

青鸟物流根据其区域、行业在北京设有 10 个营业网点，依托市场进行集货业务，从而从事以北京至黑龙江省、辽宁省、吉林省、山东省、河北省、天津市的公路零担快运业务为主，同时承接全国各地的整车零担业务、仓储、配送等业务。其他各地 11 个分子公司也类似展开业务。

从图 5-3 中，我们不难看出，作为货代起家的青鸟物流公司，最关键的就是其网点公司的组建。那这意味着什么呢？意味着在货代物流企业中，最核心的经营还是货源的收集，营运部分反而不是重点。虽然自青鸟物流 2007 年改革以来，一直希望启动其"城际班车"的专线货运和东北快车网络的概念并赋予实施，其实际也建设并先后启动了 13 条城际班车快运线路，但其货代基础最根本的货源导向并没有变，而且对比其高居不下的自由车辆运营成本，其配载岗位却能很轻松的为企业带来 30％以上的毛利。

如何确保稳定的货源收集，事实上，根据青鸟物流的发展规划，其 2010 年将进一步通过加盟、协作、委托、代理、联营等多种方式，将网点建设迅速拓展开来，确保营业收入增长 30％以上，而其集货网点拓展的基础，是其集货提成机制，而它自有的网点，在 2010 年竞聘案中，也明确表示员工收入将与网点业绩额增长幅度同比挂钩。

第三节　一般性业务流程

经过多年的发展，青鸟物流的主业务流程实际已经演变为一般性的专线货运流程，如图 5-4 所示。

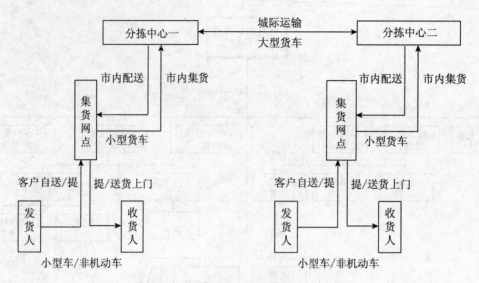

图 5-4 青鸟专线货运模式

但其中最关键的仍然是网点业务受理流程和到货及提货流程，如图 5-5～图 5-7 所示。

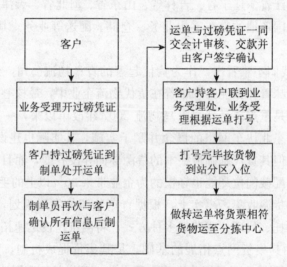

图 5-5 青鸟物流业务受理流程

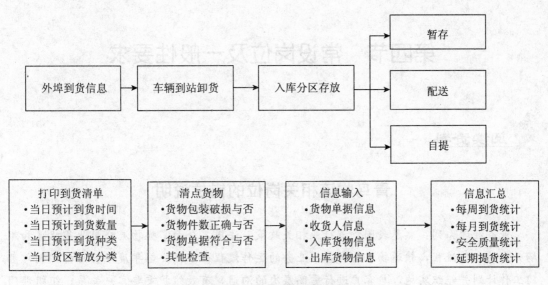

图 5-6　青鸟物流到货流程

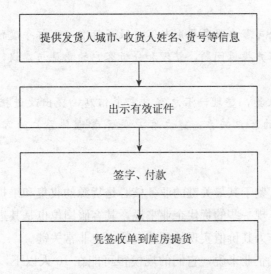

图 5-7　青鸟物流提货流程

　　上述三个流程分别体现对应青鸟物流对客户的控制和基础的服务。事实上，于这三个流程之外，青鸟物流虽然也有自己的分拣、城际运输流程来支持作业，但传统货代企业的配载流程一直延续至今，而配载流程仅有少数几个资深调度控制，这几个调度对周边运力市场较为了解，他们当获取公司不便于自身班车运营或自身班车无法运营的信息后，并对市场进行寻价比价，并直接报公司核准，然后直接转对应公司或个体营运者营运。而这个过程，程序上十分简单，却是货代企业价值实现的最关键流程。

第四节　常设岗位及一般性要求

 阅读资料

青鸟物流相关岗位的岗位说明

业务经理系列：熟悉我国物流行业相关政策、法规，全面掌握物流公司业务状况和市场开发的工作流程，精通物流公司各项业务的运作流程；依据公司年度经营目标，制订部门工作计划并组织实施，与客户进行更高层次的沟通，有效维护重要客户关系；组织部门人员进行客户的开发，拓展，建立客户管理制度；分析客户结构，扩展业务服务范围，扩大公司经济效益。

客服经理：制定公司客户服务原则与客户服务标准，制订年度顾客满意度调查计划并组织实施，及时处理客户投诉问题，整理和分析客户的意见与建议，提出服务质量的改进建议。

客服专员：组织收集，整理，汇总客户需求信息，提出改进措施，并反馈给部门经理；建立和维护良好的客户关系，建立客户关系管理体系，为客户提供周到，满意的服务。

就货代企业来说，鉴于其最关键的业务核心是货源的收集和维护，所以其核心岗位则是业务岗位，而对于正规一些的货代企业来说，其客服岗位也是其进一步提升与客户关系的重要岗位，此外，作为其价值实现的配载岗位，也非常关键。

对于绝大多数货代企业来说，它们的规模很可能在 10 人以下，考虑到前文所描述的国内货代企业的竞争优势，所以往往这些岗位会集成起来，比如说经理是最大的业务、客服和配载，而业务和客服，客服和财务更容易结合起来，至于如何结合，很多时候是根据具体人的能力、资历和公司老板的信任度来决定的。

所以，如果简单的看这种类型的货代企业，基本上很难对它们的岗位分工进行有效的界定。但总体来说，我们可以对这三类岗位进行一些常规的了解。

一、业务岗位

普通小规模的货代企业，业务岗位仅仅分为业务决策者和业务员两种，他们都是货源的收集者和业务的谈判者，唯一的区别就是业务决策者可以最后确定合作的价格，而在小型的货代企业，这个业务决策者往往是企业的老板。他们的主要职责有：

第一，货源的有效收集。事实上，货代企业会尽可能的拓充一些不用固定发费的货源收集渠道，如和其他货代公司分工，包括聘请一些商品集散地的辅助工作人员收集信息和推广自己，甚至于采用包括对客户企业内部人员采用回扣的方式，所以，货源的有效收集，同时也包括了对业务下线的扩充。

第二，业务的谈判，价格的确定。除了一些附属特殊运力资源，如机场货仓等，以及自身既有专线资源外，一般货代企业的价格谈判，浮动性很大，缺乏有效的底价控制，随行就市，甚至于看人定价，因此，货代企业的业务谈判，缺乏很显著的控制标准，个人操作的空间很大。由于国内货代企业基本上不提供增值性服务，而基本依赖价差生活，所以也更进一步的推进了这种谈判的不规范性，毕竟，尽可能的扩大上下有价差空间，是每一个货代企业增加效益几乎唯一的手段。

第三，业务的实际受理和提、发货作业。和专业物流公司的有序分工不同，或带企业因为规模不大，实体运营被最大程度的压缩，但为了基础性的屏蔽运力资源与客户的直接见面，也更充分地体现货代企业的服务意识，业务受理后的提、发货程序，往往还是由货代公司直接办理，而公司内的承接角色，遵循谁的客户谁办理的原则，一般就落在了业务的身上。事实上，业务为了更好的将客户资源控制在手中，也愿意接受这种方式。

因此，对于货代企业的业务来说，擅长人际公关、了解运价体系和业内运营规则，能够在较短的时间内独立地向客户提交基础的运输解决方案是其最关键的能力，此外，良好的身体素质、基础的现场分拣作业和单据作业技能也是业务岗位所必要的能力。

二、客服岗位

实际上大多数货代企业的专职客服并不多，往往是辅助业务做办公场所固定业务接待、电话接待的文职人员兼任，有时候也会由财务人员担当，或者反过来兼担财务职务。因此，在货代企业，客服更主要是以一种职能的形式出现。但指客服职能而言，与其他物流企业差别并不太大，但胜在职能的宽泛度要大得多，所以办公文档及设备运用、接待礼仪、简易的谈判（主要是电话谈判）技能、报表、一定的财务技能都是货代企业客服所需要掌握或者涉猎的，而具体需要掌握哪些，则更多的需要看企业本身的情况了。

必须要说明的是，这种类型的岗位在航空、铁路、船运代理中比较容易出现，而在公路货代企业中就要少得多了。

三、配载岗位

配载岗位，有时候也被称为调配或者调度岗位，主要职能是将货代企业获取的市场货源与其可以掌握的物流资源进行对接与整合。这一资源整合行为的核心标准是安全、经济并能满足客户要求的时效性及其他质量标准。

配载岗位是货代企业主要业务岗位，也可以说是中小型货代企业的唯一业务核心岗位。但是，该岗位却经常未能被有效地描述和定义。这主要因为对于背靠航空、铁路、航运这一类特殊性质运力资源的货代企业，配载份额和运作模式实质上已经确定，而关键的价格部分，通常直接由老板或核心市场人员进行处理，配载职能被市场职能进行了融合。而一般的公路运输货代企业，其运力资源信息也基本掌握在老板或核心人员手中，也就很少独立设定完全的配载岗位。而在实际组织结构中设定的配载岗位，更多是在核心人员给付的范围内，辅助处理一些事务性工作，或者收集和初步筛选一些运力运价信息供核心人员使用和决策。如此一来，真正意义上的配载岗位就被隐藏掉了。

事实上，一个成功的配载人员要求具备较高的综合素质。首先，他应该对企业运营范围内的线路情况、资源情况十分了解，能够很快将客户的货物与企业可提供物流资源的仓位或吨位进行对接，以达到最大程度的利用空间。毕竟，不对等的对货物运输体积和质量与运价之间的理解和调度，是货代企业仅次于价差的第二大利润源泉，甚至在某些时候会超过价差空间成为第一大利润源泉。此外，配载人员还应是一个好的运力市场调研人员和运价谈判人员，这样能帮助他更快更准确地完善自己的运力资源库，同时也可以随时跟踪市场，随市场的变化而作出相应调整。

第六章　国际货运代理

国际物流是指在两个或两个以上国家（或地区）之间所进行的物流，是物流地域跨度最大的物流活动。国际间货物的流动主要会通过国际货运代理企业来衔接与调配。这一章将会使你了解国际货运代理企业的物流业务是如何运作的，会选择什么样的合作模式，以及国际物流企业的组织与其中的典型物流相关岗位及发展。

【案例导入】

安可国际物流

一、公司简介

北京安可国际货运代理有限公司是经中华人民共和国商务部和北京市工商局批准注册成立的国际货运代理公司。主要经营报关报检、国际运输、第三方物流、进出口代理及其他与国际贸易及物流相关的业务。

报关报检：代理北京各口岸及天津、上海等口岸的报关报检、仓储、提送与分拨及相关的延伸服务。在朝阳口岸（海运的十八里店口岸）、首都机场口岸（包括空港开发区、机场、京信及保税库）配备有专门人员为客户提供及时的报关报检服务，并解决各种意外和突发情况。我们在返修物品和退换货的处理拥有多年的经验，在为客户提供便利服务的同时也为客户节省了成本。为北京海关评定为 A 类报关企业资质。

国际运输：代理网络覆盖欧洲、美加、东南亚等主要 60 多个国家，可根据客户的要求安排不同航空公司/船公司的班次、多式联运，EXW/DDP 等不同成交方式，结合周到的服务和优惠的价格，满足客户安排生产销售及库存要求。多年的积累，我们的优势体现在自欧美国家进口、及东南亚各大口岸的进出口业务。

第三方物流：为客户提供境内境外的提货、分拣、包装、贴签、系统录入、仓储管理、报关报检、代理进出口、监管/非监管运输、保险、分拨等一整套物流。

代理进出口：我们从早期的报关报检的专业服务公司发展到如今的一整套的物流服务，这一切基于我们多年来的优质服务。客户对我们的信任与认可使得将我们的部分环节式的服务延伸到全套服务。代理进出口也是基于客户的认可而发展起来的，这为客户更方便地提供了全球一揽子服务。

二、全球网络

安可在国内外建有强大的网络体系。以北京为核心辐射全国各地，在大连、天津、青岛、上海、宁波、广州、深圳、厦门、武汉等国内各主要港口城市经营业务。作为 WCA（国际货运代理联盟）、北京国际货运代理协会的成员，同几十家知名的国际代理企业保持着长期密切的合作，使我们拥有雄厚的国际运输实力，形成了高效、可靠的国际代理网络。多年来强有力的全球物流网络建立了以中国为核心、覆盖欧洲、中东、东南亚和北美市场的整合式物流平台。通过平台整合了运价和特殊航线方式，客户可以根据自己选择最优的物流方案和优惠价格，使每一个客户都能充分体会到个性化的服务感受。

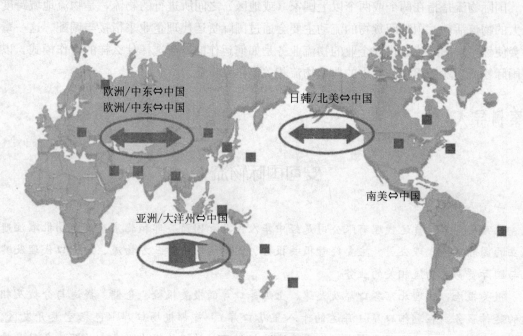

图 6-1　全球网络

三、组织结构图（如图 6-2 所示）

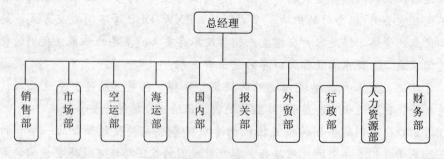

图 6-2　组织结构

四、业务流程图（以空运进口为例，如图6-3所示）

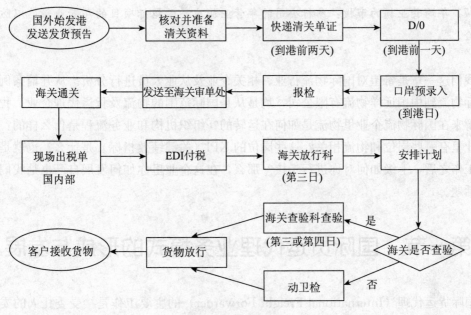

图6-3　业务流程

五、项目案例

ABC为一家汽车生产企业，其中国区的仓库中心位于北京开发区。ABC公司北京工厂要从全球其他国家的兄弟公司或母公司的工厂调配ABC自有品牌的汽车零部件并采购一些知名企业的零部件到北京用于生产。随着中国生产企业的发展，为节省成本，ABC公司自2011年将从中国本土企业采购国内品牌的零部件，以节省零部件成本和运输成本。目前ABC的物流服务商仅有一家，而目前的物流成本也远远高于公司的成本预算，物流的运输时限也出现过几次未能及时到货而引起的生产停产，给ABC公司造成了不小的损失。为协助生产部的生产，物流部决定对目前的物流项目进行外包，以引入更高效服务的物流供应商，降低物流成本、缩短运输时限，得到一个更有效的物流解决方案。

这次的物流外包项目分5大类：国际空运、国际海运、国内空运、国内陆运、仓库管理。参与招标项目的物流企业需有以下资质：

（1）国际空运所需资质为：航空运输销售代理业务经营批准证书（一类资格）；另外要考核全球分支机构和网络；

（2）国际海运所需资质为：无船承运业务经营资格登记证（NVOCC）；另外要考核全球分支机构和网络；

（3）国内空运所需资质为：航空运输销售代理业务经营批准证书（二类资格）；另外要考核国内分支机构和网络；

（4）国内陆运所需资质为：道路运输经营许可证；另外要考核车辆配置和管理情况；

（5）仓库管理所需资质为：TAPA 认证；

（6）注册资本要求：人民币 500 万元以上；

（7）年均营业额的审核：参标公司的年营业额应高于招标项目的年营业额，以防范财务风险。

我们这一章是希望对国际物流行业、相关企业及从业人员进行分析。从开篇案例的安可国际物流到中国远洋物流有限公司，均是从是国际范围的物流及货运代理企业。我们一起了解来在国际物流企业里物流是如何在运转的？组织机构和业务流程是什么样的？在这些企业里有哪些岗位和物流相关？这些岗位的 KPI（关键绩效指标）是什么？也就是说你做了工作之后，上级如何对你进行考核？那么，在这企业里你如何发展自己也是我们会介绍的话题。

第一节　国际货运代理业务模式的形成与发展

国际货运代理（International Freight Forwarder）的主要工作是接受委托人的委托或授权，代办各种国际贸易、货物运输所需要的业务。在进出口业务中，托运、提货、存仓、报关和保险等环节的手续相当复杂，要求经办者充分熟悉业务。国际货运代理的出现，为进出口商解决了这方面的困难。根据《中华人民共和国国际货运代理业管理规定》，国际货运代理业是指接受进出口货物货权人、发货人的委托，以委托人的名义或者以自己的名义，为委托人办理国际货物运输及相关业务并收取服务报酬的行业。比如中国远洋物流有限公司就是典型的国际货运代理企业，该公司的奋斗目标之一就是"做最好的船务代理人"，为国内外客户提供现代物流、国际船舶代理、国际多式联运、公共货运代理、空运代理、集装箱场站管理、仓储、拼箱服务、铁路、公路和驳船运输、项目开发与管理以及租船经纪等服务。

国际货运代理属于第三方物流服务的一种，包括海、空、陆、铁等运输方式，特点是货运代理人不拥有自己的运输工具，上游通过服务销售渠道对客户货物的集中，下游通过采购谈判渠道取得航空公司、船公司、卡车运输公司、铁路运输公司的运输工具资源，继而获得运费中间利润。在国际贸易中，货运代理是不可缺少的角色之一，贸易单证、运输状态等与他们紧密联系着；收货人与发货人、买方与卖方通过他们实现货物的物理交易；物流管理理论中流行的物流、信息流、资金流的"三流合一"也能在他们的运营中深刻地体现。如图 6-4 所示。

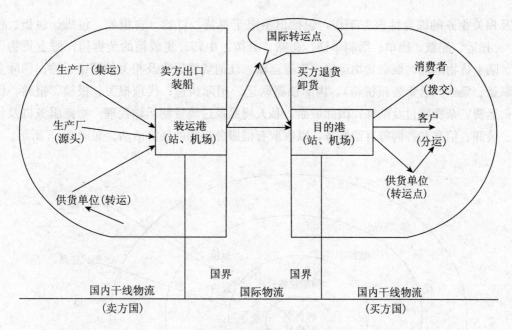

图 6-4 国际物流网络示意

一、货运代理的主要功能

货运代理的主要功能如下:

(1) 没有货代时,承运人(如航空公司)要直接面对众多的发货人或收货人,货代的存在,能减轻承运人由于直接面对货主而带来的繁重工作,从而使得承运人能集中力量从事其核心业务——航运。同样地,货代的存在,由于其专业的知识,使得货主不必再与每家承运人打交道,减轻了货主的工作量。

(2) 货代的主要业务,如为货主(发货人或收货人)订仓、取送货、追踪查询货物情况、代报关、代商检、仓储、包装、缮制单证、分拨(Break Bulk)等,大大减轻了货主的业务难度。

(3) 货代更像一个"经销商",具有大量、稳定货源且一定资质的货代,能够取得承运人的代理权(成为 Shipping Agent)。具有承运人代理权的货代,一方面可以在其工作场所适用承运人的运单,另一方面能取得承运人较为优惠的运费价格。

(4) 空运业务或海运集装箱拼箱业务的货代也像一个"批发商"。如空运运费的特点,是随着货量的增加,单位运费的费率会降低。因而,具有大量、稳定货源的货代,往往可以从承运人"批得"较优惠的仓位,再将仓位"零售"给小的货代或直接卖给货主。这也使得承运人拥有稳定的货量和收入。

二、服务概念及业务分类

货运代理服务 (international freight forwarding service) 是指为客户提供国际货物运

输及相关业务的综合性服务工作，包括但不限于揽货、订舱（含租船、包机、包板、包舱）、托运、配载、换单、缮制单证、仓储、分拨、中转、集装箱的装拆箱；海上货物运输、陆上货物运输、航空货物运输、管道运输、江河货物运输及相关的短途运输；国际多式联运、集运（含集装箱拼箱）、国际铁路联运、国际快递；代理报关、报检、报验、保险；运费、杂费收付及结算；国际展品、私人物品及过境货物运输代理；物流服务以及包装、装卸、信息和咨询等有偿服务，以收取有偿服务报酬的经济活动。如图 6-5 所示。

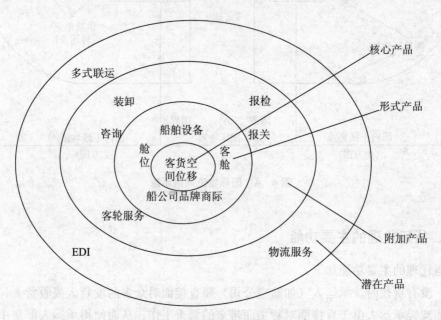

图 6-5　国际货运产品的整体概念

对国际货运代理业而言，它的产品包括提供与运输相关的信息，安排运输线路与方案，联络相关当事方，如承运人、检验、海关、金融保险机构等，监督运输的全过程，及时处理突发事故做出相应调整等。

具体可以从货物分类、经营方式、服务项目、货物流向、货物来源和始发及抵达区域对货运代理业务进行分类，如表 6-1 所示。

表 6-1 货运代理业务分类

货物分类	经营方式	服务项目
集装箱 件杂货 散货 危险品 冷藏货 文件 包裹 其他特种货物	代理人 契约承运人 履约承运人 仓储经营人 国际多式联运经营人 国际铁路联运经营人 综合物流服务组织者 其他方式的经营人 以上方式混合经营	海运 陆运 空运 管道运输 国际多式联运 国际铁路联运 国际快递 代理报关报检 仓储 综合物流服务
货物流向	货物来源	抵达和始发区域
进口 出口 国内 内支线 第三国	直接客户（生产型企业或贸易商直接委托的货物） 同行客户（由本公司以外货运代理委托的货物） 海外代理（由海外代理委托的货物） 承运人指定（由承运人指定的客户委托的货物） 货主指定（由货主指定承运人、代理人、运输工具的货物）	一区：中国港澳 二区：日本 三区：东南亚 四区：南太 五区：西欧 六区：美加 七区：南亚 八区：中南美 九区：中东非 十区：东欧、独联体

三、货代行业产生及发展

国际货运代理行业是国际贸易与国际运输的重要桥梁与纽带，是这二者之间的"中介人"。因此，它的定价一方面要根据自身所能提供的服务范围、服务质量来制定，一方面又在很大程度上依赖于国际贸易市场和国际运输市场的价格波动。在贸易交易频繁，而运输市场的供给能力不足的时候，货运代理的价格就会偏高；相反的，贸易交易处于淡季，而运输市场的运力剩余的话，货运代理的业务量也将非常有限，那么利润空间自然会很小。通常船东与货主居主导地位，在进出口旺季，舱位很紧时，船东占主动地位，淡季时舱位空，则货主占主动地位。货运代理人通常利用旺季与淡季运价变更之际，利用船东与货主间的信息不对称，赚取大额差价，而在其他时间则赚取平均利润。如果某港口城市的货运代理规模较大，数量较少且勾结，而船东数量较多，则货运代理地位要高于船东。

国际货运代理公司运作模式相对简单，承接发货人的托单后，进行必要的报关等服务后，委托给承运人运输给收货人。国际货运企业着重于为客户提供国际段的运输，其利润的主要来源是海运费的佣金，以及报关、报检、内陆运输等延伸业务的代理费。

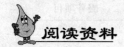
阅读资料

货运代理行业的产生与发展

20世纪50年代以来，随着世界各国经济贸易往来的日益频繁，跨国经济活动的增加，世界经济一体化进程的加快，国际货运代理行业在世界范围内迅速发展，国际货运代理人队伍不断壮大，并已成为促进国际经济贸易发展，繁荣运输经济，满足货物运输关系人服务需求的一支重要力量。

经过几十年的发展，世界各国已有国际货运代理公司40000多个，从业人员达800～1000万人之众。在经济比较发达的西欧主要国家，平均每个国家都有300～500家的国际货运代理公司。其中，联邦德国有4500多家，法国也有2000家。在美洲，仅20世纪90年代的美国，就有货运代理公司6000多家。日本拥有国际货运代理公司400多家，韩国、印度分别拥有200多家。中国台湾地区拥有近260家。

货代行业今后将会朝专业化方向发展，比如有的公司会只做进口，有的公司只做出口。货运代理在出口的货运代理中有的做美加线。有的做欧干线。在进口的货运代理中有的做原料，有的做机械设备。

一个专业的货代公司和一个不专业的货代公司会有很大的差别。比如做进口的货运代理，只做美加线的公司首先可能会给货主一个很优惠的价格，其次对于美加线的各种规定会非常熟悉。像这段需要加BAF，需要加运河附加费等规定很清楚而会提前告知货主，而一个不专业的货代公司可能就会花时间去问，因此也就有可能给货主造成很多麻烦。

第二节　一般性作业流程

国际货运代理公司一般流程包括：①接受客户订舱，选择安全的运输方式以及最快、最省的运输线路；②选择可靠高效率的承运人，并与客户缔结运输合同；③安排货物的包装、仓储、拼装、保险等；④办理海关、商检等相关手续，并缮制提单等单据；⑤代表托运人收付运费、关税、税收等，办理货物运输的任何外汇交易；⑥提供多式联运服务，包括所有运输和分拨的一揽子服务。以下我们可以通过整箱货出口货物运输代理业务流程图进行详细了解。

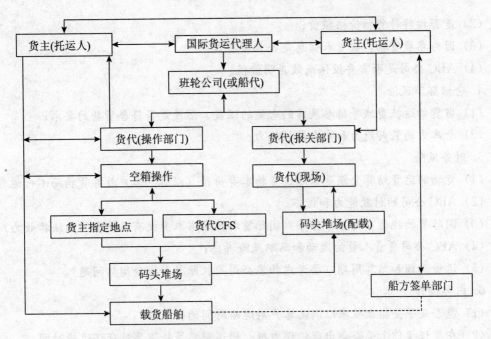

图6-6 整箱货出口货物运输代理业务流程

 **讨 论**

环节与风险

ABC博物馆要安排30卷油画到费城参展，参展后返运回北京，所有手续和环节将全部委托安可国际物流公司的小王负责办理，请问小王在以下环节应考虑哪些风险?

1. 报关报检环节

(1) ABC公司有无进出口权;

(2) 未来返运回北京在海关的进口手续和单证要求、有无关税等;

(3) 有无ATA Carnet;

(4) 报关时是否需要其他特殊批文;

(5) 有无木质包装。

2. 包装情况风险

(1) 货物的包装情况 (如油画的温度和温度要求);

(2) 包装情况是否适合国际运输;

(3) 包装尺寸是否适合舱门的大小。

3. 运输环节风险

(1) 货物能否倒置运输，是否有轻拿轻放要求 (如需要贴相应标签并在运单上注明);

（2）是否按特种货物价格报价；

（3）因为参展货物，收货人信息是否真实有效；

（4）ABC 公司是否需要投保或做声明价值。

4. 仓储环节风险

（1）当货物运抵费城等待参展前的仓储的温度、湿度是否符合货物的要求；

（2）仓库方的装卸能力和安全监控能力。

5. 财务风险

（1）货物的运费结算金额是否超过货物本身价值（以防范客户放弃货物而不付运费）；

（2）ABC 公司的付款能力和信誉；

（3）国际货物托运书的盖章签字（国际货物托运书本身就有运输合同的法律效力）；

（4）ABC 公司负责人员的流动和离职风险考虑；

（5）运费总额和结算周期（要考虑物流公司应收账款和资金周转问题）。

6. 内部操作

（1）能否及早安排上航班以满足客户对运输时间的要求；

（2）在单证操作上是否会出现错误申报、错误制单等错误导致延误运输时间；

（3）在信息流方面能否做到及时向客户更新运输状况；

（4）因内部操作失误而导致报关或运输成本增加而降低的利润率。

第三节　组织模式及特点

　　不同规模及发展阶段的国际货运代理公司可以采取不同的组织金额模式。如图 6-7 所示，创业初期的小规模国际货运代理企业的组织结构十分简单，随着业务发展会采取更加复杂的组织结构，如图 6-8 和图 6-9 所示。以下以泛达物流公司为例进行说明。

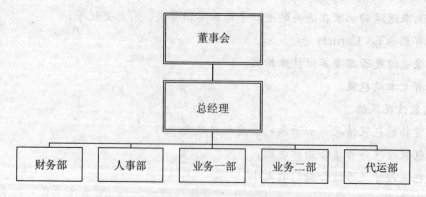

图 6-7　小规模的国际货运代理公司组织结构

小规模，创业初期：从上面的组织结构可以看出，泛达物流公司在成立之初，是纯粹的国际货运代理企业。除了功能部门以外，业务一部、业务二部主要就是进行国际海运的代理业务。主要为COSCOHANJINK—LINEAPL等远洋公司承揽集装箱。代运部则负责内陆拖车、报关、报检等环节的业务。此时的公司，主要利润来源就是船公司给的订舱佣金，以及从货主方面得到的差额。

中规模，创业中期：2000年开始，因为更多的客户开始要求公司给予延伸性的服务。例如，有的客户因为公司场地不能够装卸操作，要求公司能够提供场地装箱；有的客户因为装货时间紧张，要求更及时的内陆拖车；还有的客户因为没有仓库周转，要求提供短时间的货物保管等。其实，这种服务的延伸，就是简单的物流范畴了。为此，泛达物流在青岛的郊区投资建设了泛海集装箱储运有限公司。专门负责货物的中转、装卸，以及为客户提供仓储服务。同时，购买了30多台集装箱运输车辆，为客户提供内陆服务。在储运公司内部，添置了多台重型叉车，集装箱空箱叉车，木头制、塑料制的中转托盘等设备。还有，为了方便客户能够及时了解货物的动态，储运公司与总公司的电脑系统进行了联网并行。客户可以随时随地的登录进行查询。包括货物的位置、状态、装船的时间、运抵目的港时间等各种信息。

针对日本服装市场对中国供应商的严格要求。泛达物流在仓储公司内部，又专门成立了检针检品库，负责为丸红、伊藤忠等商社在中国采购的服装，进行最后的检针检品、分类、包装等业务。

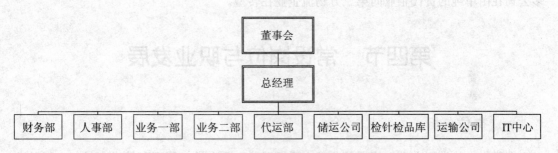

图6-8　中等规模国际货运代理企业组织结构

这个时候的泛达物流开始慢慢呈现多元化的趋势。新成立的仓储公司、检针检品仓库、车队等，都成为主营业务最强有力的补充。

进入2003年后，泛达物流依托原有业务优势，继续深入服务货主，为货主提供更加细致的国际货运代理业务。签发NVOCC提单，SEAWAYBILL提单，铁海联运提单，拼箱提单，成为服务多样化的国际海运代理公司。各个分公司根据当地的业务开展情况，开始配备报关行、报检公司、小型车队、仓库、拼箱等业务机构。为客户提供更为全面的服务层面。把Door to Door，CFS to Door，Door to CY等多种运输模式灵活的提供给客户。

泛达物流对于车队的经营给予了高度重视，不但数量增加到了100台，而且半数以上的办理了海关监管手续，具备监管货物的运输资质。能为客户提供更多样化的运输服务。

对于货量比较小的客户，采取有针对性的发展拼箱业务。最大程度的让小货量的客人，也能得到优惠的服务和优质的价格。

为了实现立体化服务目标，泛达物流采取了外包的措施，与其他公司开始空运业务的合作。此时泛达物流的组织结构已经逐渐变化成如下情况，而赢利模式已经涉及海、陆、空，铁路；整箱、拼箱、联运等多种综合模式。

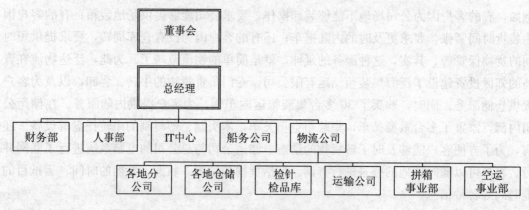

图6-9 大型货运代理企业组织结构

大家看到，此时的组织结构模式已经很像一个第三方物流公司了，而确实而言，有很多公司在由单纯的货代企业向第三方物流企业在转型。

第四节 常设岗位与职业发展

一、岗位分析

在货代人才类型方面，依据其业务主要可以分为两大类：管理和技术人员与一般的业务操作人员。管理和技术人员主要指货代企业各业务部门的业务骨干、主管、经理人员等。这些人员素质一般比较高，学历大多数具有大专以上文化学历，其工作最典型的特性是创造性和知识性。一般业务操作人员主要指办公室的办事人员及其各业务部的办事人员和业务员等。此类员工的文化程度较低，其工作特性主要表现为操作性和程序性。如下几类人员是几乎所有货代企业都必须配置的人力资源。

（1）单证员。单证员是国际货运代理岗位的入门级别，主要负责运单、保单、出口单证流转和操作、结算方式、外文信用证等，要求从业者具备一定的外语功底和外贸知识。目前，外贸货物的主要运输方式仍以海运和空运为主，因此具备航运专业知识无疑更受用人单位青睐。单证员操作技能的高低直接关系到外贸业务结汇的时效和成败，所以从业要求较高。但就目前来看，上海现有的20多万名从业人员中，持有单证员专业证书的还不到 10%。

（2）操作人员。操作人员作为国际货运代理的高级职位，主要负责接受进出口货物发货人、收货人的委托，为其办理国际货物运输及相关业务。从业者不仅要懂得国际货运代理、现代物流等相关知识，具备良好的外语听说读写能力，还须熟悉海关基本法规、监督制度、操作程序，以及企业出入境货物的报关报检业务。

（3）营销人员。货代企业的营销人员一般分海运营销和空运营销。该职位是每家国际货运代理公司不可缺少的核心岗位之一。货代企业的营销人员除了具备一般销售人员的素质和销售能力外，还要掌握国际货代行业相关的法律法规和政策法令，对船务公司的优势航线、舱位、航期、中转地、价格等有一定了解，还要有一定报关实力，与 2～3 家报关行建立稳固的关系。至于营销技巧的积累、与船务公司关系的建立、客户群的取得等，则需要在实践中不断加以培养，一两年的时间不可能成为优秀、成熟的货代企业营销人员。

 讨 论

ABC 公司的张先生委托安可物流的销售人员小王运输 3 箱设备到美国的明尼阿波利斯，成交条款为 CIF Minneapolis。按照流程，小王让张先生填写了国际货物委托书，因货物紧急，要发空运，小王比较了一下运费，离明尼阿波利斯最大的机场是芝加哥，如果把货物运到芝加哥后再让国外分公司路运至明尼阿波利斯，无论从运费还是运输时间都比空运转机到明尼阿波利斯节省成本和时间。随即，小王向张先生说明了运输路线和运输方式，但在委托书的目的港栏上，张先生就写了芝加哥。紧急情况下张先生没在委托书上签字或盖章，小王拿着就赶回了公司。3 天后，货物错发到了纽约，紧急情况下，小王发 CCA 通知航空公司把货从纽约紧急运往芝加哥，然后又让芝加哥分公司运到了明尼阿波利斯的收货人那里。此货延迟交货 4 天，费用累计为：

北京至纽约：12000 元人民币

纽约至芝加哥：6000 元人民币

芝加哥至明尼阿波利斯：3700 元人民币

隔周后小王去 ABC 公司结算，但发现张先生辞职了，ABC 公司看了国际货物托运书的目的港是芝加哥，认为只付 12000 元人民币且要提出延期交货索赔，或者根本就不应该付这笔费用，因为 ABC 公司认为这是否属于 ABC 公司的订单还是张先生的个人订单有待进一步考察。

请问：小王在此笔业务中出现哪些错误，没做哪方面的风险考虑？

托运书上业务操作的错误和财务风险。托运书是委托运输凭证，具有法律效力，必须有发货人的签字和盖章，以避免发运错误和结算的风险。此处目的港为明尼阿波利斯，不是芝加哥。运费结算按明尼阿波利斯来结算，芝加哥只是多式联运的中转站。

人员操作过失。在内部交接和操作上，制单的错误导致费用的发生和运输时间的延误，从而导致结算风险。

国际货运代理的促销既是对自身业务的促进，同时也是为承运人揽货，为托运人安排运输的营销过程。揽货过程需要揽货人员预先由客户保持联系，力求通过客户拓展自己的销售网络，同时积极寻找和发现新客户，根据运价政策揽取更多的货物，并及时反馈营销信息给装货港、卸货港及转运港有关的人员，同时向客户提供各种咨询服务，协调码头、海关、商检等的关系，提供船期和货物运转信息等。由于揽货人员是货运代理活动的代表人，那么这种服务传达给客户的感受就大大依赖于具体人员的操作了，因此，人员推销是货运代理促销中的重要手段。

二、能力分析

（一）控制整体国际货运代理业务的能力

作为国际货运代理需要从接受业务委托开始便全程跟踪控制货物。国际货物运输线路长，环节多，各种手续复杂，规章制度繁多，涉及面广，货物种类复杂，运量大。国际货运代理从业人员必须具备极强的业务操作和控制能力。以国际航空货运代理出口业务为例，从市场销售、委托运输、审单、配舱、订舱、出口报关、出仓单到最后的信息服务，费用结算要近 20 个环节。国际货运代理从业人员必须掌握每个环节的业务操作情况，才能把货物顺利运输完毕。而且进口运输业务和出口运输业务完全不同，海运和空运及多式联运等运输业务流程又完全不同。即使是同一种运输模式下，又会因为拼装方式不同而导致流程全然不同，比如国际海运代理业务中的 LCL 和 FCL 业务就很不相同。成为一名合格的国际货运代理人员就必须要具有扎实的货运代理业务知识和良好的控制能力，才能安全、顺利地完成整个的货物运输。

（二）审核和制作各种货运单证的能力

在国际货运代理业务中涉及大量的货物运输单证，几乎每种运输业务中的每个环节都有自己特殊的单证。填制和审核单证也是国际货运代理人员必须具备的一项基本能力。例如，在出口订舱中需要填写出口订舱委托书；涉及集装箱时需要填写场站收据；货物出运时给委托人出具提单。每种单证都具有其独特性，即使在同种提单中也分成海运提单，空运提单，多式联运提单，每种提单的填制方法也截然不同。在现代国际货运代理业中，国际货运代理人员往往希望为委托人提供更全面的业务，以此赚取更多的佣金。这样就会涉及报关、报检业务甚至到国际贸易的进出口代理业务，审核和填制报关单，报检单，产地证，审核发票、装箱单、合同、信用证都成为了国际货运代理基本工作之一。

（三）专业英语能力

国际货运代理业务中存在着大量的单据，而这些单据大部分都是全英文形式。审核、填制这些单据都需要相应的英文水平。国际货运代理的工作经常涉及国际间业务，英语是不可缺少的部分，而该行业所需要的英语也有其较强的专业性。主要表现在货物运输方面，如国际贸易、国际海运、空运、陆运、多式联运等领域的专业英语。国际货运代理在工作中经常与国外承运人、国外代理或国外客户沟通，因此需要具有相应的口语沟通能力。

在日常的大量业务中经常使用到 E-mail 这种电子书信方式来沟通业务情况，所以国际货运代理人员也需要具备很强的英语商务函电写作能力。

 **阅读资料**

国际货运代理从业人员基本职业资质

1. 专业知识

（1）应掌握国际货运代理业务、国际贸易、国际商务、国际海陆空运输、国际多式联运、国际铁路联运、集运（含集装箱拼箱）、国际快递、订舱（含租船、包机、包板、包舱）、揽货、仓储和物流管理、报检与报关、现代信息技术、货运市场营销以及货运纠纷处理、理索赔、相关的法律法规、国际公约、国际惯例等基础知识。

（2）能熟知世界贸易主要航线、港口所处的位置、转运以及内陆集散地。

（3）能了解不同地区的港口习惯和海关程序。

2. 专业技能

（1）应熟悉本企业的服务性质、服务航线、船期、航班、挂靠港口与转运时间等信息。

（2）能熟知如何选择适当的承运人、运输方式。

（3）能熟知运输工具的类型、特点、载荷能力、适用性等。

（4）应掌握与海关、商检、税务、外管、银行、保险等有关的业务知识和操作技能。

（5）应掌握各类业务的每个环节的技术、制度和实际操作流程。

（6）能及时解答客户咨询和处理客户的需求。

（7）能提供符合客户需求的资源整合方案。

（8）能熟悉各种业务单证，并能正确填写、处理、递交。

（9）能熟悉办理进、出口货物的交接。

（10）能掌握理索赔程序，现场记录和证据保存。

（11）具有现场处理事务的能力。

（12）能熟练地掌握和运用专业外语，具有较好的语言表达和沟通能力。

第七章　快递物流

快递是速度最快的物流活动。快递服务是指快速收寄、运输、投递单独封装的、有名址的快件或其他不需储存的物品，按承诺时限递送到收件人或指定地点、并获得签收的寄递服务（邮政行业标准）。这一章将会使你了解快递企业的物流业务是如何运作的，会选择什么样的合作模式，以及快递物流企业的组织与其中的典型物流相关岗位及发展。

【案例导入】

中国速递

中国速递服务公司成立于 1985 年，是国家邮政局所属专业邮政速递公司。负责全国邮政特快专递业务的生产、经营和管理。

中国速递服务公司主要经营范围：

国际、国内、同城特快专递业务；

国际、国内电子信函业务；

国际、国内其他实物传递业务；

国内特快专递代收货款、礼仪专递、国际特快送款、国际、国内收件人付费、国际货运等业务；

代客报关、代客包装、代客仓储、代上保险、代发广告等延伸服务业务。

EMS——全球邮政特快专递业务是各国邮政开办的一项特殊邮政服务业务，该业务在各国邮政、海关、航空等部门均享有优先处理权，它以高速度、高质量为用户传递国际、国内紧急信函、文件资料、金融票据、商品货样等各类文件资料和物品。

EMS 借助邮政特有的优势，使其运力及网点分布都具有了相当的规模。

EMS 依托邮政特有优势，通过不懈努力，已与世界上 200 多个国家和地区建立了业务关系；在国内近 2000 个城市开办了业务。目前已拥有专职邮政速递员工 14000 余人，专用揽收、投递、运输机动车辆 10000 余部。

中国邮政航空公司正式从中国航空技术进出口总公司引进 3 架运输飞机，作为邮政特快专递 EMS 的运输力量。至此，中国邮政已拥有 10 架运输飞机，日平均运能达 150 吨以上。

目前 EMS 国际特快专递业务已与世界上 200 多个国家和地区建立了业务关系；国内已有近 2000 个大、中、小城市办理 EMS 业务。

电子函件业务目前国内有600多个城市办理国际、国内电子信函业务，业务范围已通达近40个国家和地区。

国际特快送款业务已服务于全球140多个国家和地区，拥有30000多个服务网点。我国开办这一业务的城市有北京、上海、大连、青岛、西安、乌鲁木齐、杭州、南京、成都、重庆、福州、厦门、福清、长乐、长沙、广州、海口、哈尔滨、昆明、深圳、苏州、温州、武汉、无锡等，随着业务的发展还将不断扩大开办范围。

EMS利用自身的品牌优势来拓展自己的快递网络规模，并通过全方位的快递产品及良好的服务来满足客户的需求。

利用自身品牌优势，迅速扩大快速航线网点，中国邮政以上海为中心的集散式快速网已初步形成：中国邮政航空快速网上海至沈阳、武汉、西安、福州、深圳五条运邮航线日前首航成功。至此，中国邮政航空快速网已达十条航线，中国邮政以上海为中心的集散式航空快速网已初具规模。2010年3月28日，中国邮政开通了上海至北京、广州、成都、厦门、青岛五条航线，拉开特快专递提速的序幕。

立体式快运：中国邮政累计投入10架运邮飞机，开通上海至深圳、北京、广州、成都、沈阳、武汉、西安、福州、厦门以及青岛10条夜间运邮航线，通过与地面快速汽车邮路、火车邮路的衔接，形成了一个覆盖华北、东北、华东、中南、华南、西北、西南28个省、304个地市的集散式立体快速运输网络。

对外统一性，综合性服务窗口："185"电话服务号码为全国邮政特快专递业务特服专号。全国近2000个EMS业务开办城市中，绝大多数均已开通投入运行。"185"特服电话是EMS连接用户、方便用户、服务于用户的"绿色通道"。除具有受理用户上门揽收服务要求，提供EMS业务咨询，EMS邮件查询，用户投诉、索赔等综合服务功能外，还与各地已建立起来的市内揽收、投递指挥调度系统、计算机跟踪查询系统及局内服务监督系统等配套使用。

EMS抢滩国内运输市场。北京EMS的14辆8吨级大型运输车辆正式起程，开始了历时三个半月、行程全国30个城市的大型物流运输任务。此次，北京EMS击败了众多国内外专业货运公司，赢得了国际著名厂商黛安芬将在国内举办的一次巡回展示活动的设备器材运输服务合同，合同总额逾百万元。此次是与国际商务公司最大型、历时最长的一次合作。主办方瑞士泛亚班拿中国公司之所以在众多竞争者中选中EMS作承运方，是依赖于EMS在国内拥有的物流网络，而这一点不仅在速递业务中，在长途货物运输中也尽显优势，因此这也将是EMS今后面对竞争重点开发的业务。

EMS在国内快递市场主要具有如下优势：很高的知名度，健全与完善的国内配送网络，而且由于其邮政的国家背景，使得客户对其具有较高的信任感，同时，政府支持下的邮政专营权使其具备无可比拟的政策优势。但在国内快递市场开放的过程中，中国邮政的快递业如果不加强自身竞争力，而以普遍服务的名义来寻求对快递服务的专营权，是不符合国际邮政改革惯例的。全球几大速递公司与国内以顺丰为代表的民营快递企业很早以前就开始了与中国邮政EMS的竞争，而且势态极其猛烈。

在刘翔出征第28届奥运会前的8月6日，中国邮政EMS与中国田径协会和刘翔本人签订了合作合同，正式聘刘翔为中国邮政EMS大使。邮政总局在选择刘翔作为其代言人时表示，共同的理想、目标与追求使刘翔与EMS走到一起。EMS将以刘翔为榜样，进一步深化"全心、全速、全球"的核心理念，发扬"自强不息、领先一步、追求卓越、顽强拼搏"的精神，奋发努力，自加压力，迎接挑战，争取胜利，为促进中国快递业的蓬勃发展，为振兴民族产业多作贡献。刘翔是中国跑的最快的人，EMS也希望自己成为速递行业的领跑者。

我们这一章是希望对国际快递、国内快递以及这些业务的从业公司及人员进行介绍，比如除了EMS之外还有秉承"使命必达"理念的联邦快递，北京奥运会的赞助商UPS，国内第一家拥有自己货运飞机的顺丰，新近退出快递市场的小红马，无一不折射出快递业的发展与动荡。我们将从你熟悉的这些公司开始，一起了解在快递企业里物流是如何在运转的？组织机构和业务流程是什么样的？在这些企业里有哪些岗位和物流相关？这些岗位的KPI（关键绩效指标）是什么？也就是说你做了工作之后，上级如何对你进行考核？同时，介绍在这样的企业里你会有如何的发展前景。

第一节　快递业务模式的形成与发展

所谓快递，是指快速收寄、分发、运输、投递单独封装、具有名址的信件和包裹等物品，以及其他不需储存的物品，按照承诺时限递送到收件人或指定地点，并获得签收的寄递服务。比如某快递公司对于目标个人及企事业单位客户的文件资料、包裹承诺进行快递业务，承诺可以实现当日递、次日投递、隔日投递三个服务标准，其中当日递明确为当日12：00前取件，当日18：00前送达的速递服务；次日递明确当日17：00前取件，后一个工作日18：00前送达的速递服务；隔日递明确为当日17：00前取件，后两个工作日18：00前送达的速递服务。

阅读资料

顺丰的快递产品

顺丰速运（集团）有限公司（以下简称顺丰）是一家成立于1993年3月的港资速运企业，主要经营国内、国际快递及报关、报检、保险等业务。其主要快递产品有以下几种：

1. 标准快递

顺丰可以提供全国32个省、直辖市、港澳台地区的高水准门到门快递服务。采用标准定价、标准操作流程，各环节均以最快速度进行发运、中转、派送，并对客户进行相对标准承诺的快递产品。

2. 航空即日到

航空即日到是指在当日规定的截单时间前确认的收件，通过航空运输实现当日送达的"门到门"快递服务。

3. 陆运即日到

陆运即日到是指在规定的截单时间前确认的收件，顺丰可以在几大经济板块内提供当日送达的快递服务。

我们也可以认为，快递服务由于有极高的服务要求，它已经成为航空货运以外的一个独立市场，并且，因此会要求快递服务商具有更高的业务能力。

货主的需求如果具备如下特征，则选择快递：时间性强，货品体积小、重量轻，主要是文档、零部件等，需要提供"门到门"的服务，价格不太敏感。而如果是下述特征，则选择货运：时间性不太强、批次货量较大（主要是电子、医药、服装行业的产成品以及鲜活物品等）、不一定需要"门到门"的服务、价格敏感。一些不规范的快递公司往往从货主身上获得快递的运费，但却以普货交给航空公司承运。

而快递作为一个行业而言，在国际上是起源于20世纪60年代末，由于当时从事投递业务的邮局和铁路等很少把包裹直接送到目的地，这为快递业的起步创造了巨大的市场空间。它以商务文件、小包裹为主要递送对象，以迅速、安全、高效、"门到门"、实时核查等为特征，建立了一套与传统邮政体系不同的运作模式。中国国际速递业务于20世纪80年代初兴起，20世纪90年代随着外商投资和对外贸易的迅猛发展，中国速递业务进入了迅速膨胀的时期。1990—1999年，中国的国际速递业务以年平均17％的速度增长，在这一时期，国际跨国公司也开始向中国速递市场进军。20世纪90年代，全球最大的四家速递公司DHL、TNT、UPS、FedEx都在我国设立了分公司，与中国邮政EMS展开了激烈的竞争。据资料介绍，从速递业务的增长速度来看，1990—1994年，中国邮政的速递业务都有明显增长，但是1995年以后，由于国际速递公司大规模进入中国市场，中国邮政速递业务大量分流，增长速度明显放慢。而四大速递巨头的业务增长速度每年都在20％以上，甚至达到40％。

2009年快递业发生了很多变化，宅急送的陈平离开宅急送，创立了星辰急变，小红马宣布退出快递业，DDS倒闭，顺丰飞机上天。那么，为什么经历了这么一个过程（即形成），未来会有什么样的发展可能性，不同的模式具有什么样的特点？

思考：
建议你登录顺丰、申通、中通等快递公司网站了解其提供的快递业务。

一、快递业务分类

快递市场可分为国际快递市场和国内快递市场两大类型，其中国内快递市场又可分为城际快递市场和同城快递市场。同城快递业务是指同一个城市区域内互寄的快递业务。同城快递的时限标准一般可分为"限时递"、"当日递"和"次日递"等。城际快递业务在国内城际市场按照空间运距，还可以细分为跨区城际快递和区域内城际快递，如华南区、华东区等。一般地，区域是以国家行政区域划分为准，但不同的快递企业在设定企业的服务区域时可能会有所不同，而不断发展。

二、业务的运作模式

（一）传统的公路点对点及低效运输工具结合的运作模式

中国初期的快递服务是简陋的，消费者没有能力承担飞机转运的高成本，快递公司用汽车加自行车的方式，拼凑出客户所要求的时效性服务。直到今天，这仍是很多快递公司的主要操作方式，改进仅限于把自行车换成摩托车。

由于中国地域广阔，许多城市没有机场，城市之间的航线网络也不是非常完善，许多航空运输业务往往需要由快递公司来安排中转，一些规模较大的国内快递公司为了提高效率，在国内设立了几个转运中心，承担快件分拣、转运安排的职能，但转运中心尚未有机场操作的职能，也要依赖于各航空公司的客运航线。因而快递公司对时间的保证能力十分有限。

早在1975年，联邦快递（FedEx）就确立了现代快递的商业模式，这种模式在过去30多年中经历了多次升级和完善，但在中国，快递行业却从起步开始就呈现出一种"山寨形态"。联邦快递所创立的商业模式，是以飞机加转运中心构成的集中网络化运营为特征的。而中国快递行业所采用的模式，则与联邦快递30年前所取代的当时以UPS为代表的公路"点对点"快递模式类似。20世纪90年代，西方国家的快递行业已经从最初的拼比成本和规模的初级竞争阶段，演化到拼比速度和可靠性的阶段。而同期的中国国内市场，限于消费需求的水平，民营企业提供的简陋服务已经足以受到消费者的追捧。

由于受到制定于1986年的《邮政法》的管制，包括联邦快递在内的四大快递公司仅被允许从事国际航线上的进出境快递业务，无法进入国内市场。同时，中国邮政旗下的邮政特快专递部门（EMS）限于体制，缺乏变革动力，因此民营快递成为市场的主力军。

民营快递寄递的是那些商业单据和对时效性要求较高的小件货物。过去的邮政服务已经完全不能满足这种要求，他们无法忍耐在家中漫漫无期地等待邮政的"快件"，或者自己带着针线去邮局缝包裹。

在这个时期，快递企业的竞争优势主要体现在扩张规模上。快递是一个典型的规模化产业，客户的忠诚度与快递公司的服务覆盖广有很大关系。当你无法为一个客户提供某一个城市或地区的寄递服务时，这个客户会马上扔掉你的电话，转而将所有订单交给另一家服务网点更多的公司。为了适应高成长的市场，快递公司全力扩张网络，经常出现的现象是，一家快递公司租一间办公室，开通一部电话，招聘几个骑自行车的配送员，就完成了在一个城市或地区的布点。

与之相匹配的是，快递公司并不过分关注服务质量，而是致力于尽力降低成本，以谋求利润的最大化。在北京这样的同城快递市场中，一些快递公司发明了"地铁快递"模式。快递公司会派一名员工买 3 元一张的地铁车票，从早到晚在地铁内穿梭一天，当地铁每到一站时，他会将在前一站收到的快件，隔着检票口旁边的栅栏递送给当地骑着自行车赶来的配送员，同时收取揽到的新快件，然后回到车上赶赴下一站。即便是以这种"山寨形态"运作的快递模式，由于广泛市场需求的存在，仍然在相当长的时间内保持了高速成长。

 **阅读资料**

顺丰的"好运气"

在联邦快递 30 年前的实践中，"限时"已经被证明是划分快递细分市场的关键特征。而在国内市场的需求中，也开始出现这样的倾向：当客户被承诺"差不多送到"和"一定送到"时，越来越多的人愿意多花一点钱而选择后者。而要做到"限时"服务，飞机一定是必不可少的：一件快递的送达时间有赖于揽收、干线运输、分拨和终端配送四个环节的有效整合链接，飞机和汽车在干线运输中可能只差几个小时或十几个小时，但快件送到客户手中就至少差了一整天。

于是，当那些依靠公路货运的竞争对手开始追求"差不多送到"时，顺丰已经开始确立了"一定送到"的新服务标准，建立起一道难以逾越的竞争门槛。

顺丰的"好运气"还没有结束。在接下来的几年中，由于客户消费能力的提高以及快递市场竞争的加剧，原有的低端服务需求也出现了升级要求。一些传统的对时间和可靠性要求不高的快件，比如服装等，也开始转向那些可以提供更快、更可靠服务的快递商。随着中高端市场边界的扩大，顺丰不仅在高端市场上独树一帜，也开始抢夺那些原本属于低端快递公司的市场份额。

在双重因素推动下，顺丰开始进入一个爆发性增长期，其年营业额很快从与宅急送、申通等公司相当的 2~3 亿元，跃升到 2004 年的 14 亿元，再到 2006 年的约 30 亿元，自此确立了在国内快递市场中的领导地位。

（二）飞机＋转运中心＋创新的信息追踪的集中网络化模式

联邦快递创始人施伟德（Frederick W. Smith）在耶鲁大学三年级学生时的论文中第一次提出以航空中心为基础的空运配送模式。"买架飞机专门用来送货"这个想法被论文指导教授认为荒谬。然而时至今日，联邦快递的转运中心及航线网络系统模式不仅成功复制到了欧美发达国家，而且还在中国、印度等新兴国家迅速发展。

两年前，联邦快递的中国区转运中心正式落户杭州萧山国际机场，该中心总建筑面积约 9300 平方米，拥有 9 个停机位，设专业进出口分拣系统、仓储区和操作部，每小时最高可分拣 9000 票货件。目前，转运中心的辐射网络遍及整个华南和华北。联邦快递中国公司基于这一网络系统在中国内地率先推出了"次早达"、"次日达"和"隔日达"等限时服务项目。

联邦快递租用奥凯航空的货机进行运营，奥凯航空负责管理和维修飞机以及所有空中承运任务。奥凯航空将以杭州为枢纽，开辟南方和北方两条航线。南方航线途经广州、厦门、杭州。北方航线途经北京、天津、沈阳、青岛、杭州。这两条航线将在每天 24 时左右飞抵杭州，快件经过分拨，于凌晨 2 时左右飞离杭州。加上地面卡车的配合，这两条航线将保障 19 个次日送达限时服务城市的运作。

第二节　一般性作业流程

一般而言，快递主要的作业流程分为预约、取件、通关、转运及进口分拣、投递及送件、收款六大步骤，其作业内容如下：

（1）预约：货主通过电话或互联网等方式，与快递公司联系，通知前往取件。

（2）取件：业务员于约定时间前往约定地点取件，在向顾客取得货件后，将货件数字化数据输入计算机并贴上条码；依货件的收件目的地进行分类、整理，将寄往同一地区的文件、包裹集中至飞往该地区的飞机。

（3）通关：货件的数字化数据输入计算机后，即自动将舱单（Manifest）与海关报税表格传送至海关，提供海关 AMS（Automated Manifest System）、ABI（Automated Brokerage Interface）与他国海关自动化通关系统直接联机，以简化通关与检验程序并缩短国际递送时间，争取时效。

（4）转运及进口分拣：货件经由各地转运中心（Hub）转运至各个目的地，由于报关和清关的手续已经在货件到达前完成，因此可以在货件到达之后立刻进行分货作业。（邮件到达处理中心后，先对二维码扫描，识读名址信息，将收件人的具体地址与投递道段信息进行匹配，分拣机根据格口信息分拣入格。每个处理中心均有道段管理系统，对分拣范围进行道段划分，将道段编号与具体街区地址关联对应。同时，利用电子地图标注每个道段投递车辆的行驶路线。分拣完毕后，每个道段的投递件数也自动统计出来。道段管理系统将投递量与投递车的容间匹配计算，采用不同的颜色来显示计算结果，调度人员据此合理安排投递车。

（5）投递及送件：快递公司于收件地将货件依地区分类，由运务员以路上运输工具将货件送达收件人处。收件人于收件时在电子记录本上签名，记录收件者的签名与收送交件及时间等相关信息于 DIAD（Delivery Information Acquisition Device）的掌上电脑中，当运务员把这个掌上电脑插上货车的传送器，将邮件追踪状况通过网络传回信息处理中心，信息处理中心即可透过车用传送器搜集电子记录本的货件递送数据，以供顾客查询签收记录、邮件是否送达等。

分拣完的物品通过传送带送到投递车车门口。一辆车就是一个道段，也是一个格口。每辆车停车位的上方挂有道段编号，装车人员根据编号将待投物品装车。车内设有搁架，分别按照投递的距离远近和时限要求摆放装车。最先投递的装在车尾，依次装车。装车前每件物品均要扫描 ID 码，确认装车。ID 码扫描信息自动传送至分拣中心的信息系统，由系统将投递信息分配至各投递车配备的勾核扫描设备。

（6）收款：通常国际快递公司对于非契约客户采取付现方式，对于契约客户则是采取每月结清的方式。

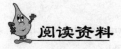
阅读资料

某国际快件跟踪信息示意

星期一，一月 04，2010	时间	位置
已派送并签收：ANDRES	14：23	Bogota-Colombia
快件正在派送中	12：53	Bogota-Colombia

星期四，十二月 31，2009		
已尝试派送—派送时收件人地点已关闭	12：11	Bogota-Colombia
快件正在派送中	09：12	Bogota-Colombia

星期三，十二月 30，2009		
已尝试派送—派送时收件人地点已关闭	12：46	Bogota-Colombia
快件正在派送中	09：34	Bogota-Colombia
快件已经到达派送作业地点 Bogota-Colombia	07：19	Bogota-Colombia
离开转运地 Bogota-Colombia	06：19	Bogota-Colombia
正在（已经）安排下一站的转运 Bogota-Colombia	06：05	Bogota-Colombia
快件到达中转中心 Bogota-Colombia	05：19	Bogota-Colombia
离开转运地 Panama City-Panama	03：45	Panama City-Panama
正在（已经）安排下一站的转运 Panama City-Panama	01：40	Panama City-Panama
快件到达中转中心 Panama City-Panama	01：02	Panama City-Panama
星期二，十二月 29，2009		
离开转运地 Maiquetia-Venezuela	23：56	Maiquetia-Venezuela
快件正在转运途中 Maiquetia-Venezuela	19：05	Maiquetia-Venezuela
快件到达中转中心 Maiquetia-Venezuela	19：04	Maiquetia-Venezuela
正在（已经）安排下一站的转运 Maiquetia-Venezuela	18：16	Maiquetia-Venezuela
离开转运地 Miami Gateway-USA	10：40	Miami Gateway, FL-USA
正在（已经）安排下一站的转运 Miami Gateway-USA	10：00	Miami Gateway, FL-USA
快件到达中转中心 Miami Gateway-USA	06：36	Miami Gateway, FL-USA

离开转运地 Cincinnati Hub-USA	05：16	Cincinnati Hub, OH-USA
正在（已经）安排下一站的转运 Cincinnati Hub-USA	04：56	Cincinnati Hub，OH-USA
快件到达中转中心 Cincinnati Hub-USA	03：12	Cincinnati Hub, OH-USA

星期一，十二月 28，2009

离开转运地 San Francisco Gateway-USA	20：28	San Francisco Gateway, CA-USA
正在（已经）安排下一站的转运 San Francisco Gateway-USA	20：26	San Francisco Gateway, CA-USA
离开转运地 Beijing & Surrounding Area-China，People's Republic	04：08	Beijing & Surrounding Area-China, People's Republic
正在（已经）安排下一站的转运 Beijing & Surrounding Area-China，People's Republic	04：06	Beijing & Surrounding Area-China, People's Republic
快件到达中转中心 Beijing & Surrounding Area-China，People's Republic	00：06	Beijing & Surrounding Area-China, People's Republic

星期六，十二月 26，2009

快件已从发件人处提取	20：56	Beijing & Surrounding Area-China, People's Republic

在具体的业务运作过程中，各快递公司会制订结合自己资源的业务流程与模式。比如 UPS 实行收投合一体制，各类邮件的收寄、投递综合使用同一网络。一辆投递车配备一名员工，负责全道段的投递和揽收。同时对员工揽件实行激励政策。取件以上门揽收为主，其中大客户占 93％ 的收寄量。此外，UPS 在全美有 3600 个委办店面，主要在比较偏远的居民区收寄，通过店面收寄的物品也由揽收车运送至分拣处理中心。另有少量特许经营店和交寄信箱，占业务量的比重很小。UPS 对固定客户每日都上门服务，不管有无交寄均要上门，密切与客户联系。

针对投递，各处理中心直接分拣至投递道段，按照时限优先的原则先后投递。首先投递次日上午 10 时前送达的（类似我们的次晨达），其次投递次日送达的（类似我们的次日递），最后是三日递及普通物品（类似我们的快包和普包）。投递车辆一般在 8：00 出班，一直投递至 15：00（个别延长到 19：00），从 15：00 点至营业终了为揽收时间，各类物品由同一车辆揽收，装车时按照时限堆码，以便处理中心分类处理。

这种收投合一的模式，充分利用了网络能力，提高了车辆利用率。同时固定车辆、人员服务于固定道段，有助于加强与客户的联系。网络同时为用户提供各类物品（现在又延伸到部分函件）的投取服务，为客户提供了一站式的综合服务。

第三节 组织模式及特点

中国快递行业从诞生至今，经过了三个阶段的发展，其中 20 世纪 70 年代末至 90 年代初为快递行业的起步阶段，20 世纪 90 年代末至 21 世纪初为成长阶段，21 世纪至今为快速发展阶段，国内的快递企业在经过这三个阶段的发展后，都建立了一套符合自身特点的营运模式。

网络是物流企业的生命线，对于快递企业而言，更是如此。比如宅急送在 2004 年用一年的时间，在全国建立了 170 多个分公司、营业网点。中国 EMS 依托邮政特有优势，已与世界上 200 多个国家和地区建立了业务关系，在国内近 2000 个城市开办了业务，目前已拥有专职邮政速递员工 14000 余人，专用揽收、投递、运输机动车辆 10000 余部，经营范围除了国际、国内、同城特快专递等业务外，还提供代客报关、代客包装、代客仓储、代上保险、代发广告等延伸服务业务。民航快递成立以来组建分支机构和扩展网点进展迅速，设立分支机构或控股公司 30 多个，经营统一品牌和运作规章的网络成员单位 40 多个，在周边城市扩展的业务网点民航快递在全国大中城市的网点已达 200 多个，基本形成了全国民航快递网络体系。

"最后一千米"的业务能力是快递公司区别于其他物流运输企业的核心能力，无论是国际快递公司还是成功的国内快递公司都拥有强大的地面覆盖网络。FedEx 服务范围遍及 211 余个国家，全球超过 148000 名员工，全球超过 43000 个送件地点，全球超过 7800 个授权寄件中心，全球超过 45000 辆货运。UPS 服务范围超过 200 个国家和地区，全球超过 330000 名员工，全球超过 1700 个中转站和中转中心，全球递送车队拥有超过 157000 辆车（包括包裹车、货种和牵引车）。EMS 国内已有近 2000 个大、中、小城市办理快递业务，目前已拥有专职邮政速递员工 14000 余人，专用揽收、投递、运输机动车辆 10000 余部。

综观国际与国内快递行业，虽然有这么多的快递企业，但营运模式大体上可以总结为两类，一种为直营体系的运作，即所有的操作网点均为自己建设，如顺丰；一种为加盟体系的运作，即下属网点以加盟的方式进行扩张，如申通、圆通，这两种操作模式都各有优缺点。

一、直营

直营模式是指公司所有的网点均为自营，在操作体系、服务标准及过程管控上面都能做到上下一致，环节的可控性高，运营规范。但这种模式也存在一定的问题，如由于各个网点均为公司自营，虽然网点经理的工资会与业务量挂钩，但毕竟网点是公司的，因此在一定程度上会影响网点工作的积极性，而且直营公司的汇报层级一般较多，导致信息的传达速度很慢，终端的执行力度差，终端操作的不灵活，除此之外，全国范围内的铺设网络也是需要大量的资金基础的。

2003 年一场突如其来的"非典"，让很多人在足不出户的无奈选择下开始尝试网络购物。网络购物所依赖的快递服务，也进入了一个爆发增长期。网络购物所使用的快递，比一般快递更强调服务的速度和可靠性。那些城市中的年轻白领们，除了购买书籍、服装，也开始通过网店购买一些电子产品和其他价值更高的消费品。为了消除这种非体验消费模式下的不安全感，他们中的很多人在购买商品时，宁愿多花 5~10 元钱，也希望找到一家更可靠的快递公司——至少，他们希望自己订的商品能够"差不多送到"，而不是"不一定送到"。

此时，已经完成了网点直营管理的顺丰，在服务标准的统一性和可靠性上，已经明显超越了其他快递公司。在主要城市，顺丰已经能做到两日内送达，而一般快递公司连三天都不能承诺；在丢失率和破损率等关键指标上，对地方公司实行直接管理的顺丰也远远低于其他快递公司。依靠之前不同于其他公司的能力建设，顺丰开始获取并把持了这个市场中的高端需求群体。网购一族中，甚至出现了一个忠实的"顺丰消费群体"，例如，在淘宝等电子商务网站上，多数卖家的配送方式中，人们开始看到这样的文字说明："快递 15元，顺丰 25 元"，这种由客户用脚投票发起的服务划分，使顺丰在一夜之间成为"较可靠"快递的代名词。

二、加盟

加盟体系是指该种体制的网点扩张是以加盟的形式，因此对公司的资金要求不会像直营体系要求那么高，且下属网点为网点经理自有，利益与其关联很紧密，因此在调动员工积极性、运作模式调整等方面都比直营要有优势一些。但加盟体制的企业下属网点为一个个的单独个体，因此在资源整合、环节管控及问题跟进方面往往处理得不是很妥当。

在这种市场高速扩张的时期，顺丰感到最为困难的事情是对加盟网点的管理。在创业之初，顺丰和所有民营快递公司一样，在扩张中缺乏资金的支持，因此选择了加盟制。而这种公司结构与顺丰的产品定位之间出现了根本性的矛盾。顺丰所经营的是高附加值的快件业务，客户对价格相对不敏感，而是更重视速度和可靠性。而在加盟制下，很多地方公司由于出身于运输公司，他们在承揽快件的同时，本身还会接一些别的货，而这些货可能和顺丰的快件拼在同一辆车上。这就出现了一个问题：无论是时效性还是装卸质量，顺丰的快件最后还是要"将就"那些普通货物，人为造成了与服务定位之间的背离。此外，在松散的加盟体制下，对地方网络的管理很多时候也是一纸空谈。

2000 年，在发生了几次大的事故之后，顺丰创始人王卫终于下定决心抛弃加盟制。在接下来的几年中，顺丰采取了激烈的方式进行收权。他给那些地方公司的小老板们发出通牒，如果不愿意将股份卖给顺丰，就必须离开，顺丰将重新自建网点。可想而知，顺丰在这一收权过程中遭遇到了多大的阻力。但尽管如此，顺丰还是在动荡中逐步完成了组织的变革，建立起国内快递市场中除中国邮政之外唯一的直营网络。事实上，直到今天，大部分民营快递公司仍然采用加盟制，尽管他们在 2003 年之后就已经明白，在这种体制下，不可能对快递服务的可靠性做出根本改善。

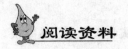

阅读资料

乱相背后的真相：松散的加盟方式和流动的快递员

快递市场是一个日渐壮大的蛋糕，其中潜在的利润可想而知。然而这样一个新兴的行业也有诸多乱相。下面就是个例子：

某大学毕业生小张，用快递寄包裹回老家。本以为省内快递最多3天就能到达，可是小张6月21日回到老家后却发现，一个星期前寄出的包裹居然还没有到。辗转询问下，小张被告知，其实包裹已于6月17日到达该快递公司的当地分公司，但已破损，请小张在6月22日前到该分公司取回自己的包裹，否则包裹将被退回省城。气愤不已的小张于是拨打了该快递公司总部的投诉热线，不料，小张又被告知了一个更为荒唐的事实：该公司在当地分公司的网点早在3月14日已被暂停！工作人员解释，当时公司内部的论坛有张榜公告此事，杭州分公司的业务员也许是没有注意到内部论坛的公告，所以接收了小张的包裹。经过调解，快递公司同意将包裹重新打包，寄给小张。小张本以为自己选择了一家规模较大的快递公司会高枕无忧，结果还是遇上了倒霉事……

近年来，随着快递业的不断发展，一些规模较大的快递公司的网络覆盖面也在不断增大，但是目前多数公司只在市级以上城市设置网点，只有少数公司将触角延伸到县级城市。一些快递从业人员素质低，盲目追求业绩，而公司缺乏完善的管理体制，导致出现了"只拉单不送货"的现象。

有关人士把问题的根源归结到当前快递行业的运营模式上。据了解，除了邮政速递和顺丰快递是直营外，其他快递公司基本采取加盟的运营模式。

这种加盟模式和总公司的联系十分松散：一般是某一个城市还没有某快递公司的加盟商（分公司），那么该城市的任何一个人都可以向该快递公司总部提出加盟申请，然后只要交纳几万元的押金，并和总公司签订合同便可以开张营业了。

因此，加盟商基本上可以说是独立运作的，总公司很少去管加盟商的设备、设施以及人员状况，甚至有一个老板同时加盟多个快递公司。

第四节　常设岗位与职业发展

快递物流企业最典型的岗位是快递业务员，在有些公司又称为小件员、取派员等。在根据国家快递员职业标准，快递业务员是指使用快递专用工具、设备和应用软件系统，从事国内、国际及港澳台地区的快件揽收、分拣、封发、转运、投送、信息录入、查询、市场开发、疑难快件处理等工作的人员。

快递员，又被分为快递取派、快递处理两类人员。目前快递企业从业人员中，从事快件收派和内部处理人员占该行业一线从业人员80％以上。

该职业的主要工作内容如下：

（1）快件收派的主要工作内容。包括向客户介绍寄递快件的服务范围、资费标准以及相关的海关清关知识，向客户提供限时、优先等特殊需求服务，设计收派线路并进行调度；对收派成本效率提出合理化建议，根据业务发展对操作系统数据进行比对、维护和调整；统计和整理客户需求信息，并进行市场需求和用户满意度调查，拟订业务推广策划方案等。

（2）快件处理的主要工作内容。包括接收、验视、拆解总包快件，按照有关规定和业务处理流程以及流量流向分拣快件，提出业务流程改进方案和快件流量、流向的运输组织改进方案；对分拣场地及设备出现的紧急情况提出应急处理预案；制作快件差异报告，利用专业统计软件分析处理快件信息，设计业务需求统计指标并撰写统计分析报告。

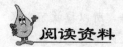

阅读资料

快递人才："鲤鱼"如何跳"龙门"

"我判断一家快递公司好坏，就是先看快递业务员的素质如何。"张宁是一名大三的学生，同时也是一家网店的店主，她选择快递公司的标准很简单。张宁介绍说，在同学间一直流行网购，自然少不了接触快递公司。她之前经常听同学说哪几个快递公司服务如何不好，但并没怎么注意过。直到后来她也在网上开了店，才考虑到快递问题。之前她一直使用EMS，但后来有的客户希望运费便宜些，就联系了一家民营快递，但那家快递的业务员却让张宁有些无可奈何。

"那天快递业务员来拿货，我先问了下西部某省的一个城镇能否送到，他说可以。我就让他把货拿走了。可过了两天那家快递公司打电话过来说货物不能送到，东西寄到了半路要退回来。我问为什么业务员说可以，他们说那是公司业务员的疏忽。"张宁说，她还真没遇到过这种情况，没办法，当时只好同意。"过了两天，我当时外出不在。等回到住处时发现，业务员竟然把退回来的东西放在了门口。后来我打电话去问业务员，为什么东西没到，运费也不退还？并且我之前已经问过快递能否送达，因此责任不应在我这边。可那个业务员一下子就急了，反说是我没有询问过。"张宁没想到对方会这样推卸责任，还想进一步争辩，可对方已经把电话挂了。虽然，她之后又给那家公司打电话投诉，但一直也没等到处理结果，后来她选择了放弃，"不想再投诉了，太麻烦，大不了以后再也不用那家公司。"

张宁遇到的问题不是个案。近年来，我国快递业从业人数快速增加，据估算，到2012

年从业人员将达到或超过 80 万人之巨。但据北京邮电大学的一项调查显示，目前国内 70％的快递企业缺乏快递管理人员，管理方式普遍较粗放，快递员工学历、素质普遍较低。此外，快递员待遇不佳，也影响了服务质量。"快递员每天要送五六十个快件，取四五十个快件，平均每隔 2 个小时就轮换送件、取件，很辛苦。而快递员工资并不高，时间紧、任务重，加上个别客户的不尊重，一些快递员对客户投诉习以为常。这种态度又会招致客户更加不满，引起纠纷，甚至打架事件也时有发生。"中通快递的一个部门经理对记者说。

"服务口碑差，不仅仅是导致投诉，还会使快递企业丢失客户、失去市场。"中国快递咨询网首席顾问徐勇认为。快递企业的一线工作人员直接与客户接触，其言行举止代表了企业形象，如何做好员工的教育和培训工作已成为国内快递企业急需解决的问题之一。

（资料来源：现代物流报，2009－11－30）

快捷的传递是快递业务的主要特征，这就对快递业务的信息技术提出了相当高的要求，从而也要求快递从业人员除具有良好的职业道德外，必须具备掌握移动扫描器、计算机处理与相关软件技术应用等方面的知识与技能，还需要掌握必备的交通工具和设备的使用知识、海关通关知识以及一定的英语知识。

快递员职业资格标准将该职业的等级划分为初级、中级、高级、业务师、高级业务师，共 5 个等级。我们将先介绍快递人员的通用基本知识要求，然后以快递收派和处理的中级人员为例介绍该职业主要需要的知识及能力结构，继而再对不同级别进行简要对比。

一、基本知识要求

快递人员要求能够识记全国省、自治区和直辖市、省会/首府和主要中心城市名称、简称、代码、电话区号及邮政编码；能够识记全国主要航线、铁路和公路干线；能够了解并掌握目的地国家（地区）邮政、物流和海关等法规的有关规定；能够识别世界主要国家（地区）首都（首府）的英文名称、缩写和电话区号；能够识记常用国际口岸名称、缩写和代码；能够识记常用国际快递航线和航班；能够识记常用国际快件物品的英文名称。

二、快件收派中级人员的知识能力结构

快件的收派，一方面是快件的收件工作，又称为揽收。揽收过程中，包括验收、操作两个主要工作环节。在验收中，要求你要能够准确识别和验查国际快件禁限递物品，包括种类和范围，能够准确识别和验查国际快件禁限递物品，包括种类和范围，能够指导客户正确填写快件详情单，能够指导客户正确包装快件，能够告知客户准备通关所需的文件，能够准确告知客户寄递权利、责任和到达时限，能够掌握快件重量和尺寸的相关规定并准确计算，能够基本了解海关清关知识。

思考：

你知道哪些是快件禁递的物品，哪些是限递的物品吗？是什么原因呢？

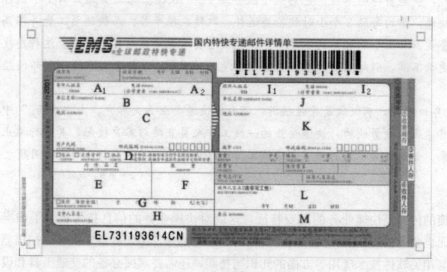

图 7-1 快递详情单示意

快件揽收的操作过程中，则需要能够准确计算国内、国际快件资费标准，能够用中、英文准确迅速录入快件信息并及时发送上网，能够熟练掌握快件查询、更址、撤回和索赔的程序，能够掌握支票基本知识，能够达到规定的点钞速率，能够及时、准确交接详情单等相关单据。

快件派送工作则主要包括三个主要环节，派送前准备，快件派送及后续工作，快件业务推介。派送前准备需要你能够熟记负责地区的街道、里巷位置及主要单位并参与快件细分，能够合理规划投递路线。如是国际快件，则需要能够对英文名址及单位名称进行简单核对，并能够掌握国际疑难快件投递的处理程序。而快件派送过程中，则需要能够对 3 个派送段进行派送（高级工则需要能够派送 5 个派送段），能够按规定处理疑难件，能够及时准确录入投递信息，能够复核快件详情单上的妥投信息。快件派送工作中的快递业务推介工作则需要能够使用规范的服务语言，能够用普通话同客户交谈并解答一般性的业务询问，能够讲解公司业务范围和服务项目，能够及时反馈市场信息。

三、快件处理（中级）人员的知识能力结构

快件处理人员的主要工作是快件的分拣封发。对于国内件的操作，要求能够正确使用扫描设备，能够正确装卸、搬运和码放快件，能够准确识别 IATA 安全识别，能够接收、验视、分拣和封发国内快件总包，了解不合规格总包的处理程序，能够检查快件详情单地址是否准确和详细，能够检查并正确使用度量衡工具，能够对进、出快件进行粗分，能够识记全国省级行政区划及省会/首府、直辖市名称、简称、代码、电话区号及邮政编码。

而对于国际件的操作，则需具备一定的英文基础，还需要能够识别并按规定程序移交疑难快件，能够识记全国主要航空公司的航线分布。

四、快递公司人力资源管理比较

UPS是国际快递巨头，宅急送则是国内民营快递业的典型企业之一。我们通过对二者人力资源策略的比较可以比较准确的把握国际、国内两种不同资本性质快递企业人力管理的特点，对于择业及职业发展有较好的定位。

表 7 - 1 　　　　　　　　　　　　　　UPS 与宅急送比较

比较项	UPS	宅急送
如何选人	(1) 看重应聘者诚实正直的品格和团队合作精神 (2) 倡导内部晋升，鼓励员工与公司共同成长。员工被鼓励从事不同部门的工作，以便将来承担重任	(1) 不重出身重人品，不重学历重能力，宁选胜任本职的初中生，也不选不胜任本职的大学生 (2) 宁用犯过错误的人，也不用不忠诚企业的人
如何培训人	(1) 为员工培训不惜重金，公司每年投入高额的培训费用 (2) 培训体系健全，从安全驾驶到职业规划到领袖培训一应俱全	(1) 设立专门的"人才讲习所"，每年每个员工至少会接受1~2次培训 (2) 由于物流行业员工分散，公司用专用"大篷车"将老师送到一线 (3) 对管理层，宅急送设计了从实践到理论针对性极强的系列培训
如何评价人	(1) 认同"携手工作就能成功"的理念，强调团队合作，奖励员工不会因为个人表现出色，而是奖励整个团队 (2) 员工都有一份详细记录其出勤、业绩、差错、奖罚的档案，人事部门定期与员工本人、部门主管面谈，达成一致，三方签字，作为日后晋级、晋升的依据	(1) 奉行绩效领先的原则，引进了末位淘汰制 (2) 对每个员工的工作量考核力求公平，要有详细的标准
薪酬福利	(1) 公司鼓励员工参股，每年都要根据上一年的利润分给员工股份 (2) UPS推行员工认股早在1927年就开始了，目前员工股份占公司股份的2/3	(1) 依据职位价值和个人价值确定员工工资水平，采用平衡计分法，把权职作为百分比，把分值变成钱。员工工资落差很大，有的800元/月，有的50万/年 (2) 为贡献突出的员工配股，为所有正式员工缴纳社会保险，提供带薪假期，直至员工退休终老

上述对比展示出两家公司不同的管理理念。UPS致力于提高员工的命运共同体意识，

力求建立长期雇佣关系。公司重视与员工的共同成长，采用强调应聘者内在特质的招聘准则，设计广泛的内部职业发展通道和培训项目，采用行为与结果导向相结合的绩效评估方式，实施高参与度的人力资源管理实践活动，这些都体现出典型的承诺型人力资源管理模式特征。这种强调民主和参与的管理方式是与 UPS 百年企业的稳健实力，全球市场定位（依赖全球员工的衷诚合作）以及西方民主文化传统等企业特征相匹配的。

　　而宅急送则展示出较明显的控制型人力资源管理模式特点。例如，招聘准则重视实用，员工培训关注技能，绩效评估强调结果，激励方式侧重物质激励。这些都与企业浓厚的家族色彩、处于迅速成长期的发展阶段及传统文化分不开。

第八章 合同物流企业

　　与服务于大众的快递型物流企业不同，物流企业中还有另外一类专门针对企业或大规模业务客户的，因为服务的对象更明确，也就有了定制物流业务产品的可能，而对应地，其整体业务运作模式也与快递型物流有很大的区别。为了明确定制化的物流服务需求，这一类物流企业通常会与他的客户就特定的服务内容形成合同文本并执行，所以我们也就常称其为合同物流企业，并将即使没有形成合同文本，但是为企业或大规模客户提供定制型物流业务的，也一并纳入，因为它们的业务形态特征十分相似。

　　由于合同物流企业和快递物流企业一样，其核心都是从其服务对象来定义的，所以学习本章，我们将更多的与第七章快递物流企业的一些特性来做对比分析，以更好地帮助大家理解并掌握合同物流企业的特性。

【案例导入】

易通交通信息发展有限公司

　　易通交通信息发展有限公司（以下简称易通）成立于 2000 年 7 月 18 日，是一家注册在北京经济技术开发区的高新技术企业，主要从事物流实体运营、物流和智能交通信息系统研发、物流管理、教育及信息化咨询。其物流实体运营的产品包括：运输、仓储、配送、供应链信息化服务、物流全环节和单环节的运作方案设计；其物流和智能交通信息系统研发、物流管理、教育及信息化咨询业务涉及：道路运输企业、商贸流通企业、生产制造企业、现代化高速公路管理、货运交易平台、行业及企业门户网站建设，还服务于现代物流人才培养、培训；另外还为山西煤运集团、北京电子科技职业学院、北京交通学校、北京工商大学、中粮集团（福临门）、北京市运管局等物流企、事业单位提供物流信息化及咨询。

　　易通的创立，最早源于 20 世纪末中国交通部的一次国家交通资产运营模式的大讨论。从当时中国交通部的职能设置上来看，其并不负责太多对中国交通行业的管理，而负责交通基建，主要是管理公路和内河航运的建设，所以其系统内大部分都是借助拥有交通基础资源产权而形成的垄断资产型企业，如各种以公路、航线收费型企业。因此，虽然公路运输是中国交通行业中开放最早的部分，但行业基础资源和资本的核心部分，却还蕴涵着很浓厚的计划经济成分，在这一部分基础上建立起来的企业都是国有企业，资产规模巨大，但都拘泥于一条路或一个地方小型区域交通网络，管理水平很成问题，基本没有太多市场敏感度，属于靠山吃山的类型。20世纪末，中国掀起了一波又一波的产权改革浪潮，交通部身处浪潮旋涡之中，也面临着一个问题：作为非国防或国家严密控制的精尖技术资源的交通行业，必然要进行产权改革，接受市场化运营，大多数依靠资源拥有而简单存在，没有核心运营模式和市场生存能力的行业企业很有可能随着国家产业改革的步伐，在放开路权等政策出台后，将毫无抵抗力，而这意味着庞大国有资产的经营风险。所以，交通部委的很多志士仁人有了考虑，鼓励现有的传统交通企业成立一批新型交通企业，往交通智能、信息化、网络等方面尝试发展，以发掘传统交通垄断资产管理模式之外新的运营模式，帮助解决未来这部分国有资产的发展困境。

易通就是在这种环境下，由华北高速公路股份有限公司、华建交通经济开发中心、中国交通部科学研究院、福建交通科学研究所等单位共同组建成立，虽然当时的注册资本金仅5000万元，但股东的背景资产当时已经越千亿元，都是典型的国有资源管理型企业。中国交通部科学研究院名下的"中国交通信息网"被作为一个最主要的无形资产注入易通，当时成立的易通，被定位在交通电子商务方向，号称要将其建立成为亚洲最大的交通行业门户网站，并借此展开一系列的交通信息交易等业务——这也是当时最热门的一种业务思路。

很可惜，易通遇上了中国的网络泡沫，5000万元资产，不到两年时间就折了一半。

如果不是2000年10月的一个偶然机会，可能易通和当时与它抱着同一目标成立的许多企业一样，很快就无声消亡了，转机来源于北京的一次图书运输配送主题的讨论会。

北京的图书行业是一个很有特点的行业，中国码洋上亿的出版企业有70%积聚在北京，这也就意味着北京的图书行业有着典型的外埠单线放射运输的需求，北京外发总量很大，可是配送城市、网点太多，每票单量很小，又是典型的只出不进，所以那次讨论会的主题就是研讨如何应对北京图书行业这种单线放射运输带来难以形成长期稳定运力资源造成的管理不便和成本居高不下的问题。易通由于其股东国有交通企业和研究单位背景，派人出席了那次会议，并做了一个现在看起来很简单的几页的报告，报告中提到在图书物流中实现"门到门"服务的构想，在这场仅仅讨论如何在保证配送的情况下有效加强运输和配送管理、降低成本的会议上，这个构想引起了激烈的讨论——因为当时"门到门"简直是一个不可思议的做法，连邮政除了邮件，简单的包裹都是自取形式，图书行业的运输和配送更是如此，能有效地完成对网点的配送就很不错了，在要求降低成本的情况下难道还能做到提供门到门的增值性服务？鉴于易通的报告只是简单的论证了一个构想，于是会场的一家出版社单位提出：我有一包书需要送到武汉，你能2天之内给我送到吗？也许是由于意气，易通接下了这一单，正式切入了物流业——严格来说，应该叫货运业，因为当时物流只是一个简单的不完整的时尚概念，而易通的角色，连运输商都算不上，只能称之为货代，因为当时的易通根本没有任何运力资源，接到这票货以后，易通的一群书生跑到了当时的新发地货运市场，一辆车一辆车的和司机谈判。不算人工和寻找的成本，易通这票货的直接收入是24元，而委托司机送货上门支出120元。

但不管怎么说，易通在2000年开始了它的物流尝试，并为此成立了它的第一家物流分公司——易通交通信息发展有限公司北京物流分公司，很有趣的是，很长一段时间，作为法人主体的总公司本身没有申请物流资质，因为它的战略方向还是交通信息化方向，而物流业务，只是它拿来作为提炼交通信息化和物流信息化产品的试验田，直到网络泡沫彻底让企业的决策者冷静下来——截至2002年，易通总收入接近1000万元，IT周边收入不到50万元。应了中国那句古话：无心插柳柳成荫，易通物流迎来了它飞速的发展。

2000年10月，以图书物流为行业切入点开始了第一单运作，先后开发了人民邮电出版社、外研社、高等教育出版社、人民卫生出版社、作家出版社等客户。

2002年5月起，易通物流相继同飞利浦、中国电子进出口公司、雀巢公司、好丽友等国际国内知名公司签订了合作协议，标志着易通物流为跨国企业开始提供物流服务，其中为康柏电脑的中国业务服务一年，为现代汽车提供轮胎配送业务一年，后来又开发了福临门、辛克、高乐高、百事、嘉里粮油（金龙鱼油）、梅花味精、维达纸业、恒安纸业、伊利乳业等客户，成为国内快速消费品物流领域的知名企业。

2005年1月起，开始为GEA、索爱手机、ABB等客户服务，进入附加值更高的机电行业，现为六家世界500强、12余家外资企业服务。其中为ABB提供40多家零部件厂到其生产线的物流服务，包括其VMI库房的管理。

2005年9月起，负责宝马汽车的会展物流，2006年3月起，成为其上海周边地区至沈阳生产线的零部件物流配送商，之后与PENSKE合作，为其提供所有零部件的VMI管理和JIT配送上线服务。

这些年来，易通完全面向生产商贸型企业，为其提供以公路运输为主的全方位的第三方物流服务，并成功地成为许多高端客户的物流战略合作伙伴，其中典型的例子是和雀巢的合作：

雀巢在北方物流的运作模式是以北京通州双桥的库区为中转，向整个周边，包括山东、河北等在内的省份辐射。当时它的物流管理有一个基本原则，就是它自己完成自己的物流运作部署，而仅仅把运输外包，而且必须包给不同的四家，也就是说，它只需要运输商，而不需要严格意义上的物流服务。

雀巢的事情不好做，2002年，它四家承运商之一宅急送选择了退出，而易通长期操作图书物流，发现图书物流业务附加值低，难以支持企业的业务成长和模式的建设发展，必须要依托真正的生产性企业来带动自己成长，于是最终选择了雀巢，由此进入快销品物流领域。

易通为雀巢专门整体收购了一家货运企业的运作队伍，成立了易通的第一个项目组进驻雀巢北京双桥库区，在2002年下半年正式启动雀巢项目。但雀巢并不重视易通，确实，从传统运输商角度，易通没有任何优势，几乎没有自有运力资源，也看不出来业务有多娴熟，比起同库房作业的德利得等要差很多，唯一的好处就是服务态度很好，快速承担一切赔偿责任。反正风险比较小，少给一点业务吧，用来制衡其他三家就行了——或许当时雀巢的负责人就是这样考虑的。在这种情况下，易通雀巢长期维持18个人，每月大概5万元的收入，每个月大概亏损2万元，和人员工资基本持平，维持将近了半年。

易通的决策者在思考，对于雀巢，易通的优势到底是什么？易通到底要做什么？要是维持现在的模式，雀巢项目有没有继续的必要？易通最终决定，必须要坚持，因为雀巢现有的问题一样将出现在其他生产企业，必须要找到与雀巢的物流战略合作切入点，否则，另外选择也是一样，客户没有发现我们的价值，我们要自己展现。

很快，易通迎来了一个新的机会。长期以来，雀巢的区域配送面临着一个极其困扰的问题，就是雀巢的销售商实在太多，每个销售商要的货品杂，而且量也不是很大，它的物流部门每天要花大量的时间来做配送线路计划，因为运输商仅仅按它物流部的运输指令来操作。脱离实际运作的雀巢物流部门往往很难把握具体的配送车型和时效，所以配送计划上经常会在线路配载效率和时效上冲突的问题，经常为了时效，小半车货也要专程运输，或者一车货出去，近一个月才能返回，由于多个点位货物混装，错漏货物的情况也常有发生。于是，效率和成本问题最终成为雀巢与其承运商经常争执的焦点——雀巢往往倾向于按量统一计价；而承运商则重点表明车辆、人员的占用率才是关键的成本。

不过，易通提出的联点卸货模式最终解决了这个问题。按易通的联点卸货模式，雀巢以后只需要下达某一个区域的具体货量和时限要求，整个配送计划将在出库时由承运商在车辆配载期间完成，并体现在车载货物布局上，做到一线到底。实施联点卸货方案后，基本实现了车辆线路的满载运输，同时，线路周期要比以前大概节约了三分之一。

雀巢对此表示非常惊讶，也重新审视易通。虽然雀巢的承运商管理模式没有变化，但易通在雀巢物流体系的地位却隐约发生了变化，易通的身份已经不仅仅是一个简单的承运商了，而承担了很多雀巢的物流业务策划布局的建议工作，2002年到现在，雀巢的承运商换了很多次，而易通一直未变。2007年，易通雀巢项目业绩额超千万元，项目组成员却仅仅维持在10个人左右，雀巢项目组的运作模式，也最终成为了易通物流为企业提供第三方物流外包服务的标准模式之一。

易通在这十年时间里发展速度较快，如今在全国拥有北京、天津、上海、广州、西安、武汉、沈阳、定州、成都九家分公司；以石家庄、大连、乌鲁木齐、太原、哈尔滨为运输等业务需要补充的多家办事处；并在全国各地拥有15处库房，库房总面积接近70000平方米；与全国150余家民营运输车队及铁路、航空建立了良好的合作关系，为客户提供标准、高效的网络服务。其物流客户群正逐渐扩大，主要客户包括雀巢、百事、好丽友、中粮集团、伊利乳业、嘉里粮油、梅花味精、高乐高、丘比、飞利浦、高丝化妆品、立邦漆、博士伦、ABB、拜尔、GEA、宝马、辛克等，其中世界500强企业十余家。通过十年在合同物流的发展，易通形成了它的物流产品结构，即：

运输——以全国六大城市为起点、以公路运输为主的全国性运输组织、调度安排。

仓储——全国一级别及重要二级城市的货物仓储管理及相关简单加工、包装服务。

配送——基于城际运输和仓储管理服务的延伸配送服务。

供应链信息化服务——包括物流相关信息系统、信息平台的设计、开发，委托物流业务的动态信息提供（基于internet）。

物流全环节和单环节的运作方案设计——基于需求方的产品特点、销售网点及营销模式，结合地区物流资源特点，优化、个性化量身定制物流方案，最大化满足综合成本和运作效率的双重保障。

随着易通物流的健康发展，反过来带动了易通物流信息化产品和物流管理咨询业务的发展。2007年，易通最终形成了其以物流为基础、物流及智能交通信息化研发为提升、物流管理咨询为总领的三套业务马车结构，标志着易通开始由第三方物流模式向第三方加第四方物流模式转变。如图8-1所示。

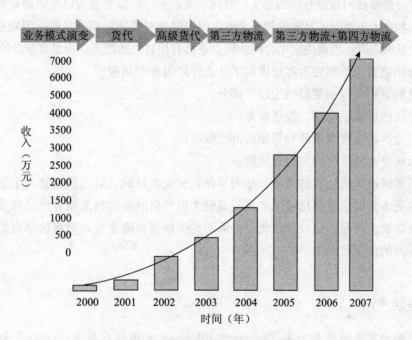

图8-1 易通物流业务模式演变

经住了市场的考验，易通也获得了市场的认可和众多行业的荣耀，自被准许经营综合物流业务后，易通被选为了国家第二批物流税收试点企业，同时兼任着中国道路运输协会理事单位、北京市朝阳区物流协会副会长单位、北京市经济技术开发区企业协会物流分会副会长单位、北京职教集团理事长单位；此外，易通2006年5月被授予北京市十大物流示范企业，入录中关村"瞪羚企业"名单，同时为交通行业企业会计信息样本采集单位，而中国交通运输协会信息专业委员分会秘书处也设置于易通。

易通基于物流发展的十年，也是中国物流业发展的十年，众多物流企业在这十年中积极摸索，走出了各自的成长之路，而易通，也将本着更坚定的信心，致力于为生产商贸型企业提供更优秀的物流管理型服务。

第一节　合同物流企业运营模式

阅读完本章开篇易通物流的案例，我们可以总结和思考一下，作为国内合同物流企业，它的业务模式如何，及业务运营的特点？

很明显，根据我们章前开题的定义，合同物流企业，是指主要为以生产商贸企业等大规模物流业务客户为主要服务对象的物流企业。因为服务对象通常都是具备一定规模的、具有特定行业背景的，所以也就决定了合同物流企业具有相对快递物流企业显著差异的特点。

那么合同物流企业到底为客户提供了什么样的服务产品呢？

从易通的案例可以主要归纳为以下部分：

（1）传统的运输、仓储、配送服务；

（2）专业的物流管理服务和管理咨询性服务；

（3）承接企业转移的物流运营风险。

这些是和快递物流企业的服务产品明显存在较大差异的。对比快递物流企业，合同物流企业走的更多是提供定制化物流产品，规模大但价格低廉的物流服务产品模式，其精力可以更多地在物流产品的研发和优化上，而不是像快递物流企业，更多的精力集中在网络的设置和资源的使用效率上。

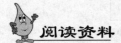 阅读资料

根据英国一家市场调查公司 Transport Intelligence 出版的报告，2005 年全球的合同物流增加了 10.3%，并达到 1500 亿美元。全球市场都对该增长作出了贡献。其中最大的是中国市场，增长达到 31%。主要原因是由于外包在中国得到了快速的发展。美国和亚太地区的发展较快，而合同物流在欧洲则较慢。同时该调查指出，2005—2009 年合同物流的整体发展将继续维持在 13.8%。

合同物流是更进一步的整体增值服务，而不是简单的运输外包。其使用者主要是大型的零售商和制造业者，外包的动机各种各样，但共同的特点是都交给第三方物流进行管理和运作。

鉴于合同物流企业的特点，整体来看，我们可以将该类物流企业的特点从其业务角色上的战略特征和业务模式上的战术特征两个层次进行描述。

一、战略特征

从合同物流企业业务角色的战略特征来看有以下特征。

（一）合同物流企业具备典型的乙方特征

与快递物流企业的分散型大众化客户类别不同，合同物流企业的客户往往都是一个企业

组织，每个客户量的物流业务都具有一定的规模和持久性，而物流市场，尤其是货运市场是一个开放性的市场，整体来说同质化的服务较多，基本处于供大于求的状态，甚至很多客户本身都有一定的物流保障能力，这就决定了合同物流企业的客户往往处于谈判桌上比较优势而主动的地位。因此，合同物流企业具备明显的乙方特征，在业务合作中从属关系较为明确，服务特征非常明显，而作为甲方的客户，往往也会有意地保持着这种优势，通常通过一次保有多个，或定期招标更换合作物流商等方式来强化与合作物流企业的从属关系。

（二）合同物流企业提供的物流服务产品是根据客户需要而定制生成的

合同物流企业的客户，多是各行各业的企业，自然其需求有着极大的不同，这就直接导致了合同物流企业必须根据客户的需求来定制其服务产品，这和快递物流企业设置基本服务而仅限客户选购有着极大的不同。

客户定制产品，一是往往会从产品的特性需要提出，比如说冰激凌产品的冷冻运输要求，医疗器械的密封防尘要求，精密仪器的防震要求等；二是往往会根据客户自身的便利性来提出，比如说单据的格式，信息系统和数据的对接，工作流程的设计等；三是会根据客户的一些业务布局和拓展需要提出，比如说运输的线路设计，库房仓储的位置等。

整体来说，合同物流企业要综合客户的需求来设计自身的物流服务产品，在实际运作中坚持这项原则并作好及时的调整。

（三）合同物流企业成为客户的战略伙伴是现代物流业的一种趋势

和快递物流企业永远无法获得足够忠诚的客户不同，合同物流企业往往容易成为客户的战略合作伙伴，这是现代物流业的一种趋势，也是合同物流业务运作模式所决定的，主要可以从以下几个方面理解。

首先，由于定制化物流服务产品的提供，致使合同物流企业与客户的结合度很高，而这种结合也往往是长期的，因为定制化产品往往需要更长时间的磨合。短时间更替，不仅仅是物流企业单方面的损失也会给客户造成一定损失。

其次，合同物流企业经常要在客户供应链环节中承担一个重要的角色，这个角色将在很大程度上保障其客户正常的运营，而在这种保证过程之中，物流企业不可避免地会掌握客户大量的数据和业务信息，或者也可以说，如果要希望物流企业能更好的为自己服务，客户自身也要尽可能的开放自己对应的业务流程环节和部分的经营数据，这样，物流企业将更容易成为客户的"自己人"。

最后，合同物流企业往往不会是简单地迎合客户的需要来为其提供服务，如果是这样，客户将花费大量的精力来明确自己在物流方面的需要和相对应的解决方案，而物流企业也沦落成了简单的物流运作工具。事实上，如果那样，客户将更倾向自己添设物流资源来运作和管理，当然，规模需要足以支撑，而且也并不需要考虑风险因素。客户之所以选择物流企业承担这部分业务，很大程度上也是需要专业的机构来提供专业的服务，那么，在这个层次上，每一个物流企业都是它的客户最直接的物流顾问，易通雀巢项目的例子就是如此。作为企业的物流顾问指导，在更深层次的切入客户业务的同时，物流企业的身份也在发生变化。

因此，合同物流企业最终的发展，将不可避免的成为其客户的战略合作伙伴。

二、战术特征

从合同物流企业业务模式的战术特征来看，有以下特征。

(一) 合同物流企业总部机构往往更为强势

与快递物流客户的不同之处主要是人口密集度分布不同，合同物流企业的客户往往是分散在各地的，而其业务需求所导致的业务节点的设置也不会很规则，不会像快递物流主要是以城市群形成层次分明的区域网络，而且，合同物流的业务节点规模也和客户需求息息相关，一个不大的城市可能仅仅需要配置一个联络人员，而一个了无人烟却有配套资源的山沟却需要配置一个足够大编制的团队，比如说山东鲁能集团的电煤供应就是如此；同样，一个业务节点虽然小，却有可能要负责多个不同性质客户的业务，而一个业务节点即使规模很大，也仅仅可能只负责某一个单一性质客户的业务。

因此，鉴于业务节点规模差异和业务差异将造成各业务节点之间难以形成有效的直接沟通，所以合同物流企业往往不会将企业的核心指挥权力和职能管理权限分散到各个节点上去，而会集中形成一个大总部，并仅仅只赋予各节点业务运作和部分单项业务决策的权力，以便更好的建立并管理整体的业务运作体系，避免业务运作的管理风险。

(二) 项目运营模式是合同物流企业广泛采用的方式

从前所论，合同物流企业的客户类别差异化很大，即使某个合同物流企业专做某一行业的物流项目，也很难保证它的客户是完全同质化，可以整合在一起像快递物流一样，统一所有的业务运作流程，当然，即使客户之间是完全同质化，客户本身也不准许物流企业把自己和其他行业的企业客户混合在一起运作，以避免彼此商业机密的泄露。所以，在传统的业务区域运营体系之上，合同物流企业往往会采用项目运营模式。

采用项目运营模式有很多好处，一个是能够更直接的面对客户，在表示对客户尊重的基础上，更有效地针对客户需求调整自身产品，也能更快速有效地处理日程运营中的异常，降低运作的风险；另一个是横向的衔接各运作部门和业务节点机构，避免或者削弱它们之间由于部门本位主义带来的冲突，使事件处理效率得到进一步的提高；最后，也能更好的度量项目的业绩。

整体来说，项目制是现在合同物流企业采用得比较广泛的一种管理形式，也是一种相当符合合同物流企业特征的管理模式。

(三) 服务营销模式决定了合同物流企业主要通过定制产品的优化和更和谐的客户沟通来实现客户的深度开发

有一个很奇怪的现象，大部分合同物流企业的市场营销能力很强，美誉度很好，业务规模很大，但它们真正的市场部或者类似的机构却并不很大，那么，它们的客户难道是自己找上来的吗？

并非如此。前面提到，合同物流企业获取客户，不是直接的谈判，而往往要经过一个资质审核和招投标过程，即使某些客户不规范或者规模小，资质审核也是免不了的。也就是说，合同物流企业切入某个客户，虽然一样需要通过市场开发等的过程，但更多局限在前期的信息收集和部分公关工作，几乎所有的企业在选择合作物流企业，总会对其资质和其他一些要件进行审核，只有符合了才有下一步合作的可能，至于最后能不能合作，那要看同样获取了信息并具备资格的企业有多少，然后是一场激烈的竞价过程。

企业的物流业务总会是长期的，当物流企业进入以后，短时间内也往往获得不了全部的份额，甚至有许多物流企业在进入后不久就退出了。那如何获取客户更多的业务授权呢？很简单，根据你以前完成的效率和质量。

一般来说，如果不是客户过于追求成本，只要物流企业能很好的提升和优化其为企业定制化的服务产品，并做好日常的沟通工作，物流企业将可以获得该客户更大的业务份额。

因此，合同物流企业的业务营销模式不仅仅是传统的市场开发方式，而是以服务为主营销模式，是通过提供更好的服务而吸引客户，从而实现对客户的二次开放，事实上，良好的服务和行业中较好的美誉度，同样也能吸引物流企业原有客户之外的客户主动向物流企业发起邀约，毕竟，客户本身也是有较大物流需求和业务压力的。在这种情况下，在合同物流企业，企业产品的策划部门、设计部门和客服部门，其重要程度一般也会超过市场部门。

（四）随着合同物流企业的壮大，多会形成业务中心的补充管理模式

因为合同物流企业，其资源均围绕着客户需求设置，而多数的物流需求，将集中在客户指定的节点上，如客户的工厂、区域中转库房或者其他，这些节点分布不均，因此必须根据其需要设置业务运作机构，如果某一个地区相对客户比较集中，那么该区域将会成为物流企业的一个业务中心，而这个业务中心除了业务职能外，会适当地享有一些基本的管理职能，因此这样的业务中心在物流企业管理级别上，也会高于普通的业务节点。实际上，虽然合同物流企业往往实行的是总部管理制，但随着其客户的日益增多，企业会出现区域性的业务中心，并有可能成为介于总部和业务节点之间的二级管理和协调机构，但是这种形态的出现和快递物流企业的区域化管理不同，合同物流企业的业务中心是随着业务发展而逐步出现的，仅仅是总部管理的补充，更多行使的是业务职能，解决的是缩小管理空间和时间差问题，起到的还是提高管理效率的作用。

（五）放射性网络是合同物流业务模式的又一个典型特点

合同物流企业的客户多半都是单一物流发散性的客户，比如说宝供在承接宝洁业务委托的时候，就典型的依托宝洁广东生产厂向全国形成辐射，而且基本上是单一的外运，很少有对等的物流业务返回，物流企业也往往根据这个特点来设置自己的组织机构和配置相关的资源，这也是为什么逆向物流尤其是合同物流企业的一个重大挑战的原因。

当一个合同物流企业只有一个客户的时候，或者多个客户都在某个城市的时候，那么它的网络结构就会呈现出明显的放射状网络；而当一个合同物流企业具有多个不在同一城市的客户的时候，则众多放射状网络集合在一起，形成的合同物流企业放射状网络就和快递物流企业的网络形态看上去就比较接近了。但是，它们之间是有着明显区别的，因为在快递物流企业的运营网络中，同级别的各网络业务节点相对对等，节点之间物流量互有往来并相对均衡，而合同物流企业的运营网络仍然保持着放射状网络的基本特性，也就是网络节点的规模永远受制于放射点的需要，而节点之间往往是严重失衡的单向物流。

当然，理论上当一个合同物流企业客户足够多、业务量足够大而且分布零散的时候，合同物流企业的网络才会真正的接近快递物流企业的网络，事实上，由于合同物流企业的客户均遵循一般的经济规律，多会集中在沿海经济发达的地域，所以更多的实际情况是合同物流企业会形成以经济发达地域为多个中心放射源的网络形态结构，而这种结构也在很大程度上影响物流企业的组织形态。

（六）资源整合是其典型特征

合同物流企业的运营资源配置往往更灵活，因此，资源的整合是其典型的特征。

鉴于合同物流企业客户自身规模和话语权、定制化物流服务产品的特点，所以合同物流企业的客户具有的单一风险要远高于快递物流企业的客户，合同物流企业往往很难实现对客户的控制。最常见的是客户经常会采用年度招标的模式，与物流企业也是签订的年度服务协议，也就是每年合同物流企业都会面临被淘汰的风险，而一旦淘汰或退出，将会对企业的收益产生较大的影响，甚至是致命的。可以想象，如果在宝供发展前期，宝洁忽然终止和它的合作，那么宝供将面临何种的局面。

同时，由于合同物流企业的资源配置都是为某个客户定制配置的，比如说网点、人员、运力资源等，一旦客户终止与该物流企业的合作，则物流企业将面临大部分资源闲置而无法马上利用的局面。

此外，合同物流企业提供的服务产品特点决定了其所提供的差异化服务产品更多的是物流的专业管理服务和承接客户物流风险的转移，而非传统的基本运输、仓储和配送服务。由于客户，尤其是对大客户的企业控制度和业务份额对物流企业的影响巨大，因此合同物流企业更倾向于对社会资源的整合，而不是完全的依赖自有资源的配置，如此可以最大程度地减少客户对企业资源占用的约束。

针对这种情况，合同物流企业往往会使用调配关键项目成员，在客户需求地就地组织基础运营资源的做法，只有当企业的物流网络达到一定规模，才会在主线路和业务节点上添置较多的自有资源，因为那个时候，某个客户的影响面会极大程度地缩小而更多的只反映在企业的业绩报表上，而企业可以更多地把规模收益通过自有资源自己获取。

但是，原则上来说，仅限某个客户项目专用的线路和业务节点，如果不是企业的自我锻炼发展需要，或者客户过于严格的要求，则合同物流企业只要可以整合社会资源，一般不会通过自己配备资源来运作，因为客户风险确实很难把控。

三、合同物流的发展历程

通过了解合同物流企业的产品特性和业务特点，我们可以更好地理解合同物流企业的发展历程，一般来说，合同物流企业更容易通过以下形式转变而来。

（一）传统货运代理企业

承接货运代理服务的企业，往往接触的都是企业客户，而作为无运营资源，主要以信息服务为主的货运代理企业，在客户的个性化需求和客户关系维护上较成体系，也更容易从物流管理服务上进行业务的提升和增值服务产品的提供，而这些都是合同物流企业显著的特点，因此，传统货运代理企业是现代合同物流企业较多的一种发展来源，或者，很多合同物流企业发展的初级阶段都有过货运代理的经历，比如说宝供就是一个典型的例子。

但是，如果一个传统货运代理企业要顺利完成向合同物流企业的转型，则必须要关注以下几点。

首先，不能简单地停留在信息交易服务上，而应该真正地涉及物流实体运营部分，并掌握物流实体运营的业务原理和一般性流程；

其次，应该发展物流管理服务型产品，并且具备一定的物流解决方案的能力；

最后，因为货代企业的组织设置比较单一，规模相对较小，而且市场部门和客服部门比重较大，如果要顺利完成转型，则需要更多的调整。

（二）依托于某个较大型客户的运输商

依托于某个较大型客户的运输商，其业务模式其实基本接近合同物流企业的项目运营模式，因此，其转型合同物流企业较为方便。事实上，很多小型的合同物流企业，至今仍依托少数的客户而存在。

但是，往往此类运输商规模较小，而且多使用自有资源，如果要完成向合同物流企业的转型，更多地需要提升规模和强化社会资源的整合能力，并建立起自己的服务体系和产品研发能力，否则，仍然只能作为一个货运商而存在。

（三）转型的快递物流企业

严格来说，快递物流企业并不过多希望涉足合同物流的领域，这是因为合同物流的利润率远小于快递物流，而且两者的运营模式有着较大的差别。但是，对于合同物流企业的客户来说，尤其是中小型的客户，如果快递物流企业向它们递出橄榄枝，则它们会更容易欣然接纳，这是因为快递物流企业多少在网络和自有资源上有着较大的优势。

但快递物流企业要转型为合同物流企业，其面临的困难可能要比前两者大得多，主要的阻力不是来源于资源上的，而是管理运营模式上和物流技术上的。通常来说，快递物流更擅长对网络资源的管理，却不擅长对客户需求的有效分析，在物流定制化产品的设计和开发上也趋于弱项，而且，如果要成功转型为合同物流运营模式，原来以资源维护和各级区域化管理的机构也要作较大程度的调整，这从组织机构上也可以看得出来。

事实上，如果不是因为在快递物流界面临较大的竞争压力，而造成业绩量巨幅下滑，原来所有的各种基础运营和网络资源使用效率急降，快递物流企业向合同物流企业转型的案例还是较少的，宅急送、中国邮政物流基本都是这种情况。

第二节 合同物流企业的组织结构类型

通过上文我们对合同物流企业的特点有了一定的了解，也知道了合同物流基于其特点，也有相当显著的运作侧重点。那么，这些特点如何通过企业的组织机构设置反映出来呢？我们可以通过对一般合同物流企业的组织机构图的分析找到答案。

下面我们可以看一看几个合同物流企业的组织机构，如图8-2、图8-3所示。

物流组织与业务创新

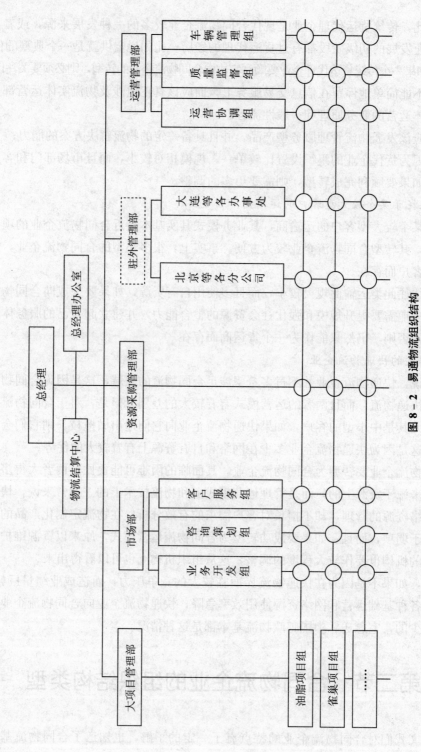

图 8－2　易通物流组织结构

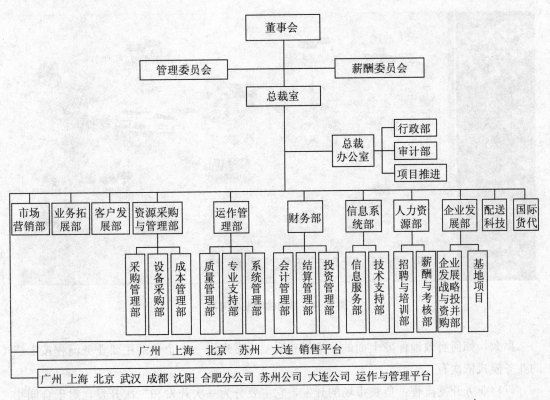

图8-3　宝供物流组织结构

思考:

通过以上组织结构图的对比,我们可以发现什么?

我们发现它们虽然在具体的业务倾向和组织管理上有着各自的特点,但同时显然也有着符合合同物流企业的组织特点,比如说在市场营销、客服、运营、物流解决方案或策划等,也体现出很强大的总部管理机制。

那么,作为一个通常性的合同物流企业,它应该具备哪些机构,都应该具备哪些职能呢?它们的相互关系又是怎样的呢?

我们可以从下面这个物流企业的部门设置来了解。

第三节　一般性业务流程

整体来看,合同物流企业的业务运作并不复杂,其业务各部分的作业关系可以从图8-4一窥全貌。

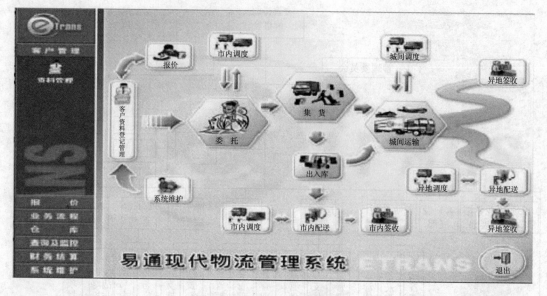

图 8 - 4　易通物流业务流程

那么，如何有效地保障上面的业务模式呢？通常来说一个企业的主要业务流程按上述的业务模式依次有。

（1）业务开发流程：负责市场的开发，它主要分为一次开发和二次开发，对于合同物流企业来说，二次开发是一个很关键的内容。

（2）资源整合或采购流程：主要分为供应商采购流程（合同资源）和零散资源采购流程，通常来说，对于一个合同物流企业，这个作业流程将很大程度的决定了它的拓展性和成本结构。

（3）项目运作流程：它一次可以分为项目启动流程、项目运营流程（又可以分解为城间运输、市内配送、仓库管理、城间运输、市内配送各分项流程）、重大事件处理流程等。通常来说，项目运作的流程关键在于项目启动和重大事件处理，体现的是项目运作模式在布局、协调、监督和快速反馈上的职能特点，而具体运作流程上除了主管负责有所区别外，具体操作流程和其他从事同样业务的物流企业并没有太大的不同。

（4）客服流程：除了日常的客户联系、项目追踪外，主要流程化的有投诉处理流程，又分为内部和外部投诉处理流程，通常来说，合同物流企业的客服管理是一个非常重要的部分。

（5）结算流程：主要包括应收账款流程和供应商应付运费结算流程。

当然，还有其他的一些管理流程，但基本符合物流行业的一般性，所以就不列举了。

第四节　主要的岗位设置和岗位职责

一个合同物流企业主要有些什么样的岗位呢？我们可以看看易通公司的物流岗位设定，如表 8 - 1 所示。

表 8-1 易通物流岗位

等级	市场部经理	资源管理部经理	驻外管理办公室主任	大项目部经理	运营管理部经理	总办室主任	结算中心主任
A1	总经理						
A2~5	市场总监		运营总监				
B1~3	市场部经理	资源管理部经理	驻外管理办公室主任	大项目部经理	运营管理部经理	总办室主任	结算中心主任
B2~6			大区经理	项目经理	协调部主管 / 监督部主管 / 车管部主管		
B3~8	开发组主管 / 策划组主管 / 客服组主管	单据管理员 / 采购员 / 统计	小区主任				
C1~8	销售员 / 策划师 / 客服		驻点主办	项目助理	调度 / 稽查 / 统计	行政人事	应收核算员 / 应付核算员
C6~10	依实际需要配置辅助文职工作人员 调度、现场、库房管理员、库房理货员、司机（依实际情况设定）						
D	（依情况配置专属或辅助调度、现场、库房管理员、库房理货员、司机等）						

注：其中 A～D 为岗位类别序列，分别为经理序列、主管序列、管理文职序列、库房操作员工序列，后缀数字为该序列中档位。

从这份岗位表上，我们可以看到合同物流企业具备特点的岗位有哪些呢？除去类同于一般企业的管理职能部门的相应岗位和基本的业务岗位，如总办室、市场开发等；再除去类同于一般物流企业一线操作的相应岗位，如调度、现场、库管等，剩下的部分就可以算是合同物流企业的具有特点的岗位，也是比较重要的岗位了，主要有：

1. 项目管理系列岗位

项目管理的系列岗位主要有项目经理、项目助理等设定，事实上均是代表不同层次的项目管理者，他们的主要职责有以下几方面：

（1）有效地传递和复制企业的运作模式。前面说过，合同物流企业往往针对某一客户项目立项后，在为其定制物流解决方案时，更多采用的方式是仅仅派出项目负责人，除了必要的基本投入外，如房屋租赁和办公工具等，均在当地整合资源。

（2）做好业务上的内部协调工作。合同物流企业大部分的管理职能是通过总部职能部门完成的，而业务职能却往往依赖于属地。在这种情况下，如果完全靠总部的直接管理，总会出现各种偏差和不及时的效率，跨部门和跨地域的沟通也会引起很大的冲突。而往往一个项目，却总是会需要多个部门、多个业务节点的协作配合，那样，就需要项目管理人员通过项目这条主线把它们衔接起来，并协调好它们之间的关系。

（3）作为企业对客户的主要技术联络人员和负责人员。鉴于合同物流企业客户的重要性，往往物流企业会尽可能快速友好的解决客户的相关问题，而很多时候这些问题都有一定的技术性，不是简单的客户服务人员或者市场人员可以快速和有效解决的，那么，作为具备业务模式复制能力的项目负责人，则更好地满足了以上的条件。

针对项目管理系列岗位的这三个主要方面的职能，我们可以知道，要作为一个合格的项目管理系人员，则必须具备相对综合的物流运营性知识和经验，同时也应该具备一定的管理和协调、沟通能力，否则，很难以胜任这类型的岗位。

2. 客服系列岗位

合同物流企业的客服系列岗位，主要有客户经理和客服人员两种，两者并不完全相同，客户经理往往更贴近于具体的客户，尤其是比较重要的客户，为其提供直接的、定制化的服务，并且具有一定根据客户需要协调内部资源以满足的权力和责任，客户经理更接近为不负责具体物流技术解释的项目经理；而客服岗位则更面向全体客户，按照基本的工作流程来为客户提供追踪、查询、投诉受理等方面的服务，同时，也为客户经理提供客户个性化服务需求的相关资料和初步的统计分析等内容。

相对项目系列的岗位，客服系列岗位对物流技术技能方面的要求并不高，但对人际沟通的技巧和礼仪、办公系列技能和知识（如电脑等办公设备的使用，办公软件、信息化软件的使用等）、一定的统计分析和财务知识有着较高的要求。

3. 策划系列岗位

合同物流企业的策划系列岗位，主要有策划员、分析员、信息员等岗位，其核心是策划员。应该来说，策划系列岗位是合同物流企业产品研发的核心，一定程度上也是公司领导决策的主要信息分析者和方案制定者，另外，在获取客户的过程中，策划岗位也需要为针对客服编制的解决性方案和报价体系贡献力量。

整体来说，策划系列岗位是一个纯技术性的岗位，它的大量工作将以调研、数据分析和方案提供、产品改进建议形式出现，在某种意义上来说，如果合同物流企业由第三方物流形态向第四方物流转变，它的策划人员往往很快转型为咨询专家。

因此，这个岗位的任职要求比较高，一般会选择有多年经验或者具备较好物流技术实力的人员担任，它还要求对物流市场，无论是物流市场的技术水平还是定价体系都要有着较好的了解和较高的敏感度，当然，也要拥有很强的数据分析能力并掌握一定的分析工具。

4. 驻外管理系列岗位

合同物流企业的驻外管理系列岗位，主要根据个业务节点的规模来确定，通常来说分为三个级别，对于简单的协调和联络节点，仅作信息传递和监督，为少数甚至单个客户的某个地域业务提供服务，该地域的管理人员通常以业务主办的形式出现，属于基层的管理者，其所管理的业务节点也通常只视作派出机构，履行纯粹的业务职能，也仅仅负责来源地业务的落地服务；当业务节点具备了一定规模，开始操作多个项目，与周边区域有了一定业务往来交流的时候，通常企业将在那里设定常设的运营机构，一般为办事处级，除了业务的运作外，也会承担一定的客户当地协调和属地人员管理的职责，这种驻外机构的负责人开始算作较低层级的中层管理者了，其职能也较为丰富；当业务节点升级成为业务中心，通常企业将会将其提升为分公司级别，甚者根据需要成立独立法人的网络子公司，而它的负责人可以算企业标准的中层管理干部了，根据前面所描绘的业务中心的特性，这里的负责人已经不简单地负责本区的管理工作，也需要承担起其业务辐射区业务节点的协调工作，整体来看，其可以算作一个小型物流企业的负责人，并履行全面的职能了，唯一的区别，就是子公司的职能体系要远弱于总部，主要的政策和制度均遵从总部执行。

驻外管理系列岗位通常需要独当一面的业务人员，因此经验和一定的管理水平是对他们的最基本的需要，但由于对企业的员工来说，派驻外地，缺乏总部资源，较为辛苦，但因为小而全面，自由操作的空间较大，所以反而更容易获得成长的机会，因此也是企业培养管理人员队伍或员工成长的捷径之一。

5. 资源管理系列岗位

合同物流企业的资源管理系列岗位，主要有资源管理经理、采购、统计等职位，主要负责企业外协资源的收集、评估、考核、培训等系列工作，同时也会负责一定的外协事故处理和纠纷法务方面的职能。

资源管理系列岗位的从业要求，关键在于对物流资源市场情况的了解，而应该更好地控制外采资源的成本，此外，具备一定的谈判和评估能力、数据分析能力，也会对资源管理岗位的从业起到良好的支持作用。所以，通常来说，资源管理系列岗位的人员主要来源于两个渠道，一个是一线的调度岗位，一个是策划系列岗位，主要来源于何处，往往取决于企业的管理水平和信息化水平：如果企业整体管理水平和信息化水平不高，还依赖人本管理的模式，那么这个系列岗位从一线调度岗位转型的要多，否则，来源于策划系列岗位的要更多一些。

此外，值得关注的是财务系列岗位中的应收和应付岗位，因为合同物流企业的客户特性，并非即时运营即可收取费用，其收入部分基本存在 30～60 天的账期，而为了缓和资金压力，同时也更好地捆绑下游整合的合作资源，那么按项目的分类结算也是一个较为关键的环节，因此，一般合同物流企业的财务在一般的会计出纳岗位之外，会设定应收和应付核算岗位，他们并不需要过多的承担按财务科目细分的报表工作，而主要履行项目运作票据的核对和根据项目进行收入成本的基本账目处理，以便于项目款项的收取和外协运营成本的支付，同时更客观地反映项目的收益执行情况，其中，应收主要面向客户，而应付主要面向外协合作伙伴。

应收和应付岗位因为并非纯粹的财务岗位，而是旅行业务与财务职能的过渡性数据的处理职能，所以这类岗位往往适合由业务向财务转型的人员，他们明了一定的业务逻辑关系，在掌握基本的数据汇总分析和财务报表知识之后，即可以胜任这份工作。

第九章　其他物流业态

　　随着社会经济的多样化，各种边缘学科的涌现，行业之间的边际也在逐渐模糊。因此，除了我们前列所讨论的那些与直接依托于物流运营资源、信息而发展起来的物流组织形态之外，在近十年来，很多从业务主营性质上并非物流业务，但却也兼为物流行业提供服务，或者物流行业的一些辅助性、边际性企业也得到了长足的发展，并且逐渐脱离其主行业的范围，而专门为物流业提供相关产品，支持物流业更快的发展，从而也正式在物流行业有了一席之地。

　　本章，我们将对这些物流企业进行初步的了解和简单的分析，这样可以让我们从更广阔的视角来看待物流行业的演变和发展，也可以基于此更深层次的了解社会经济发展过程中，企业作为一个参与者，是如何适应大环境的演变来调整自身，从而获得更多发展机遇和空间的。这样，我们对行业发展的了解，将不仅仅停留在简单的固化的技术层次，而可以更好的从发展的变化的应用层次去体会以及学习——因为社会是前进和变化的，而我们多数的从业者，并不会成为资深的行业技术研发者，而是在一定时期不变的行业技术支持下，通过对社会经济形态和环境的把握，随机应变而已。

　　本章的分类和对案例的收集、分析，仅仅只是基于现有的行业环境情况而来的，反映的只是当前某一时期定格的形态，并非全面并一成不变的理论，也许随着社会经济和行业技术的进一步发展，它们将会产生巨大的变化，甚至现在所推崇的，未来也可能将被否定，事实上，我们也会根据行业的进一步演变，定期或不定期的更新本教材的内容。所以，我们在接触本章内容的时候，应该更多的以拓宽眼界的心态去了解它们，而不是作为一个标准答案，当然，如果有兴趣的同学，可以进一步推演和研究其发展内在规律，也将带来自身对行业更高水平的认知。

第一节　物流设备提供商

【案例导入】

中国物流设备网平台

　　中国物流设备网（www.56en.com）是搜浪互联（www.soulang.cn）旗下的物流设

备行业垂直门户网站，也是搜浪互联自主开发的行业智能网络营销平台，还是中国设备联盟（www.ceunion.com）的物流设备行业专业站点和行业营销细分化的应用平台。该网站平台的开设，主要是为了致力于物流设备行业提供企业间（B2B）网络电子商务应用、互联网信息技术及企业网络营销解决方案等网络服务。其具有丰富的行业平台开发运营及管理经验，已开始为来自不同国家与地区的近百万家企业与商人提供物流设备行业网上商务服务，以促进中国物流设备行业全球化贸易。该网站的口号是以最快的网路链接、最先进最成熟的技术、最好的服务质量服务于用户，向客户提供更专业的网络服务。

中国物流设备网平台是基于电子商务 2.0 构架的，电子商务 2.0 的特点是所有企业用自己的商务活动（卖商品、提供信息）直接参与互联网，在自己完全独立的网站上进行。一切核心商务及其管理，完全自己做主，充分满足成长型、成熟型企业的需求。同时又与面对消费者、买家或者信息需求者的门户无缝连接，以独立的自我分享网络的繁荣。企业成为中国物流设备网会员就相当于在中国物流设备网上安了一个家，每个会员拥有一个独立唯一的域名 http://yourname.56en.com，利用这个独立自主的平台享受中国物流设备网提供的以下会员服务。

（1）供求信息：会员企业可以把企业的供求信息发布在中国物流设备网"供求信息"模块。

（2）产品目录：会员企业可以更新修改增删在"产品库"的产品信息。

（3）企业招商：会员企业可以发布企业的代理、加盟、合作、竞标、转让、租赁等招商信息。

（4）企业招聘：会员企业可以发布企业的招聘信息。

（5）精品世界：会员企业可以发布一个企业核心产品，对该产品进行重点宣传。

（6）企业资料：会员企业可以更新修改增删在"企业库"的企业信息。

（7）企业风采：该模块主要用于会员企业形象文化宣传。

（8）工程案例：该模块主要用于会员企业展示辉煌业绩。

除此之外，企业还具有证书及荣誉、企业物流档案、留言及询价、商业伙伴等方面功能的管理权。

行业介绍

俗语说："三军未动，粮草先行。"物流行业巨大的发展潜力和日益增长的市场规模，除了让物流实体运营企业得到了巨大的发展空间，也首先让一批物流运营设施提供商快速发展了起来。作为物流实体运营企业的后勤支持企业，也积极地结合当前的技术和管理平台的改进，对自身的营运模式展开了一系列的、多样化的调整，而非坚守传统的设备生产供给这一条大道，从而在这个行业井喷的时代获得更大的发展机遇。

在 20 世纪 80 年代，物流设备提供商的组成，主要是物流设备的生产商和少数中间商、代理商，他们大概占到了整个物流设备设施提供规模的 97% 以上。这个时期，物流设备提供行业企业营运模式单一，基本上集简单的研发、引进、生产、销售、售后服务于一体，以设备本身为主体，而产品技术水平是影响市场份额的最主要因素，需求者很大程度需要在提出需求的同时，自行比对选择和采购所需的产品。

到了 20 世纪 90 年代中期以后，随着整个中国市场经济的活跃，市场经营理念的巨大变化，物流设备提供商这一行业的组成也发生了剧烈的变化，其中最显著的变化是：以产品为主体导向的市场变为了以服务为主体导向的市场，以提供信息中介服务、设备集成服务、设备维护管理服务为主营定位的企业类型急剧上升，到 20 世纪末，这类企业已经突破行业企业组成比率的 60%，成为了行业的主导形式，而物流设备生产商基本退到了幕后，纷纷成立独立的销售公司或委托专门的销售组织应对。此时，需求企业在支付足够的费用后，便可以等待自身需求的实现，而所要做的，只是核准自身需求，然后比对价格、时效、性能的差异进行决策而已，甚至更进一步，需求企业自身的需求的精确确认，也会交由新时期的设备供应商来完成。

在这个时期，行业企业营销运营模式变革带来的企业组织变革是行业企业最主要的变化。而这种变革的核心，是逐步消除行业设备产品本身的技术特性对市场主导的影响，而通过信息更快速的对接以及服务功能的满足为手段，实现市场需求的满足。简单来说，就是将一个专业化的技术市场切割开来，把市场的技术部分与直接的市场需求分离，引入一个中间处理层，让专业化的人士来进行需求解读和进行技术转化，从而提高效率，避免行业交易损耗。

整体来看，除了传统的设备生产商、设备代理商等形式外，该行业当前还主要存在有以下活跃的组织类型：

（一）以网络为服务载体的企业形式

上述案例中的中国物流设备网就是一个通过网络信息化平台技术，提供行业供需见面的一种企业形式，这类的企业很多，国内知名的企业还有物流产品网（www.56products.com）、国际物流技术网（www.5648.cc）等。

这种形式下的企业，多半由各大门户网站或行业协会组织发展起来，它们通过提供网上行业供需见面的形式，以减少行业市场供求信息的不对称，在提供企业更大的信息机遇的情况下，也被动地带来线下的市场危机感，从而更进一步引导行业企业的相互竞价和定制化服务的发展。

这类企业多半采用会员制或者有偿信息的方式来作为自身的赢利点，再加上少数的广告收入和特定的展会等周边收入，这也是当前该运营形式最主要的赢利模式。但随着社会的进一步发展，为客户提供有效的担保、服务评价、在线方案的提供等增值性服务开始成为该类型企业新的收益增长方式。而这些方式，也使得它更接近于我们所说的第四方模式。不过，基于其以物流设备设施提供为明确产品服务目标的企业特性，我们还是更倾向于把它界定为物流设备提供商企业，因为它具备和适应更多的该行业运营特点。

毫无疑问，此类企业中，行业信息收集处理、客户服务和管理，以及其对应的网络技术功能转化岗位是组织中的基础岗位，而随着行业企业的进一步发展，行业信息的分析，以及行业解决方案人员也逐步会成为其组织中的主流岗位。

（二）以物流设备租赁为主营的企业形式

物流设备租赁严格来说并不是一个新鲜的话题，专业化的物流设备租赁形式出现可以追溯到 20 世纪初甚至更早，香港船王包玉刚的发迹也是来源于船只的租赁营运而非直接购买。在发达国家，租赁业是与银行信贷、证券业并驾齐驱的三大金融工具之一，也是商品流通的主要渠道。从世界范围看，租赁服务已成为一个国家技术更新、设备投资、产品销售的重要手段之一。以叉车为例，在欧洲，叉车的融资租赁占市场份额达 50％～80％，而在中国这个市场仍然很不成熟。据介绍，美国租赁业对 GDP 的贡献率已超过 30％，而我国仅为 3‰；发达国家租赁业的市场渗透率已达 15％～30％，而我国租赁市场渗透率只有 2％左右。

我国是一个人均资源稀少的国家，租赁服务有助于促进节约型社会的建设和经济的可持续发展，物流设备的租赁服务也同样有助于设备制造企业的销售增长，更重要的是可以让更多的中小物流企业比较容易地获得物流设备并投入到企业的经营中来，从而缓解和从根本上解决企业一次性购置设备的资金压力。目前，跨国公司已经纷纷开展了设备租赁的服务，而长期以来，国内企业由于体制转轨、政策税收和专业化分工等观念方面的问题，物流租赁市场的功能和作用远远没有发挥出来，更无法有效匹配国内物流业的迅猛发展。因此，讨论近十年来中国物流设备租赁企业的发展，相对于中国物流业快速发展而捉襟见肘的有限投入，有着重大的意义。

从前面几章我们可以看到，当代中国，物流实体运营企业——这里所指的物流实体运营企业是指真正执行"物"流运作保障的企业，而非以管理服务为主的物类企业类型——严格来说还是一个资金密集型、劳动密集型的企业，以一个日周转 10 万方货物的物流企业，如果其采用平库运作，大概需要 3 万～5 万平方米库房，5000～20000 个周转托盘，稳定 24 小时运营下的 3～5 台叉车，不少于 20 台的地牛，当然还有与之匹配的作业工人和其他设备，如周转车辆，不算土地，其硬件投资大概在 500 万～1000 万元。当然，如果具备稳定的业务规模，毫无疑问，这些投资将收到非常可观的回报，但往往物流业务因经济、业务品类自身特性而存在着巨大的波动风险，设备闲置率相对整体利润率偏低的物流行业，将成为企业成本的一个重要隐患，相比之下，物流设备租赁是一个更好的选择。当然，伴随物流租赁服务业发展的另外一个增值性服务，物流设备维护的专业化也是一个重要的因素。

当前国内主要的物流设备租赁主要集中在叉车和托盘这两项设备上，它们大概占据了物流租赁市场近 80％的份额，尤其是托盘市场，而且这一比率还在进一步的攀升。

阅读资料

CHEP 是全球最大的托盘租赁公司，总部位于美国的奥兰多，公司在全球 44 个国家的 7700 多名员工管理着超过 2.65 亿的托盘，同时在快速消费品行业、家居行业和汽车行业服务于超过 30 万的客户群体，其中包括宝洁、联合利华、可口可乐、开乐氏、卡夫、雀巢、沃尔玛、家乐福等。

CHEP针对中国快速消费品市场量身定做了合乎其特殊要求的具有钢加固、表面防滑功能和内置RFID芯片的塑料托盘，托盘尺寸：1.2米×1.0米×0.15米，较目前国内普遍使用的木托盘更经久耐用，客户可以灵活地根据淡旺季使用量进行租赁。

对于物流设备租赁企业来说，市场、客户服务和设备维护人员是其组织的主要成员，如果设备租赁企业是设备制造企业的衍生企业，那么设备的设计、生产需求的分析岗位，也是一个很关键的岗位。

（三）专项物流设施服务提供商

该类企业主要是在特定的区域提供特定的物流设施服务，如码头的集装箱堆场和吊装、机场的行李分拣等。

严格来说，专项的物流设施服务提供商与物流运营商看上去差别不大，很多学者或者业内的从业人员更喜欢把它归纳在专项的物流业务营运商的范畴，如仓储提供商等。确实，从企业的运营形式上来看，两者非常相似，都有着形式上较为齐备的物流运作环节，而不是简单的设施租赁和维护服务。但从其企业核心的竞争因素和所提供的产品主体来看，作为物流业务运营商的企业，在一段较长的时间内，它的资源配置是应根据它的业务需求来调整的，而作为专项物流设施服务提供商而言，它的业务需求是根据它自身的资源配置来选择的，因此，前者更具市场化，而后者更具专业化，往往是某个运营环节不可缺的部分，所以也往往集中在比较垄断或者刚性不可缺的物流环节当中，当然，也有两者兼而有之的，即基于专项物流设施从而提供物流运营业务的企业，如招商局能源运输股份有限公司。

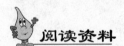
阅读资料

招商局能源运输股份有限公司

招商局能源运输股份有限公司成立于2004年12月31日，注册地为上海市浦东新区，成立时注册资本为22.33亿元。

公司船队资产原为招商局集团所拥有的能源运输船队资产，这些资产首先经过重组，整合集中到招商局集团（香港）有限公司在英属维尔京群岛新设立的能源运输投资有限公司名下，再由招商局香港将能源运输投资的股权无偿划转到招商局轮船股份有限公司名下，招商局轮船股份有限公司继而以招商局能源运输投资有限公司的股权作为出资，联合中石化集团、中化集团、中远集团及中海油渤海公司四家发起人共同发起设立公司。

公司主营业务为远洋油轮及散货船运输。截至2010年1月，公司现有油轮18艘，合计载重吨约381万吨，平均船龄8.4岁；散货船15艘，合计载重吨约88万吨，平均船龄14.4岁。两个船队分别由公司全资拥有的两个专业管理公司海宏（香港）公司及香港明华进行日常经营管理。

除油轮及散货船运输业务以外，公司通过下属的合营企业中国液化天然气运输（控股）有限公司（以下简称CLNG公司）参与液化天然气专用船运输业务。该公司为我公司下属公司与中远集团下属的大连远洋运输公司合资成立的（各占50%权益），公司通过CLNG公司参与广东液化天然气进口项目、福建液化天然气进口项目和上海液化天然气进口项目的海上运输业务，目前该公司参与投资的5艘液化天然气专用船已经投入营运，另外1艘正在建设过程中，预计将于2012年年底投入营运。

公司未来将以远洋油轮运输业务为核心，积极开拓液化天然气运输业务，加强与战略伙伴的合作，以重点发展与中国进口能源相关的运输业务，争取经过3～5年的努力，将公司所属船队发展成为更具国际竞争力，保持国内领先地位，收益相对稳定并持续增长的大型能源运输船队。

因此，之所以将该类企业从物流运营商企业分离出来的主要原因，是因为企业的组织形式是随着其核心的业务要素而调整，而该类型企业的业务要素至少从当前形势来看，还是基于其特有的物流资源本身，而非更广泛的市场需求。

因为专项物流设施服务提供商所提供的服务具备较强的技术性，其市场空间较为狭窄而在一定区域彰显出排他垄断特征，标准化也较高，所以在它的组织形式中，市场化的因素对应的岗位，如销售、客服、策划岗位要弱化很多，反之技术维护、设备操作和辅助管理型的岗位则占了极大的比重。当然，随着社会和行业服务意识的进一步加强，行业特性特殊终究不会形成绝对性的壁垒，而以市场需求为核心，以服务为主要竞争力的企业经营理念也将最终主导该类型企业的进一步发展。

思考：

在什么情况下，基于码头、机场下的这一类专项物流设施服务提供商可以转化为传统的物流运营商形式呢？

第二节　物流资质提供商

【案例导入】

某公司的加盟约请函

各位尊敬的合作伙伴：

您好！感谢您一直以来对于我公司的支持与信任。我公司自成立以来，以跨越式发展速度，在全国建立起庞大的快运网络，公司秉承"以员工发展为根本、以客户价值为导向、以运营质量为核心"的经营理念，立志成为"市场青睐、客户喜爱"的物流企业。

为了更好的向客户提供优质、周到的服务，更好的发展快递业务，扩大品牌影响力，我公司在全国地、县级城市诚招合作伙伴。欢迎有经营理念、有一定的经济实力、品德良好的有志之士加入到大家庭中。

——某公司加盟公开信

行业介绍

加盟是现代企业营运以消费者为中心，通过统一商品、统一价格、统一服务，广泛布点及时地、最大限度地满足顾客所需的经营的一种方式，是指加盟总公司和加盟者缔结契约，加盟总公司将商标、商品、经营技术授权于加盟者。而加盟者在得到上述权利之时，相对必须支付一定金额给加盟总公司，并根据加盟总公司的指导、培训及协助，使用相同商标，全部或部分使用相同商品、服务和经营技术，行使专业分工、集中管理的经营团队。同时，加盟店设立，所需资金大部分（或全部）由加盟者负责，加盟店所需人员原则上由加盟者负责。其具备"十个统一"的特征：即统一领导、统一商号、统一进货、统一价格、统一服饰装饰、统一广告宣传、统一经营形式、统一仓储运输、统一售后服务、统一管理体系。而对于物流行业的加盟者来说，这种加盟形式更多是一种运营资质的获取，当然，对于总店来说，则是物流网络的扩大。因此，在物流行业，加盟这种方式，多用于快递物流行业和专线货运行业，尤其以前者为先。

为什么物流行业的加盟形式与其他行业加盟形式不同，其更多侧重于运营资质的获取呢？这里所说的物流资质有两种，一种是货运或特种运输这一类行业作业资质的获取；另外一种则是地方区域经营资质的获取，前者是加盟者选择加盟方式的目标，而后者则是总店选择加盟方式的目标。

这种情况的出现，究其原因是来源于中国的货运行业特色政策，一方面是基于中国货运业的前置专项审查，如果不具备一定的条件，真正的货运行业不是谁都可以进入的，从业者顶多可以从事货代和仓储的业务，即使进入了这个行业，还有各种行业资质级别的评定，这都对从业者的业务范围、信誉有着巨大的影响，而要获取这些，需要大量的时间和资源的投入；另一方面是基于中国属地化管理的特征和由此演变的地方保护主义，对于一个非本地方性的企业，如果从事当地的业务，则对地方政府意味着税源的流失以及其他更多的一些关联，对企业意味着更多的经营风险和不可控。因此，加盟在某种意义上对加盟双方都可以很好的解决这个问题。

这也是为什么对于物流企业来说，其加盟门槛要比其他行业低得多，约束力也要低得多的原因。因为双方相对而言互助性要更大一些，因此加盟商的独立性更多一些，而总店的影响力则小得多。当然，行业标准化程度也远低于其他行业的加盟形式，也是中国物流加盟形式化的一个很重要的原因。事实上，如果说快递物流企业的加盟情况相对还更接近管理学中的加盟概念，而专线货运企业的加盟就更接近于战略合作，只是合作主体之间略微存在主次强弱的差别。

中国的物流加盟业还比较混乱，除了上述加盟合作的基本目的单一的原因外，也和国内行业整体管理水平不高有着很大的关系，所以我们仅仅只是认可这种形式的企业只是一种运营资质和网络资源提供企业，并不能看做实质上的加盟营运企业。更进一步地看，现在国内的物流加盟企业，其主要收入也不在于加盟费，甚至都不是业务的分成，而是基于一种互利关系——总店到地方上的货物由加盟店配送，而加盟店借着总店的资质开发当地的市场，至于市场开发后获取的货物，加盟店即可以通过总店运送，也可以自行解决，总店不会过多干涉，至于结算，各自清算，大多数时候并未统一，除非部分客户对于发票等方面提出要求。因此，对于大多数启动物流加盟形式的物流运营商，其目的仅仅只是解决一些终端地点配送问题而已，所以其组织形式中，加盟管理只是其运营管理中的一个小的模块，甚至都没有放到市场管理中去。

物流资质提供商除了加盟这个常见的形态外，还有其他两种常见的却不甚规范的形态。

一种是关于投标资质的提供。在国内物流运作中有一个很常见的现象，就是许多大型外资的制造或商贸企业在组织物流竞标的时候，往往倾向或直接屏蔽掉国内的物流运作商，而仅限于国际知名的物流商。但事实上，这些国际知名的物流商在国内并没有运作实体，所以就会出现国内企业做运作方案，负责执行，国际企业做投标方案，负责拿标的情况；当然，其他时候也会发生类似的现象，比如说国内一些重大标段对运营资质要求较高时，而应标符合资质的企业主体对部分或全部招标业务不太感兴趣，也会出现一些中小企业以应标企业合作者的身份实质转包该项业务，而应标企业签署总包合同，截取一定管理费后，再将业务转包其他感兴趣的企业，久而久之，这种形态趋于固化，部分具备资质的企业专门从事应标，而后将获得的标段组织分包，以管理费形式为其主要收入。

该类型的企业，商务谈判能力较高，其内部资质获取和维护岗位自成系列，运营方案，尤其是标书编制方案能力很强，当然，对于知名的企业，不会通过简单的不负责任的分包来获取短期的收益，所以项目管理团队也会加强，不过往往一个项目只有一个或少数项目经理角色对分包的企业运营进行必要的监督、指点和与客户间的协调工作。

另一种则比较特殊，在20世纪80年代以前，中国的公路运输主体还是大型的运输公司，他们以区域化企业存在，拥有几千甚至上万台各色车辆。但20世纪80年代后，由于市场的开发，巨大的车辆维护成本和落后的管理手段以及迟钝的市场触觉，导致这些企业濒临破产，企业名下车辆纷纷转售或私有化。但是，由于这些企业规模大，在地方上具备一定实力，地方也会给予一定的政策优惠，比如说养路费费率的优惠等，最关键的是他们具有较高的运输资质和较宽的运营范围，一些原来自企业转让的新的车辆所有者要求仍然挂靠在原企业名下运营，在给付一定管理费的前提下，享受企业的资质、政策优惠和其他的权利。所以，在20世纪90年代前后，一部分企业索性以此为基础，主动收编整合社会闲散车辆，为其提供类似服务，而基本不负责对其日常的营运管理。一般情况下，这类型的企业均以管理费为主要收入，还包括养路费差额、保险内保等辅助性收入，主要支出为管理机构的费用，也包括一些事故或诉讼的风险支出，当就现在的发展来看，有一部分企业并未就此止步，而进一步利用其整合的资源，真正开展一些实质性的物流业务运作，也有演变为物流营运实体的迹象。

该类型企业，市场及运营的岗位基本缺失，而主要在于车籍和车辆关联事务的管理，如行政审批事项、保险事项、法律事项、结算事项等。除了以车辆为主的企业有类似业务模式外，航运、仓储也有少量此类形态的企业存在，但已经不成为主导了。

第三节　物流地产提供商

【案例导入1】

通州物流园区

1998年12月底，北京市通州区人民政府批准建设北京通州物流产业园区。园区以发展现代物流产业，吸引国际、国内知名物流企业入驻，加速推动经济结构战略性调整，实现产业全面优化升级，服务于北京经济发展为宗旨，是北京在东南部地区最先批准建设的物流园区。目前该园区已有北京华通捷股份有限公司、北京医药股份有限公司、北京环捷物流有限公司和北京大荣物流有限公司4家企业入驻或签约，这4家企业总投资额达11亿元人民币。通过两年前期建设，通州物流园区的各项市政配套设施已基本到位，包括万门光纤通信宽带网、3000千伏双路供电系统、中央式供暖制冷系统以及日供水2500吨的小型水厂和日处理量达200吨的污水处理设备。目前通州物流园区正以优化资源结构，加大科技投入和提升服务质量为核心，努力打造区域性物流园区品牌。

作为区域性物流园区，必须明确物流园区所处区域的地理环境、经济环境和政策环境，要使物流园区同所在区域（城市）的产业结构和经济发展结合起来。北京通州物流产业园区位于北京东南部的通州区马驹桥镇，地处京津塘高速公路与北京六环路的交汇处，距北京市区15.5千米，距首都国际机场30千米，距天津塘沽新港120千米。园区毗邻京沪、京沈、京哈、京开高速公路，区域地理优势非常明显。同时该园区处于北京经济技术开发区，符合北京市发展大物流基地的总体目标要求，前景非常好。

北京通州物流产业园区在发展中，努力将国际物流与国内物流相融汇，将企业物流与社会物流相结合，全方位发展。计划3年内形成物流产业园区的雏形，成为开发区生产企业、商业企业的后勤基地；5年内初步完善物流产业园区，建设集装箱堆场、保税仓库、海关等，发展国际物流；10年内发展成为华北地区的国际物流枢纽，达到国内领先水平。其中一期计划用地4113亩，占计划用地的45.1%，包括生产企业物流用地12.1%，商业仓储用地2.8%，第三方物流企业用地20.7%，综合服务及公共配套设施和停车场用地5.7%；二期计划用地1240亩，占计划用地的13.6%，主要是集装箱堆场及保税仓库用地；三期计划用地1277亩，占计划用地的14%，包括物流设备生产企业用地9.8%，停车场用地4.2%，以及商贸用地27.3%。

北京通州物流产业园区努力将物质资源、交通资源、信息资源、服务资源一体化管理，避免重复建设和多头管理，实现了流通链的畅通、便捷。将物流产业园区按功能划分，生产企业物流基地，包括备件仓库、流通加工仓库、配送中心；商业仓储用地，以大型仓库、配送中心为主；进出口企业保税仓库以及集装箱堆场、第三方物流企业和综合服务区等，从而优化资源结构，找准市场定位。

北京通州物流产业园区以科技为抓手，以"人才"为本，将现代科技融入物流全过程。继建成万门光纤通信线路宽带网和智能化信息处理中心后，他们又开发了园区内B2B技术。企业的竞争其实就是人才的竞争，通州物流产业园区所在地通州区马驹桥镇，专门制定了吸引人才的优惠政策，在物流产业园区投资置业、受聘于中心镇机关、企业、事业单位的高级科技和管理人员，可以申请登记北京市城镇常住户口。同时，为加快物流产业园区的发展速度，通州区和马驹桥镇两级政府制定了一系列促进园区发展的地方性政策，包括土地使用政策、财税政策、融资政策和业绩奖励政策等，为驻区企业创造了良好的运营环境。

【案例导入2】

普洛斯

1993年，专注于工业地产投资的普洛斯公司开始投资物流地产。并在短短几年间，将其发动的地产风暴席卷全球，呈几何级数地完成了资产增值。至今，该公司已由一个仅有3600万美元启动资金的年轻企业，成长为全球投资额超过220亿美元的超级地产大亨，其管理和开发的地产共2079处，有着2990万平方米的物流仓储设施。

在每年将近40多倍的资产膨胀中，普洛斯以骄人的业绩成为业内追捧的新秀。同时，其所投营销的物流地产理念迅速成为一种资产管理潮流。

从普洛斯的发展轨迹来看，普洛斯发迹于20世纪90年代初期REITs基金盛行之时。1991年，普洛斯的前身——Security Capital Industrial Trust成立，并借助1992—1993年席卷美国的REITs热潮飞速发展，1994年在纽约证券交易所成功挂牌上市。随着业务组合的变化，1998年公司更名为ProLogisTrust并最终命名为ProLogis。

当然，普洛斯在融资方面并不仅仅依赖于REITs，目前它旗下还管理着9个基金。普洛斯中国业务发展经理赵明琪说："这与普洛斯在房地产方面只投资工业地产有关。"而在纽约证券交易所上市的REITs除了工业地产外，还有其他类型如商业地产、零售地产、综合地产等领域。

2003 年，普洛斯公司开始进入中国。普洛斯公司副总裁梅志明说，普洛斯进入中国是看中了中国市场的巨大潜力，他表示：“中国物流市场前景光明，普洛斯将加大在中国的投资力度，使中国成为普洛斯在美国本土以外最大的投资地。”

普洛斯在中国如火如荼的圈地运动由此而展开。

2004 年 4 月，普洛斯在上海桃浦成立合作公司，收购乐购配送设施及取得上海西北物流园物流设施独家开发权。

2004 年 4 月 28 日，普洛斯与苏州物流中心有限公司合资并正式签约。合资双方各持 50％的股份，总投资 3 亿美元，其中苏州物流中心以现有的仓库和土地形式入股。

2004 年年底，由于遭遇国家宏观调控和一系列土地风波之后，普洛斯从长三角转战珠三角，并分别敲定了（广州）保税物流园区和云埔物流园项目。随后不久，普洛斯又转战深圳。经过数月谈判后，于 2005 年 4 月底，将深圳盐田港正式纳入普洛斯的势力范围。与此同时，普洛斯北京空港物流园和天津泰达物流园项目也尘埃落定。

截至 2005 年年底，普洛斯在中国投资额达 3 亿美元，在华投资已覆盖到华东、华南、华北和西南地区。面对这一骄人业绩，梅志明并不满意，他明确表示，在普洛斯未来版图上，杭州、厦门、大连、宁波等沿海城市，甚至包括重庆等内地城市都将会是好戏连台。

业态分析

物流地产企业是一个物流行业中十分特殊的企业类型，从原本的定义上来看，它是为物流企业提供地产和地产周边服务，包括土地的所有权和土地性质、手续的办理，地表设施的建设等，所谓“物流地产”，即由企业选地建成相关物流设施（物流园区）后，再转租给制造商、零售商、物流公司等客户，并组织资产管理队伍进行物业管理，提供物流相关服务。物流地产，土地是核心。现在主要体现在两种形式上：一是面向市区的配送基地，并辅以写字楼、仓储；二是集中的物流园区建设。

物流地产的运营模式按照投资和管理的主体不同可分为四种。

（1）地产商作主导，租售给物流商并代其管理。即房地产开发商是开发投资的主体。开发商选地建成相关物流设施后，再转租给物流企业。日常物流业务由物流公司操作，房地产开发商只是负责投资开发和物业管理。这种模式的优点是更有效地帮助物流企业客户管理资金、降低成本，提高企业的核心竞争力。缺点是对于小规模的物流企业而言，租金成本可能过高。

目前这种模式以国外工业地产巨头普洛斯为代表，其经营模式是：在全球范围内投资建设优质高效的物流仓储设施，出租给客户并为其提供物流管理服务，但绝不参与客户的日常物流业务经营。其本质是一家地产开发商而非物流公司，收益来源于物流设施租金与管理费。“普洛斯运营系统”提供的强大物流配送服务网络涵盖了仓储设施的整个流程，普洛斯模式主要通过策划、构建与设施管理来实现。它的客户可以分为三大类：物流业、制造业及零售业。UPS、DHL、联邦快递、马士基、通用汽车、大众、卡特彼勒、雀巢、惠而浦、柯达、施乐、沃尔玛和欧尚等跨国企业，都是普洛斯的忠实客户。许多客户都租用了普洛斯遍布全球的多项仓储设施。

普洛斯为客户提供的服务可以归纳为下列四种方式：①物流园区与标准物流设施开发。普洛斯在选定了最具战略性的物流配送地点后，着手开发在规模、登记与合同条款上满足客户要求的通用仓储物流中心，为客户提供便捷、高性价比的物流配送设施。②按客户要求定制开发仓储设施。即根据客户的特定需求，选择合适的地点，建设与管理客户专用的物流设施。③收购与回租。为了满足客户不断增加的财务目标，普洛斯可以收购客户现有的物流配送设施，再将其租给客户使用。收购与回租可以有效地将物流配送设施从客户的资产负债表上除去，从而使客户能够通过精简资产、提高资本利用率，将主要精力放在核心业务上。与此同时，普洛斯也获得了大量营利性物流设施。④提供咨询服务。依靠经验丰富的专业管理团队，普洛斯也为客户提供咨询服务，帮助其设计或改善供应链管理流程。

（2）物流商自有地产，自己经营管理。即物流企业是相关物流设施投资建设的主体，建成后也是自己经营，自己管理。优点是可以节省一部分租金，而且物业的折旧费用可以享受到税收减免的好处。缺点就是管理水平可能比较低、非专业化，同时需要占用大量的资金，运营成本比较高，而且由于建设上的非专业性，建设成本可能较高。

目前国内大多数物流企业都是这种模式。比较典型的是上海百联集团、大商集团等。百联集团以商业地产、物流作为集团的支撑业务，在管控模式方面，实行"集团总部—事业部—经营公司"三级架构，并依据该模式设立八大事业部和四大中心，而八大事业部则包括了房产置业、物流等。这样可能是加强了管理的有效性，但同时也可能带来管理成本的提高。

（3）地产、物流商直接合作经营。即物流商、地产商通过成立项目公司或协议、合同等其他契约方式共同出资、合作经营，各自发挥自己相关领域的优势，对于项目建成后的收益按照协议分享同时共担风险。这种模式的优点是可以发挥地产商在拿地、设施建设等方面的优势，同时发挥物流商在物流效率设计、物流运营方面的优势，实现物流商和地产商的"共赢"。但是缺点在于双方前期面临信用风险，同时在后期利益分配、风险分担上可能出现矛盾。

（4）由第三方牵头，联系物流商和地产商。即通过第三方将物流商和地产商各自的资源进行整合，同时对物流商和地产商的资格、实力进行审查，确保强强联合。物业建成后由第三方中介组织负责对管理企业进行招标，而企业收益也由第三方代为审查并根据协议分配。这种模式优点是充分利用了独立第三方的审查，从而避免了物流商和地产商的信用风险，同时避免了后期产生的矛盾。但是这种模式对于第三方的要求很高，而且要求中介市场有较高的行业自律，同时需要社会信用档案的支持。

这里的第三方包括两类：第一类是以政府为主，政府发挥自身的资源优势，对物流商、地产商的实力、资信等级进行审查，并对项目完成后的运营等进行监管，确保物流地产的发展良性运行。但是在这种模式中政府的管理功能可能过强，不利于市场竞争环境的形成，而且政府承担的风险和责任也比较大。第二类指第三方中介组织，它利用自身的技术优势，对于物流商、地产商的技术实力和资信、资金实力进行评价，并利用独立审计等方式来保证对项目完成后的监督。但是这种模式对于组织结构、组织中人员的技术水平等要求比较高，而且对于中介组织也需要加强自律。

在这种情况下，中国出现了国家物流地产的模式，即省市级规划的物流园区，我们本节导入案例通州物流园区就是其中一个例子。截至 2008 年，我国已有物流园区 475 个，在用 122 个，在建 219 个，规划中 134 个，全部围绕既有海港、空港、陆港和制造业园区发展设计。大多数物流园区和开发区等同，采用地方政府派出机构，以管委会模式进行管理。

但是，当前中国物流地产业并非良性发展，因为受中国地价高速上涨的影响，国内物流地产出现了一个赢利怪圈，即物流是名，圈地是实，用物流名义以工业用地低价征下的土地，经过开发商或企业囤积一段时间，不改变或改变土地使用性质后提价出售，其赢利空间远大于对土地的实际运营使用，这种情况甚至在很多享受国家政策的物流园区也屡屡出现。这样的做法，在给企业或地方带来短期收益的同时，却毫无疑问的挤压了快速发展的物流行业对土地的需求空间，通过对城市和运输枢纽适合物流运营土地的囤积和操作，也使真正的物流企业营运成本上升，无地可用。许多物流企业，也偏离了主营业务，陷入了圈地的浪潮，这对物流行业长期的良性发展，并没有好处。

整体来说，物流地产企业组织中，物流基建和设备选型、方案规划人员比重较大，同时具备一批擅长行政公关的公关人员和行政审批的管理人员，而真正的物流运营人员较少，其物流运营人员也基本为仓储运营方向的人员。

思考：

物流地产企业对物流行业的支撑点到底是什么？

第四节　物流信息平台运营商

【案例导入】

八挂来网

"八挂来网"成立于 2006 年 8 月 8 日，在河南省交通运输厅、省道路运输局和安阳市委、市政府的正确领导下，由安阳市市委常委、副市长李宏伟提议和策划，在安阳市交通系统成立了安阳市现代物流信息发展有限责任公司，同时建立"八挂来网"物流信息系统。它是一家面向全国提供免费货运物流信息的专业网站，网站运营两年多来，树立了

"货找车、车找货,'八挂来网'当媒婆"的理念。该系统建设得到了国家交通运输部、河南省交通运输厅、省道路运输局和安阳市委、市政府的关心和支持。2008年4月,该系统被河南省交通运输厅确定为河南物流信息系统,向全省18地市全面推广。

河南物流信息系统——"八挂来网"自成立以来,投入了大量的物力和财力,已经发展成为以网站数据库为基础,包含网站、物流客户端、物流手机WAP、物流手机短信、集成型GPS卫星定位系统和网络通话六个功能模块为一体的综合性物流信息系统(如图9-1所示)。

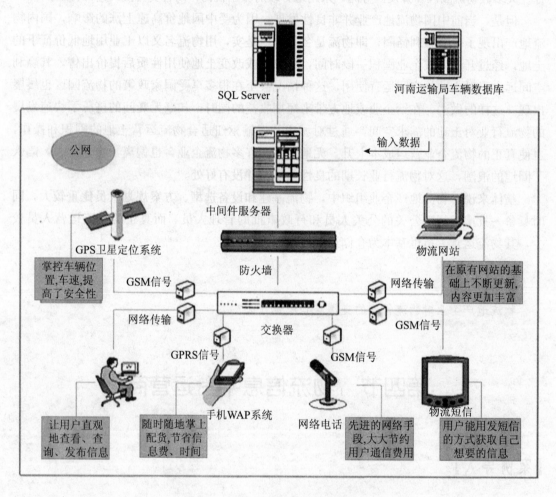

图9-1 "八挂来网"物流平台系统

该系统对于改变传统物流信息的传输方式,无缝对接物流行业的各个环节,有效优化和集成供应链,有着不可或缺的作用。为做大做强"八挂来网",使之真正走出河南、覆盖全国,我们不断开发更加适合物流市场的应用软件平台,利用中国移动的网络技术,为"八挂来网"注入了新的设计元素和理念,提高了系统平台的运行效率。

目前，"八挂来网"正式注册用户达 16551 户，网站每日平均发布有效信息 100 多万条，单日信息量最高达 160 多万条，网站日点击率达 5 万余次。据统计，截至目前为止，通过该系统减少空载行驶里程约 4.7 亿千米，共计节省 9400 万升燃油，相当于节省了 5.6 亿元燃油费。根据环境部门《机动车大气污染排放表》测算，共计减少二氧化硫 298 吨，一氧化碳 2484 吨，铅化合物 143.5 吨，节能减排效果十分显著。

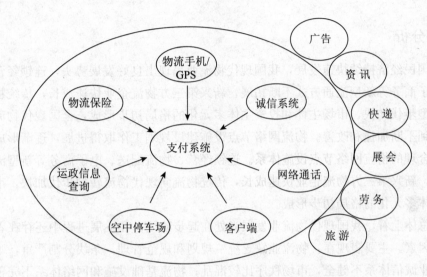

图 9-2　河南省物流信息系统——"八挂来网"增值业务体系构成

2008 年 8 月 12 日中央电视台新闻联播以"河南建立全国首家货运信息平台，破解货车'空驶'难题"为题进行了报道；9 月 14 日中央电视台"焦点访谈"又对"八挂来网"进行了专题报道；在河南省首届"十佳"网站评选中，"八挂来网"获得"河南省首届'十佳'网站"称号。

河南物流信息系统——"八挂来网"已被交通运输部列为第二批"全国交通运输行业节能减排示范项目"。2008 年 10 月 20 日至 24 日，以交通运输部体改法规司行业体制改革处处长李树栋为组长的节能减排示范项目专家组一行对该系统进行了考察和评估。专家组对河南物流信息系统——"八挂来网"给予充分肯定，表示向交通运输部汇报后，建议尽快在全国推广应用，使其进一步做大、做强、做优，在节能减排、促进物流业又好又快发展中作出新的更大的贡献。11 月 5 日，国家交通运输部冯正霖副部长亲自带队莅临"八挂来网"视察指导工作，冯部长称，"八挂来网"对提高车辆的运载率和"节能减排"方面发挥着重要作用，是现代科学技术发展的一种重要方式，是道路运输业管理现代化的一种体现。国家运输部将建议全国推广应用，争取使"八挂来网"立足河南，走向全国，成为全国知名品牌。2009 年 4 月 22 日，交通运输部科教司副司长张延华一行莅临河南物流信息系统——"八挂来网"。张延华副司长表示希望"八挂来网"在赢得更多市场的同时，为道路运输企业争取更多的利益。2009 年 5 月 19 日，"全国推进甩挂运输发展和物流信息平台建设工作研讨会"在安阳隆重召开。会议期间,国家发改委资源节约和环境保护司副司长谢极、国家交通运输部道路运输司副司长徐亚华莅临河南物流信息系统——"八挂来网"视察指导工作。两位副司长一致表示,将通过了解"八挂来网"的建设来讨论如何指导全国的物流信息平台建设,作为提高运输效率的一项重要的节能环保措施来向全国推广。

业态分析

随着国民经济持续快速发展,我国现代物流业呈现出良好发展势头,连锁经营、物流配送、电子商务等新型流通方式不断拓展,新兴第三方物流企业快速成长,传统物流向现代物流转型步伐加快,市场主体和投资主体多元化的格局初步形成,全国现代物流基础设施建设得到不断加强和改善。物流网络节点设施建设规划工作取得进展,逐渐形成相互协调、布局合理的物流网络节点设施体系。连锁经营、物流配送、电子商务等新型流通方式发展迅速,新兴第三方物流企业快速成长,传统物流向现代物流转型步伐加快,市场主体和投资主体多元化的格局初步形成。

但从总体上看,我国现代物流业发展尚处在起步阶段,在发展进程中还存在着许多问题和制约因素。主要表现在:物流业缺乏统一规划和规范管理,条块分割严重,政策法规体系和行业诚信体系不健全,市场秩序比较混乱;物流基础设施和网络体系不完善,物流资源缺乏整合,运输和仓储设施得不到充分利用,物流方式落后,流转速度慢、成本高、效率低、损耗大;传统物流比重大,物流企业规模小、实力弱、布局分散、功能单一,高素质专业人才缺乏;物流产业集中度不高,社会化、专业化和信息化程度低。

与物流业发达国家相比,我国的物流模式,尤其是第四方物流的发展还处于摸索阶段,机遇和挑战并存,只有借助信息化的管理手段,敏捷的通信方式,第四方物流才能有效地对供应链的各个环节进行集成,从而实现供应链的优化管理。在这种情况下,要基于传统交通运输资源的有效利用,极大程度地减少交通运输业的重复投入,减少现有交通运输资源的闲置率,同时有效地发挥现代物流业优化供应链及管理服务的职能,则主要是通过利用现代信息化技术和网络技术,有效地减少交通运输对象和运营流程产生的空间和时间差带来的供应链损耗,通过对共用数据的采集,为物流企业的信息系统提供基础支撑信息;实现物流企业之间、企业与客户之间、供应链上下游之间的物流信息和物流功能的共享,从而实现社会物流系统整体效益的最大化。其中,信息化技术依托现代计算机技术的发展,而网络技术同时也包含了物流实体网络的再现。

在这样的背景下,一个新的物流行业企业类别出现,即物流信息平台运营商,它主要通过以下三种方式实现运营。

(1)推广和利用企业信息化技术:物流信息平台运营商通过协助或被企业委托,帮助企业通过信息化工具在传统作业流程中的运用,实现企业内部信息流、资金流和物流的协同和流转效率提升,甚至进一步强化与企业外部主要关联对象,如客户、合作者等的联系和互动。主要有 MRP、ERP、CRM 等整体企业信息化解决系统思想及模式，以及由此衍生的订单系统、条码技术、RFID 等应用于具体环节的信息化解决方案和技术，这里的信息平台既有企业内部的运营管理平台，也有众多企业共用的、通过外部电子授权使用的外部运营管理平台。

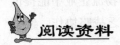

阅读资料

易通现代物流管理信息系统，是依据易通物流公司的实际业务流程设计，包含仓储管理（WMS）、运输管理（TMS）、配送管理（DMS）、网上结算等子系统。其系统在业务流程设计方面吸收借鉴了许多国内外先进的管理理念和管理手段。采用 B/S 架构，Web 2.0 技术，具有良好的扩展性和灵活性。易通交通信息发展有限公司利用其自身研发的物流信息平台，以 200 万元固定资产，短短数年时间，成功年运营规模近亿元。

（2）行业信息平台模式：是指运用先进的信息技术和现代通信技术所构建的具有虚拟开放性的全国或区域性物流网络平台，以解决货运市场这些地面编织起来的传统交通运输网络无法解决交通运输中信息流对物流的巨大制约所带来的信息阻塞瓶颈障碍，是一个全国或区域性的公共货运信息交互和交易中心。本节导入案例中的"八卦来网"就是政府主营下的一个案例。

在此模式下如果能在解决行业信息沟通瓶颈和交易中心的基础上，进一步将其组织优势体现在社会闲散资源的整合利用上，则将取得更大的成果。

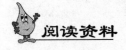

阅读资料

美国 Landstar 模式和罗宾逊模式

该模式特征为：通过自身的信息平台整合了大批货代，通过区域代理发展客户，有效整合了闲散社会车辆资源，同时采用紧密型挂靠车辆的管理办法控制和管理了该车辆资源，以其自身的 IT 实力和资金垫付实力保证业务的正常运转。

2008 年席卷世界的金融危机，对该模式下的运营收益影响远小于耶鲁等传统运营模式企业。

（3）结合前二者的创新型信息化应用模式：如基于 SAAS（网络软件租赁，软件及服务）的公共服务模式，如浙江百世网。

SAAS 是一种通过 Internet 提供软件服务的模式，即厂商将应用软件统一部署在自己的服务器上，客户可以根据自己实际需求，通过互联网向厂商定购所需的应用软件服务，按订购的服务多少和时间长短向厂商支付费用，并通过互联网获得厂商提供的服务。对于许多小型企业来说，SAAS 是采用先进技术的最好途径，它消除了企业购买、构建和维护基础设施和应用程序的需要。

在中国，70 万家中小物流企业占据了市场 50％以上的份额，其中约 25％的仅提供储运单一服务，约 35％的企业辐射范围仅局限于本省及周边地区。在中小物流企业中能提供全国性物流以及包括各种物流功能服务的几乎没有，同时由于企业间缺乏战略协作，经营十分分散，难以符合现代物流需求。

中国的物流企业还处在相对比较原始、低级的阶段。据统计，已经实施或是部分实施信息化的企业只占了 21％，全面实施信息化的企业只有不到 10％。占全国 90％以上的中小物流企业基本没有使用任何系统化工具。

在整个行业的供应链当中，各环节之间的信息流没有打通，流通环节多而导致流通成本居高不下，这也是因为很多物流企业信息建设层次较低，造成信息不畅所致。据测算，我国物流成本占 GDP 的比重超过 18％，远远超过发达国家一般只有 10％左右的水平。

没有信息化就没有物流的现代化。无论是业内人士的切身感受还是专家学者的专题调研都验证着同样一个事实：目前国内企业的物流信息化程度还处于初级阶段，提升物流信息化将成为降低成本、创造利润的关键因素。

而这一切，将通过 SAAS 技术的采用和推广得到有效的解决。根据《2008 年中国 SAAS 市场发展状况白皮书》，据计世资讯预测，未来 3～5 年，中国 SAAS 市场将进入快速发展阶段。据预测，2012 年中国 SAAS 市场规模将达到 521 亿元人民币。其中，管理型 SAAS 市场规模将达到 101 亿元，复合型增长率将达到 86％。

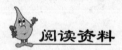 阅读资料

当前一些物流信息平台运营商的比较

一、民营运营商

表 9－1 民营运营商优劣势比较

项目名称	优　势	劣　势
汇通天下：公路平台 www.peihuo.cn	20 万注册会员的最大配货网，以及车辆诚信和货物保险服务	六七年的发展停留在"车"和"货"匹配这个阶段，没有进步

项目名称	优势	劣势
中京物流：第四方物流平台 www.zjtpl.com	虚拟物流企业的定位有一定的新颖性，但是对其描述不够充分	当前业务仍主要是车货信息撮合，赢利能力和方式不明确
华人物流网 wuliu800.com	开发"配货通2009"客户端，实现车货信息撮合，并推出"黄金线路"产品涉足干线运输领域	"黄金线路"模式的赢利能力目前无法评估，仍然依靠"保险中介"和广告等方式实现收入
以上选择的3个比较有代表性和特色，同类网站有30个以上	基本在一定区域内形成客户群的优势，分别提供些各有特色的小服务	没有更大范围的拓展能力，没有更深一步的发展SAAS等物流业核心增值服务
共性特征	运营时间早，积累了一批会员，网上"车"和"货"匹配信息较丰富	一直停留在"车"和"货"匹配的模式，实际均是小投入的互相抄袭。依靠广告方式和销量、会员费收益维持

二、政府或半政府性运营商

表9-2　　　　　　　　　　政府或半政府性运营商优劣势比较

项目名称	优势	劣势
河南八挂来网公路平台 www.8glw.com	河南运管部门投资建设，初期加入的会员企业比较多	没有具体的赢利方案，政府不可能持续投入，后续发展存在严重缺陷
山东物流协会—物流信息平台 www.shm.com.cn	构建了庞大复杂的信息系统	还没有投入正式使用，具体应用效果还不确定
浙江省交通物流公共信息平台 www.logink.cn	由政府出资开发物流管理软件提供给物流企业使用	此脱离市场化方式的操作方式，后续的软件升级、维护等问题如何解决，效果待评估
中国电信：西部物流综合平台 www.west56pt.com	依托电信通信接入的企业优势，投资8000万元，借助四川震后重建政策的部分资助建设	并不专注于物流行业，仅仅依靠通信接入作为竞争优势，缺乏长期发展优势
共性特征	建设期政府投入巨大，系统构建大而全，通过半强制措施要求物流企业加入	多为政绩工程，项目结束开发商撤离后，有没有明确的市场化赢利方式，后续的生存和发展很不确定

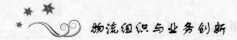

三、具备部分 SAAS 功能应用的运营商

表 9-3 　　　　　　　　　具备部分 SAAS 功能应用的运营商优劣势比较

公　司	优　势	劣　势
途鸽网 http：//www.tugetuge.com/	已经技术实现了物流信息平台和部分 SAAS SCM 应用，并且开始上线试用	初期投资使用完毕，没有可以实现近期收入的项目，后续发展存在危机。成为 4PL 的企业目标，会和现有与将来的客户利益发生冲突
富基标商 http：//www.bfuture.com.cn/	充分利用多年为大型零售连锁企业开发管理系统的优势，建立 B2B 网站为供应商提供商业供应链 SAAS 服务	由专业零售、连锁管理系统 IT 供应商向供应链服务提供商方式转型的过程和结果不确定
浙江百世物流 http：//www.800best.com/	谷歌前高管周韶宁和部分前 UT 斯达康高管由于看好物流业的机会和发展，初期就因为人脉获得淘宝和富士康的业务	高管人员中物流背景的很少，多为纯 IT 背景。公司初创期就同时开始小件快递和第三方物流业务，这两种业务各方面要求均不相同，如何有效融合发展
网达物流 http：//www.wangdawuliu.com/	透过 B2B 物流商务网站成为电子货代，安装 GPS 设备在运输工具上与司机沟通货运事项。网达承担货运责任和收款	一步到位利用 IT 成为网络货代，发展各地代理。由于前身不是物流公司，这种发展方式风险很大
共性特征	行业先行者，实现了部分 SAAS 应用，并开始投入试用	单纯的 IT 公司，没有物流实体的操作经验，也没有长期的物流 IT 实现经验，注定要走很多的弯路。而且都是直接或者最终目标是实体物流企业

从目前阶段，对于物流信息平台运营商而言，网络应用技术开发和维护、客户服务、尤其是在线客服的岗位居多，行业需求转化和方案策划是未来岗位的需求方向，时下却并不是重点，但随着 SAAS 热的兴起，不难预期到该类岗位的崛起。

第五节　物流咨询服务（软件、方案、教育提供商）

【案例导入 1】

北京络捷斯特科技发展有限公司

北京络捷斯特科技发展有限公司（Logis）是一家专业从事物流行业的管理咨询、系统开发、职业培训与认证的全国知名高科技企业。公司总部设在北京，广西、浙江等地设有分公司，上海、成都等地设有办事处，在全国主要省份设有代理商或合作伙伴。

公司拥有一支年轻而富有活力的团队，公司成立以来取得了快速发展，得到客户普遍认可和好评。公司拥有 12 个自主知识产权产品，拥有 400 多个成功案例，公司营业额连续 5 年以 200％的速度增长。

基于在物流行业多年的经验和对物流教育的理解，Logis 在物流教育市场领域取得了重大成就。Logis 基于物流岗位群技能，将企业级物流系统转化成为培养学生真正技能的物流教学系统，并创新提出物流实验室建设方案。同时，结合目标职业教学改革，开发了基于工作过程的课程，采用先进的技术开发了虚拟现实的教学系统和影视课件。

2008 年 Logis 公司总经理邵清东先生被《现代物流报》授予"中国物流教育杰出贡献人物"，也进一步肯定了 Logis 在物流教育领域的领导地位。

【案例导入 2】

凯瑞通和物流管理咨询公司

北京凯瑞通和物流管理咨询公司成立于 2002 年，是国内较早专业从事物流和采购培训的机构，许多知名企业，如联想集团、DHL、FedEx、ABB、NTT、NOKIA、科勒卫浴、佳能、中国银行、联合国儿童基金会、雀巢、中石油、中外运、中铁物流、大田集团等均是凯瑞通和在员工培训、管理咨询方面的服务对象。

作为英国皇家物流与运输学会（ILT）、英国皇家采购与供应学会（CIPS）等世界级的权威教育认证机构在北京地区的指定培训机构，凯瑞通和物流管理咨询公司以创造物流、采购培训行业的精英品牌为目标，立足于从业人员的职业能力培养、企业内部的员工培训和管理咨询服务等几大业务重点，力求为广大物流及采购的从业人员提升职业素养、获得国际物流职业资质认证提供一体化服务，为中国企业的长期发展提供专业化的知识服务。作为上述组织在中国最大培训机构，凯瑞通和在物流和采购培训领域逐步建立起了为业界所称道的培训质量控制体系和与日俱增的品牌影响力。

业态介绍

物流咨询，当前有一个更时尚的名词，即"第四方物流"，是1998年美国埃森哲咨询公司率先提出的，是专门为第一方、第二方和第三方物流提供物流规划、咨询、物流信息系统、供应链管理等活动。第四方并不实际承担具体的物流运作活动。

第四方物流（Fourth Party Logistics）是一个供应链的集成商，是供需双方及第三方物流的领导力量。它不是物流的利益方，而是通过拥有的信息技术、整合能力以及其他资源提供一套完整的供应链解决方案，以此获取一定的利润。它是帮助企业实现降低成本和有效整合资源，并且依靠优秀的第三方物流供应商、技术供应商、管理咨询以及其他增值服务商，为客户提供独特的和广泛的供应链解决方案。

与第三方物流注重实际操作相比，第四方物流更多地关注整个供应链的物流活动，这种差别主要体现在以下几个方面，并形成第四方物流独有的特点。

1. 4PL 提供一整套完善的供应链解决方案

第四方物流有能力提供一整套完善的供应链解决方案，是集成管理咨询和第三方物流服务的集成商。第四方物流和第三方物流不同，不是简单地为企业客户的物流活动提供管理服务，而是通过对企业客户所处供应链的整个系统或行业物流的整个系统，进行详细分析后提出具有中观指导意义的解决方案。第四方物流服务供应商本身并不能单独地完成这个方案，而是要通过物流公司、技术公司等多类公司的协助才能将方案得以实施。

第三方物流服务供应商能够为企业客户提供相对于企业的全局最优，却不能提供相对于行业或供应链的全局最优，因此第四方物流服务供应商就需要先对现有资源和物流运作流程进行整合和再造，从而达到解决方案所预期的目标。第四方物流服务供应商整个管理过程大概设计四个层次，即再造、变革、实施和执行。

2. 通过对整个供应链产生影响增加价值

第四方物流是通过对供应链产生影响的能力来增加价值，在向客户提供持续更新和优化的技术方案的同时，满足客户特殊需求。第四方物流服务供应商可以通过物流运作的流程再造，使整个物流系统的流程更合理、效率更高，从而将产生的利益在供应链的各个环节之间进行平衡，使每个环节的企业客户都可以受益。如果第四方物流服务供应商只是提出一个解决方案，但是没有能力来控制这些物流运作环节，那么第四方物流服务供应商所能创造价值的潜力也无法被挖掘出来。因此，第四方物流服务供应商对整个供应链所具有的影响能力直接决定了其经营的好坏，也就是说第四方物流除了具有强有力的人才、资金和技术以外，还应该具有与一系列服务供应商建立合作关系的能力。

3. 成为第四方物流企业需具备一定的条件

如能够制定供应链策略、设计业务流程再造、具备技术集成和人力资源管理的能力；如在集成供应链技术和外包能力方面处于领先地位，并具有较雄厚的专业人才。能够管理多个不同的供应商并具有良好的管理和组织能力等。

第四方物流结合自身的特点可以有三种运作模式来进行选择，虽然它们之间略有差别，但是都是要突出第四方物流的特点。

（1）协同运作模型。该运作模式下，第四方物流只与第三方物流有内部合作关系，即第四方物流服务供应商不直接与企业客户接触，而是通过第三方物流服务供应商将其提出的供应链解决方案、再造的物流运作流程等进行实施。这就意味着，第四方物流与第三方物流共同开发市场，在开发的过程中第四方物流向第三方物流提供技术支持、供应链管理决策、市场准入能力以及项目管理能力等，它们之间的合作关系可以采用合同方式绑定或采用战略联盟方式形成。

（2）方案集成商模式。该运作模式下，第四方物流作为企业客户与第三方物流的纽带，将企业客户与第三方物流连接起来，这样企业客户就不需要与众多第三方物流服务供应商进行接触，而是直接通过第四方物流服务供应商来实现复杂的物流运作的管理。在这种模式下，第四方物流作为方案集成商除了提出供应链管理的可行性解决方案外，还要对第三方物流资源进行整合，统一规划为企业客户服务。

（3）行业创新者模式。行业创新者模式与方案集成商模式有相似之处：都是作为第三方物流和客户沟通的桥梁，将物流运作的两个端点连接起来。两者的不同之处在于：行业创新者模式的客户是同一行业的多个企业，而方案集成商模式只针对一个企业客户进行物流管理。这种模式下，第四方物流提供行业整体物流的解决方案，这样可以使第四方物流运作的规模更大限度地得到扩大，使整个行业在物流运作上获得收益。

第四方物流无论采取哪一种模式，都突破了单纯发展第三方物流的局限性，能真正地实现低成本运作，实现最大范围的资源整合。因为第三方物流缺乏跨越整个供应链运作以及真正整合供应链流程所需的战略专业技术，第四方物流则可以不受约束地将每一个领域的最佳物流提供商组合起来，为客户提供最佳物流服务，进而形成最优物流方案或供应链管理方案。而第三方物流要么独自、要么通过与自己有密切关系的转包商来为客户提供服务，它不太可能提供技术、仓储与运输服务的最佳结合。

"第四方物流企业"主要是指由咨询公司提供的物流咨询服务。咨询公司应物流公司的要求为其提供物流系统的分析和诊断，或提供物流系统优化和设计方案等，也包括提供教学研究、培训等方面的内容。总之第四方物流公司以其知识，智力，信息和经验为资本，为物流客户提供一整套的物流系统咨询服务。第四方物流公司要从事物流咨询服务就必须具备良好的物流行业背景和相关经验，它并不需要从事具体的物流活动，更不用建设物流基础设施，只是对于整个供应链提供整合方案。

第四方物流是一个供应链集成商，调集和管理组织自己及具有互补性服务提供的资源、能力和技术，以提供一个综合的供应链解决方案。

第四方物流不仅控制和管理特定的物流服务，而且对整个物流过程提出方案，并通过电子商务将这个程序集成起来，因此第四方物流商的种类很多，变化程度也可以很大。

第四方物流的关键在于为顾客提供最佳的增值服务，即迅速、高效、低成本和个性化服务等。而发展第四方物流需平衡第三方物流的能力、技术及贸易流畅管理等，但亦能扩大本身营运的自主性。

第四方物流还包括以下四个特点：供应链再建、功能转化、业务流程再造、开展多功能多流程的供应链管理。

第四方物流为客户带来的效益包括利润增长和降低营运成本，即通过整条供应链外判功能得到提高运作效率、降低采购成本使流程一体化从而达到目的。

据专家分析，第四方物流要比第三方物流利润更加丰厚，因为他们拥有专业化的咨询服务。尽管这一块服务目前规模尚小，但在整个竞争激烈的中国物流市场上将是一个快速增长的部分。中国的第四方物流公司通常被称之为物流咨询公司（第四方物流是埃森哲的专用名词），虽然名称有别，但所提供的服务都是第四方物流的服务范围。

中国第四方物流发展较晚，在 2009 年 3 月以前，中国物流咨询公司在网络搜索中可见者寥寥无几，但在 2009 年 3 月以后，各种冠以物流咨询的企业如雨后春笋般涌现出来。出现这种状况的原因主要在于国家出台的十大产业振兴规划，其中物流产业振兴规划作为唯一的服务业规划被提上日程。随后，全国各地的物流园区规划和设计风起云涌，因此，各个物流咨询公司都有做物流园区规划的业务范围。

整体来说，物流咨询服务在现代物流行业中是一个高端辅助性企业类型的存在，这种高端，不仅仅在于其业务类型对比其他的物流企业类型在智力支持、决策层次上的差异，更源于其组织资源的稀缺。严格来说，大部分物流咨询企业的"金牌专家"均曾是行业内其他企业类型中的精英，从业资历相当的高，对于咨询体系不太发达，更多依赖个体的中国咨询企业更是如此。此外，由于咨询企业提供的更多是智力和决策支持，中小型、底端的物流企业基本上对其无从用起，这就决定了真正的物流咨询企业只会为高端客户提供服务，其本身的市场资源也是稀缺的。

因此，物流咨询行业对于一个倾向于研究性的物流行业从业者来说近乎是一个终极的发展，起点很高，但从其本身业务特性而言，其肩负的行业经验总结、分析和应用指导职责要更多一些，并非真正的专业研究性机构。

目前，在国内做第四方物流的公司，也被称作物流咨询公司主要有：埃森哲咨询、法布劳格咨询、亿博物流咨询、上海欧麟咨询、杭州通创咨询、青岛海尔咨询、大连智丰咨询、香港威裕咨询、大库咨询、时代连商、上海天瑞等。

第六节　物流金融

【案例导入1】

怡亚通

怡亚通是中国首家上市的本土供应链管理服务商，近几年业绩一直保持突飞猛进的高速增长态势，2006年实现业务量181.59亿元、主营业务收入2.84亿元、净利润1.05亿元，分别较上年增长42.58％、53.92％和25.41％，而且其上榜"中国发展最快的物流企业TOP10"、"《福布斯》2006中国顶尖企业榜第25位"。

无论从规模还是管理上，怡亚通与UPS等国际巨头都存在一定差距，其获得投资者青睐的原因是什么？是怡亚通独特的商业模式。研究发现，怡亚通以一站式供应链管理服务为产业基础，开展存货融资业务及相关的外汇衍生交易等业务，将物流主业与金融业务有机融合，大大提高了企业的赢利能力。

创立于1997年的怡亚通，先后经历了"单一代理通关"和"IT物流"等第三方物流模式，在此基础上逐步导入供应链管理模式。

由国际咨询机构埃森哲首次提出的供应链管理，即主要由第三方物流演变而来的第四方物流，其主要职能在于通过咨询、IT等手段，对买卖双方以及第三方物流提供商的资产和行为进行合理的调配和管理，提供完整的解决方案，并对供应链各个环节、各个方面的运做出调整。

相比本土传统的供应链管理服务商，怡亚通最大的特征在于其一站式供应链管理服务。传统的供应链服务商，大多只是在供应链单个或多个环节上提供专业服务，如物流服务商、增值经销商和采购服务商等。物流服务商主要提供物流运输服务，增值经销商主要提供代理销售，采购服务商主要提供代理采购等。怡亚通通过整合供应链的各个环节，形成囊括物流、采购、分销于一体的"一站式"供应链管理服务，在提供物流配送服务的同时还提供采购、收款及相关结算服务；与传统的增值经销商和采购商相比，怡亚通一般不保有大量存货，避免了存货风险，降低了存货成本，同时传统的增值经销商和采购商只在有限范围内为企业提供结算支持服务，采购商一般也不参与客户的营销支持活动。

一站式供应链管理服务代表了行业发展方向，在社会接受程度不断提高和分工不断细化背景下，怡亚通近年来实现了快速增长，业务额从2000年的25.7亿元快速上升到2006年年底的181.6亿元。

如果仅仅是一站式供应链管理服务模式，那怡亚通与传统供应链服务商的区别只是服务链的延伸，并没有实质性的突破。而研究发现，在一站式供应链管理服务的产业基础上开展金融业务的模式，才是公司的核心价值所在。怡亚通的产融运作模式，使其俨然像一家小型银行，将银行借贷资金通过供应链管理服务方式投放给客户，并从中赚取"息差"，同时，针对外汇结算业务开展金融衍生交易对冲外汇风险。

【案例导入 2】

北京燃烽医药

北京燃烽医药有限责任公司（以下简称燃烽医药）是一家集药品代理推广、快速批发业务、医药采购平台和现代化仓储物流等资源的综合性医药公司。公司现经营范围涉及中药饮片、中成药、化学原料药、化学药制剂、抗生素、生化药品、生物制品、体外诊断试剂、中西药制剂、保健食品、医疗器械等。现注册地址位于北京市丰台区拥有 200 多位专业推广人员、800 多个经销商，业务覆盖全国各地。公司拥有一个强大的药品采购平台，已经同国内外 600 家企业建立了长期合作关系，经营品规格达 8000 多个，独家代理经销的产品达 100 多个，涉及抗生素、心脑血管、消化系统和呼吸系统用药等。2009 年年中，由于其在业内的卓越声誉和日渐壮大的规模，其已由五粮液集团医药公司注资发展，同时与香港招商局招商物流集团建立战略合作关系。

燃烽医药的愿景是"创建最具竞争力的医药营销网络"。因此燃烽医药的产品不是药品是网络，药品只是燃烽医药实现产品创造的媒介，其网络包括医药营销的信息网、物流网和资金流网络，通过营销网络的建设燃烽医药将服务于医药工业企业和医疗机构（营利性、非营利性），并通过这种服务在医药产业中成为不可或缺的重要组成部分，并实现品牌价值。

因此，经过五粮液集团注资，并拥有招商局物流集团等战略合作伙伴的燃烽医药，是一家具备充足资金、国内医药物流先进软硬件技术、管理水平和行业咨询能力、高效运营团队的医药现代化物流企业和医药销售企业，其对国内外医药市场的发展历程、经营环境、运营模式有着较深的理解和总结能力。如何利用中国医改带来的中国医药市场这一划时代的机遇，推进中国医药市场的重新分割和规范，建立新的市场秩序，从而树立自身行业地位和带来自身快速发展，是燃烽医药未来 5～10 年的发展战略目标。

为了实现燃烽医药的战略目标，燃烽医药最主要的战略规划就是基于现代化医药物流运营模式，进行销售模式的创新，众所周知"一流企业做标准，二流企业做技术，三流企业做产品"，燃烽医药希望通过在新时期的医药市场中创建新的销售模式，从而创造行业内新的销售标准，来建设一流的医药流通企业。基于对市场的认真分析及对既往销售行为的研究，提出了这样一个全新的"渠道商"销售模式。如图 9-3 所示。

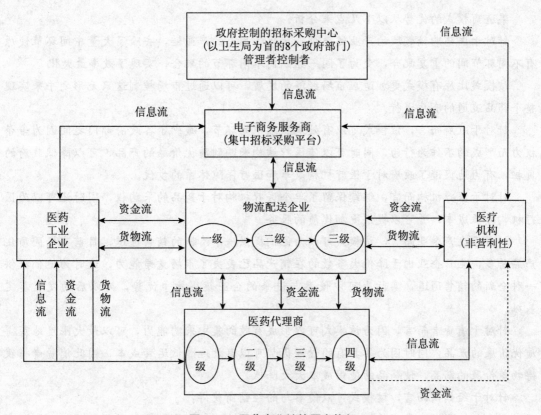

图9-3 医药产业链的原有构架

"渠道商模式"既通过整合医院直销体系、代理分销体系、快速批发体系、物流服务体系，建立立体的终端销售网络，并通过先进的物流配送平台、强大的直接采购平台和先进的系统管理能力、人才管理系统所建立的销售模式。

该模式的特点是通过在一个平台内部整合医药流通领域中的信息流、货物流、资金流来发挥作用。该模式通过在一个组织机构内部利用优秀的人才资源和有效的系统管理整合流通领域中的3个关键要素，来提高医药流通环节的效率从而体现组织所创造的价格优势和服务优势，最终达到规模优势并产生组织的核心竞争力。如图9-4所示。

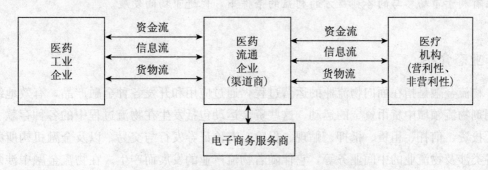

图9-4 渠道商模式重塑后医药产业链的构架

渠道商模式的优势从以下几点来分析。

针对于医药购销领域的产业链来说，优化了原有的产业链，去除了大量中间环节使原有不同环节间的重复配合，变为了同一组织内不同环节的配合，实现了效率最大化。

该模式比原有模式更加适应市场经济的发展，可以通过市场控制这只无形之手来实现整个药品流通的有序进行。

针对于政府而言，该模式可以有效地压缩中间环节，减少了各政府部门之间因为争夺权力而形成的不作为行为，同时可以使医疗结构采购到质优价廉的产品，可以降低政府的负担，有力地促进了政府对于医疗机构改革和医疗保障体系的步伐。

针对于医疗机构而言，继续保留了单个医疗机构对于药品的采购权，同时还可以为医疗机构降低成本，并可以提供更加优质的服务。

针对于生产企业而言，该模式可以为他们提供一个清晰的销售通道，目前市场同质化产品居多，生产企业由于降价大多数的在销产品已丧失了市场竞争能力，这时为他们提供一种全新的销售通道，实际上可以使参与进来的企业获得竞争优势，为以后的发展奠定基础。

针对于消费者而言，因为该模式可以形成有效的集中采购能力，可以最大限度地获得质优价廉的产品，同时因为其具有的管理优势可以有效地降低运营成本，因此消费者将获得物美价廉的药品，使药品的使用成本大大降低。

针对于经销商而言，该模式可以使参与的经销商获得：

（1）可以帮助经销商从旧的销售模式顺利地过渡到适应市场的新模式中。

（2）可以为经销商提供一个系统化的供应链支持，使其销售能力大大提高。

（3）帮助经销商控制终端市场资源，使他们变为终端医疗机构的控制者。

（4）提供产品资源和销售资源共享能力，使他们的竞争力大大提高。

（5）提供品牌资源的支持，使经销商的销售行为可以有效的积累。

针对于物流商而言，该模式可以通过使物流商与药品流通环节中的其他因素相互整合，从而使物流商通过该模式的实施实现持续稳定的发展。

总而言之，通过以上分析我们认为一个好的模式创新应该能够有利于原有模式中的所有参与方，通过整合原有的市场资源实现价值。渠道商模式的优点就是根据市场发展的需要在有利于市场参与的各利益方的利益的条件下，促进市场的发展。

业态介绍

物流金融是指在面向物流业的运营过程，通过应用和开发各种金融产品，有效地组织和调剂物流领域中货币资金的运动。这些资金运动包括发生在物流过程中的各种存款、贷款、投资、信托、租赁、抵押、贴现、保险、有价证券发行与交易，以及金融机构所办理的各类涉及物流业的中间业务等，它伴随着物流产业的发展而产生。在物流金融中涉及三个主体：物流企业，客户和金融机构，物流企业与金融机构联合起来为资金需求方企业提供融资，物流金融的开展对这三方都有非常迫切的现实需要。物流和金融的紧密融合能有力支持社会商品的流通，促使流通体制改革顺利进行。物流金融正成为国内银行一项重要的金融业务，并逐步显现其作用。

物流金融是物流与金融相结合的复合业务概念，它不仅能提升第三方物流企业的业务能力及效益，还可为企业融资及提升资本运用的效率。对于金融业务来说，物流金融的功能是帮助金融机构扩大贷款规模降低信贷风险，在业务扩展服务上能协助金融机构处置部分不良资产、有效管理 CRM 客户，提升质押物评估、企业理财等顾问服务项目。从企业行为研究出发，可以看到物流金融发展起源于"以物融资"业务活动。物流金融服务是伴随着现代第三方物流企业而生，在金融物流服务中，现代第三方物流企业业务更加复杂，除了要提供现代物流服务外，还要与金融机构合作一起提供部分金融服务。

早在物流金融这个词汇在中国尚未出现之时，物流金融的业务早已在国企内部、社会流通领域及外贸运输专业相关金融机构悄悄地运行着了，不过那时的物流金融业务单一，还仅仅限于简单信贷的小品种业务之内。随着对信贷金融服务需求的增加，物流运营中物流与资金流的衔接问题日益凸显。结算类及中间业务是由于现代物流业资金流量大，特别是现代物流的布点多元化、网络化的发展趋势更要求银行能够为其提供高效、快捷和安全的资金结算网络以及安装企业银行系统，以保证物流、信息流和资金流的统一。

随着现代金融和现代物流的不断发展，物流金融的形式也越来越多，按照金融在现代物流中的业务内容，物流金融分为物流结算金融、物流仓单金融、物流授信金融。

物流结算金融，是指利用各种结算方式为物流企业及其客户融资的金融活动。目前主要有代收货款、垫付货款、承兑汇票等业务形式。

代收货款业务是物流公司为企业（大多为各类邮购公司、电子商务公司、商贸企业、金融机构等）提供传递实物的同时，帮助供方向买方收取现款，然后将货款转交投递企业并从中收取一定比例的费用。代收货款模式是物流金融的初级阶段，从赢利看，它直接带来的利益属于物流公司，同时厂家和消费者获得的是方便快捷的服务。

垫付货款业务是指当物流公司为发货人承运一批货物时，物流公司首先代提货人预付一半货款；当提货人取货时则交付给物流公司全部货款。为消除垫付货款对物流公司的资金占用，垫付货款还有另一种模式：发货人将货权转移给银行，银行根据市场情况按一定比例提供融资，当提货人向银行偿还货款后，银行向第三方物流企业发出放货指示，将货权还给提货人。此种模式下，物流公司的角色发生了变化，由原来商业信用主体变成了为银行提供货物信息、承担货物运送，协助控制风险的配角。从赢利看，厂商获得了融资，银行获得了利息收入，而物流企业也因为提供了物流信息、物流监管等服务而获得了利润。

另外，随着现代物流和金融的发展，物流仓单金融也在不断创新，出现了多物流中心仓单模式和反向担保模式等新仓单金融模式。多物流中心仓单模式是在仓单模式的基础上，对地理位置的一种拓展：第三方物流企业根据客户不同，整合社会仓库资源甚至是客户自身的仓库，就近进行质押监管，极大降低了客户的质押成本。反向担保模式对质押主体进行了拓展：不是直接以流动资产交付银行作抵押物而是由物流企业控制质押物，这样极大地简化了程序，提高了灵活性，降低了交易成本。

物流授信金融是指金融机构根据物流企业的规模、经营业绩、运营现状、资产负债比例以及信用程度，授予物流企业一定的信贷额度，物流企业直接利用这些信贷额度向相关企业提供灵活的质押贷款业务，由物流企业直接监控质押贷款业务的全过程，金融机构则基本上不参与该质押贷款的具体运作。从赢利来看，授信金融模式和仓单金融模式的各方收益基本相似，但是由于银行不参与质押贷款项目的具体运作，质押贷款由物流公司发放，此程序更加简单，形式更加灵活。同时，也大大节省了银行与供方企业的相关交易费用。

就当前国内物流行业来看，物流金融企业所从事的物流金融业务领域可以看成狭义和广义的区别，狭义上的物流金融领域，使基本上遵循上述物流金融的基本业务要点从事相关业务经营，其物流金融项目只是物流实体运营项目的辅助环节，很大程度上只是借助物流运营中"物"的时间价值存在而进行短期贴现，为缓解物流上下有资金压力而进行业务拓展的行为，案例中怡亚通的一站式供应链管理就是很典型的例子。但是，随着其业务模式的演变，企业已经开始了物流金融模式广义上的推演，即通过对"物"和金融结算的控制，直接参与甚至取代渠道商的地位。案例2的燃烽医药新的"渠道商"模式体现了物流金融和物流实体运营相结合的思路。

整体来说，物流金融与物流实体运营的深度结合，应该是当代物流行业企业演变最值得期待的事情，随着该企业形态的进一步发展，传统的物流专业人才概念将面临极大的挑战。或许，不久的将来，主宰物流企业运营，更多的是基于物流专业领域之上的擅长市场推广、金融运作、电子商务应用方面的复合型人才。

第十章　物流组织形态分类及职业发展

　　至此，我们已经深入了解了企业自营物流、仓储配送、货物运输等 7 种国内主流的物流业态，并从更广泛的视角上介绍了物流设备提供、物流资质提供等 6 种辅助业态。希望你能够从对物流行业不了解，到对物流行业逐渐深入了解，以至全面认识。

　　在这一章中，我们将对前述的物流业态、组织及其中的职业发展进行总结概括，希望可以让你能更全面地了解和掌握物流行业中不同业态的特点和区别。

　　根据《物流企业分类与评价国家标准》，物流企业被分为运输型物流企业、仓储型物流企业以及综合服务型物流企业。其中，运输型物流企业是指以从事货物运输服务为主的实体企业。其主要业务活动应以为客户提供门到门运输、门到站运输、站到门运输、站到站运输等一体化运输服务，以实现货物运输为主；仓储型物流企业是指以从事区域性仓储服务为主的实体企业。其主营业务活动以为客户提供货物存储、保管、中转等仓储服务，以及为客户提供配送服务为主；综合服务型物流企业是指从事多种物流服务活动，并可以根据客户的需求，提供物流一体化服务，具备一定规模的实体企业。其主营业务活动广泛，为客户可以提供运输、货运代理、仓储、配送等多种物流服务项目，并能够为客户提供一类或几类产品契约性一体化物流服务。该类企业可以为客户制定整合物流资源的解决方案，提供物流咨询服务。

　　我们认为该分类对于学生的学习及就业缺乏深入的指导意义，反而使得学生产生对物流的过于简单化的理解，认为物流不过是运输、仓储或运输和仓储的简单加总而已。在此，我们以社会上多年形成的，企业基本认可的业态为基本研究对象，进而选择核心资源、运营主体、客户类别三个角度进行归类。

　　上述三种分类是三个基本视角，现实中的企业往往是不同分类下的混合体。我们只能是选取其典型部分放入不同业态进行介绍。同时，本书的初衷是为对物流行业比较陌生的大学新生进行行业普及，所以我们结合选取了企业物流、仓储及区域配送、货物运输、国内货运代理、国际货运代理、合同物流、快递物流 7 种作为典型进行深入介绍。

第一节　基于资源类别的物流业态划分

　　基于资源类别的物流业态划分，主要是基于物流企业核心业务所依据的主要资源来进行划分，主要有仓储及配送企业，货物运输企业以及货运代理企业。其中仓储及配送企业又可以根据服务的地域范围进一步划分为区域仓储及配送企业和全国性的仓储及配送企业，货物运输企业又可以根据不同的运输方式细分为公路运输、铁路运输、海运、内河航运、管道运输等企业，货运代理企业又可细分为国内货运代理企业和国际货运代理企业。

这三类企业的不同之处，我们可以对其进行整体汇总分析（如表 10-1 所示）。简单而言，仓储及区域配送企业的核心资源是仓库及储运装卸工具，比如第 3 章介绍的东方友谊冷链物流事业部核心的资源是分布北京主要区位总计近 20 万吨储藏规模的冷库；货物运输企业的核心资源是运输工具，比如第 4 章介绍的湖北汽运核心的资源是货运车辆 1 万余台；货运代理企业的核心资源则是客户及承运商资源，比如第 5 章介绍的北京青鸟物流核心的资源是积累的大量货源信息和承运商信息及对其的把握能力。

仓储及配送企业的核心业务是围绕物料及货品的出入库及在库管理来展开，因此仓库管理人员要熟悉相应物料品种、规格、型号及性能，制定对应的管理措施，随时掌握库存状态，保证物料及时供应，充分发挥周转效率。同时，要按规定做好物资设备进出库的验收、记账和发放工作，做到账账相符。定期对库房进行清理，保持库房的整齐美观，使物料分类排列，存放整齐，数量准确。

对于货物运输企业，其核心业务围绕运力资源展开，因此，对运力资源的有效调度和使用，是其业务的重中之重，而对应的主要岗位，则可以分为以下两类：①运力资源的使用和维护岗位。对于公路货物运输而言，其主要的资源使用岗位是汽车驾驶员，而对于水路航运公司和航空公司，则是轮船驾驶员和飞机驾驶员。②运力资源工具的调拨岗位。在公路货运企业，其调拨岗位通常是车辆调度和班车调度，他们的主要职能就是面对上级下达的运输任务，在保证运输时限、质量的情况下，以最小的成本来实现。

对于国内货代企业，其核心业务是客户资源的管理与维护，对应的主要岗位可分为三类：①业务岗位，负责货源信息的有效收集，业务的谈判，价格的确定，业务的实际受理和提、发货作业。②客服岗位，其职能与其他物流企业差别并不太大，但职能更为宽泛，所以办公文档及设备运用、接待礼仪、简易的谈判（主要是电话谈判）技能、报表、一定的财务技能都是该客服工作需要掌握或者涉猎的。③配载岗位，有时候也被称为调配或者调度岗位，主要职能是将货代企业获取的市场货源与其可以掌握的物流资源进行对接与整合。这一资源整合行为的核心标准是安全、经济并能满足客户要求的时效性及其他质量标准。

对于国际货代企业，对应的主要岗位有要三类：①单证员。主要负责运单、保单、出口单证流转和操作、结算方式、外文信用证等，要求从业者具备一定的外语功底和外贸知识。②操作人员。主要负责接受进出口货物发货人、收货人的委托，为其办理国际货物运输及相关业务。③营销人员。货代企业的营销人员一般分海运营销和空运营销，该职位是每家国际货运代理公司不可缺少的核心岗位之一。

表 10-1　　　　　　　　　基于资源类别的物流企业分析

	仓储及配送	货物运输	货运代理
资源	库房、储运装卸工具、二次加工工具、中转库、短驳运输工具、辅助储运装卸工具	运输工具、辅助装卸工具	客户资源、承运商资源、办公通信工具
组织形式	独立仓储、企业补充辅助区域、区域网点布局、联营	总部加分部、联营、网点布局	独立门店、销售联营
关键程序	进出库管理，货物保存，二次加工，台账管理，线路调度，配载，结算	车辆管理，线路调度，配载，结算	销售管理，客服管理，结算管理
基础岗位	仓管、库工调度、司机、装卸、核算员	司机、调度	销售、客服、财务
主要技能	仓储管理技能，财务台账，叉车等	驾驶，车辆维修，线路优化	沟通、营销、数据处理

基于资源类别的物流企业形态分析，是一种最基础的，或者最容易被从业者接受的方式，因为它的分析要点十分清晰，大家很容易对号入座。但是，随着现代管理理念和人们认知需求的转变，这种分析角度已经远远不能支持我们对行业企业的认知和对未来发展的把握，它只能说是一种传统的、基础的行业认知和方式，是贴近于行业基础、底端结构的一种分析，适用于运作层面的认知、分析和指导。

第二节　基于运营主体的物流业态划分

物流的运营主体可以是物流活动的发生者，也可以是物流服务的提供者。前者被称为企业物流，这里的企业可以是制造企业也可以是商贸企业，比如海尔、联想属于制造企业，国美、苏宁属于商业企业。后者则是专业化的物流公司，其中提供全部或部分物流运作服务的称为第三方物流公司，不实际承担具体的物流运作活动，前述章节里面的招商局物流、易通物流、东方友谊等均属于此类公司；而通过拥有的信息技术、整合能力以及其他资源提供一套完整的供应链解决方案的公司称其为第四方物流公司，比如前述提到的北京络捷斯特科技发展有限公司、易通科技等。这三类企业的不同之处，我们可以对其进行整体汇总分析如表 10-2 所示。

对于企业物流而言，我们主要分析了采购、物料控制两类岗位：前者主要工作是根据行业性质、供应商、生产及销售能力，负责分析和制订公司年度及月度物料需求计划、采购资金预算，并进行供应商管理；后者则需要组织和评价企业的需求预测，编制物料需求计划，编制车间作业计划，处理销售订单，制订交付计划，并在一定阶段评估企业的供应链绩效。

表 10-2 中的第三方物流在本书中是和下节中的合同物流合并到一起介绍的，我们认

为他们基本是不同分类角度下的同种企业。而第四方物流的典型岗位中相对理论及知识水平要求程度较高，这里我们也不多赘述。

表 10 - 2　　　　　　　　　　　　基于运营主体的物流业态划分

	企业物流	第三方物流	第四方物流
主体	制造和商业企业	综合化、专业化的物流企业	物流咨询企业及资源整合企业
组织形式	物流部，独立物流企业	资源基础供应商（货运仓储企业升级版），管理公司	研发机构，项目结构
关键程序	围绕供应链的供给服务（JIT、VMI）	物流全环节和单环节运作方案设计和组织、控制、统计、分析、优化、资源	供应链管理诊断，策略发展，网络、管理优化，采购策略、库存优化和配置，外包策略发展和执行，第三方物流选择等
主要岗位	物流经理、统计分析	物流项目经理（运营）、客服、策划、统计分析、信息员、资源管理	咨询策划项目经理、策划、分析专家
主要技能	物流综合运营管理技能，数据统计报表分析	物流综合运营管理技能，物流优化，数据统计分析，物流财务，信息化工具，项目管理	物流理论研究，市场调研、收集、统计、分析，数据建模，文字及信息化工具

基于运营主体的物流业态的划分方式，较基于资源类别的物流业态分析方式有了很大的进步，它开始正式的从市场的某一方运营主体来分析企业业态，从服务提供者的角度，通过其不同的立场和服务内容，从而界定行业企业的类别特征，因此具有了更广泛的研究空间和意义。但是，这种分类方式仍然具有它的局限性，因为物流企业主体的存在是因市场需求而存在的，也因市场需求的演变而演变，因此，按此方式分析物流企业，虽然可以更精确的对行业企业定位，却很难与市场需求建立因果关系，自然也难以找到行业发展的一般性规律。所以，这种分析方式，更有利于现有企业的定位和解释，却难于展现行业的发展。

第三节　基于客户类别的物流业态划分

物流服务提供商的客户可以是企业，也可以是个人，也可以为两者同时进行物流服务的提供。我们也可以按此角度进行物流业态的类型划分，其中服务于企业客户的称其为合同物流，比如前述案例中的易通物流同飞利浦、中国电子进出口公司、雀巢公司、好丽友、福临门、辛克、高乐高、百事、嘉里粮油（金龙鱼油）、梅花味精、维达纸业、恒安纸业、伊利乳业等客户，就属于典型的合同物流范畴；主要服务于零散终端客户小件及公文快速传递的是快递物流，比如前述案例中顺丰速运，已经成为国内最大的快递公司；与此同时，有些公司既服务于企业客户，又服务于终端客户，具有综合物流形态。比如前述提到的宅急送，既有针对文件、包裹等物品，以次日或隔日送达为主的全国门到门快速递送服务。也有针对大件包裹、产成品等货物，通过陆运卡班实现的全国 3～5 天门到门快运服务。

　　事实上，从第一章和第九章我们可以了解到，我们物流行业的发展已经进入第三阶段，严格来说，在整个物流服务链条当中，链条下游的组织或个人就是上游的客户，而同级的组织或个人也可以互为客户，因此，当我们物流行业建立了它纵横方向的产业链时，物流企业的多元化和相关行业的边缘化就已经使得我们服务的客户结构也发生了巨大的变化。如果要以这种结构进行全面的分析，将是一个庞大的、精深的工程，也超过了我们本书主要受众的理解和承受范围。

　　因此，为了简便起见，本章我们所说的基于客户类别的物流业态分析中的客户类别，是指得一般性物流储运服务或以物流储运服务为基础的客户，或者可以简单理解成发货人。我们只是希望，用这种方式，可以尝试性的帮我们理解和掌握用基于客户类别来进行业态分析的思路和方法，至于以客户企业、专项业务或者物流企业自身为客户类型的分类，如物流金融等，就不多论述了。

表 10 - 3　　　　　　　　　　　　基于客户类别的物流企业划分

	合同物流	快递物流	综合物流
服务对象	企业，大客户	零散、终端客户	前两者
组织形式	根据合同布置业务网络，项目运作	总部加分部网络化布局，区域化管理	总部加分部网络化布局，强化区域管理
关键程序	项目设计及优化，数据统计及成本优化，客服	网络布局优化，网络设施管理，城际及市内配送调度	快递物流基础上前两者综合
主要岗位	物流运营项目经理，客服，策划、统计分析，市场（谈判），单据管理，资源管理	区域管理（中转库管），运营管理（调度经理），集配货管理	在快递物流基础上前两者综合
主要技能	物流综合运营管理技能，物流优化，数据统计分析，物流财务，信息化工具，项目管理	物流综合运营管理，物流资源管理，调度优化	在快递物流基础上前两者综合

　　快递物流的基础从业人员主要是快件的取派人员，快件处理人员的主要工作是快件的

分拣封发。对于国内件的操作，要求能够正确使用扫描设备，能够正确装卸、搬运和码放快件。而对于国际件的操作，则需具备一定的英文基础，还需要能够识别并按规定程序移交疑难快件，能够识记全国主要航空公司的航线分布。

合同物流部分我们主要介绍了 5 类岗位。①项目管理系列岗位。项目管理的系列岗位主要有项目经理、项目助理等设定，事实上均是代表不同层次的项目管理者，要作为一个合格的项目管理人员，则必须具备相对综合的物流运营性知识和经验，同时也应该具备一定的管理和协调、沟通能力，否则，很难以胜任这类型的岗位。②客服系列岗位。合同物流企业的客服系列岗位，主要有客户经理和客服人员两种，客户经理往往更贴近于具体的客户，尤其是比较重要的客户，而客服岗位则更面向全体客户，按照基本的工作流程来为客户提供追踪、查询、投诉受理等方面的服务。③策划系列岗位。合同物流企业的策划系列岗位，主要有策划员、分析员、信息员等岗位，其核心是策划员，是个技术性较强的岗位。④驻外管理系列岗位。合同物流企业的驻外管理系列岗位，主要根据个业务节点的规模来确定。⑤资源管理系列岗位。合同物流企业的资源管理系列岗位，主要有资源管理经理、采购、统计等职位，主要负责企业外协资源的收集、评估、考核、培训等系列工作，同时也会负责一定的外协事故处理和纠纷法务方面的职能。

基于客户类别的物流业态划分方式，是一种最为复杂，却最能反映行业组织业态的方式，因为客户类型的划分，即意味着市场需求。因此，这种分析方式是以市场需求为导向的，更能精确建立我们的分析模型，并以此为基础，研究我们行业发展的一般规律，找到我们事业的切入点。

参 考 文 献

[1] 张昊．A 公司广州区域配送中心运行模式研究 [D]．成都：四川大学，2005．

[2] 李鹏．联邦快递高调上线国内快递 [N]．国际商报，2007-3-26．

[3] 康宁．UPS 公司的网络组织与运作 [J]．中国邮政，2006（5）．

[4] 佚名．北京宅急送：快速物流集散枢纽 [N]．现代物流报，2005-10-25．

[5] 阳佳耘，王倩．联合包裹公司（UPS）与宅急送人力资源管理比较 [J]．商场现代化，2008（551）．

[6] 贺国杰．宅急送和联邦快递人力资源策略比较 [J]．当代经济，2007（8）．

[7] 金小林，黄晓俊．市区"民营快递"乱象调查 [N]．丽水日报，2010-2-22．

[8] 杨维维．中国快递行业营运模式探讨 [EB/OL]．http：//www.kdpxw.com/news/html/1369.html．

[9] 孙蕊．中国国际货运代理业的营销问题研究 [D]．中国优秀博硕士学位论文全文数据库（硕士），2005．

[10] 王江．中国国际货运企业向第三方物流企业转型的问题研究 [D]．中国优秀硕士学位论文全文数据库，2009．

[11] 陈明舒．国际货运代理企业员工能力分析 [J]．中国新技术新产品，2009（4）．

[12] 杨志华．务实举措融化需求坚冰 [J]．中国物流与采购，2005（22）．

[13] 江丽芬．货代企业人力资源管理研究 [D]．中国优秀博硕士学位论文全文数据库，2008．

[14] 潘冬青．现代物流人才应具备的知识能力及其培养 [J]．柳州师专学报，2009．